MINISTÈRE DE LA GUERRE

# RÈGLEMENT

DE

# MANŒUVRE DE L'ARTILLERIE DE CAMPAGNE

Approuvé par le Ministre de la Guerre le 8 juin 1903

---

## PREMIÈRE PARTIE

---

LIBRAIRIE MILITAIRE BERGER-LEVRAULT & Cie

Éditeurs de l'*Annuaire de l'Armée française*

PARIS | NANCY
5, RUE DES BEAUX-ARTS | 18, RUE DES GLACIS

# RÈGLEMENT

### DE

# MANŒUVRE DE L'ARTILLERIE

## DE CAMPAGNE

MINISTÈRE DE LA GUERRE

# RÈGLEMENT

DE

# MANŒUVRE DE L'ARTILLERIE

## DE CAMPAGNE

Approuvé par le Ministre de la Guerre le 8 juin 1903

## PREMIÈRE PARTIE

LIBRAIRIE MILITAIRE BERGER-LEVRAULT & Cie

Éditeurs de l'*Annuaire de l'Armée française*

PARIS
5, RUE DES BEAUX-ARTS

NANCY
18, RUE DES GLACIS

4

Le présent Règlement est applicable à toutes les batteries de campagne armées du canon de 75, pour lesquelles il abroge les règlements et instructions énumérés ci-après :

Instruction pratique provisoire sur le service de l'artillerie en campagne, approuvée le 24 décembre 1896.

Instruction provisoire sur les exercices d'application du service de l'artillerie en campagne, approuvée le 24 décembre 1896.

Bases générales de l'instruction des corps de troupe de l'artillerie, approuvées le 19 juin 1889.

Programme de l'instruction à donner dans les corps de troupe de l'artillerie, approuvé le 29 juin 1892.

Règlement sur l'instruction à pied dans les corps de troupe de l'artillerie, approuvé le 25 novembre 1885 et modifié le 24 octobre 1889.

Règlement sur l'instruction à cheval dans les corps de troupe de l'artillerie, approuvé le 22 avril 1890.

Règlement sur les manœuvres des batteries attelées (Titres I, II, III, IV et V), approuvé le 25 mai 1895.

Cours spécial à l'usage des sous-officiers d'artillerie, approuvé le 5 avril 1897.

Instruction sur la formation des pointeurs dans les corps de troupe de l'artillerie, approuvée le 8 novembre 1888.

Règlement provisoire sur les manœuvres de batteries attelées (matériel de 75, modèle 1897), approuvé le 28 mars 1898.

Règlement provisoire sur l'entretien du matériel de 75, modèle 1897, approuvé le 28 mars 1898.

Règlement provisoire sur le service du canon (matériel de 75, modèle 1897), approuvé le 13 avril 1898.

Manuel provisoire de tir (matériel de 75, modèle 1897), approuvé le 13 avril 1898.

Règlement provisoire sur le service de la batterie de guerre (matériel de 75, modèle 1897), approuvé le 24 mai 1898.

Instruction sur l'emploi de la réglette de direction (matériel de 75, modèle 1897), approuvée le 21 février 1899.

Note sur l'exécution du tir indirect et sur l'emploi de la lunette de batterie modèle 1898 (matériel de 75, modèle 1897), approuvée le 25 mars 1899.

Projet de règlement de manœuvre de l'artillerie de campagne, approuvé le 18 juillet 1898.

Instruction du 1er août 1902 sur le remplacement des munitions en campagne.

Règlement provisoire de manœuvre de l'artillerie de campagne, approuvé le 16 novembre 1901.

Les titres I, II, IV, VI, VII du présent Règlement sont également applicables aux batteries armées des canons de 80 et 120 $^{m}\!/_{m}$, sauf pour les dispositions qui concernent spécialement les batteries de 75.

# RÈGLEMENT

DE

# MANŒUVRE DE L'ARTILLERIE

## DE CAMPAGNE

---

## PREMIÈRE PARTIE

---

# TITRE I<sup>er</sup>

# BASES GÉNÉRALES DE L'INSTRUCTION

---

## CHAPITRE I<sup>er</sup>

### DÉFINITIONS. — COMMANDEMENTS

---

### I. — DÉFINITIONS

**1. Troupe.** Se compose de canonniers à pied ou à cheval, avec ou sans voitures, celles-ci étant attelées ou en batterie.

**Pièce.** Se compose en général d'un *canon* et d'un *caisson*.

La droite et la gauche d'une voiture attelée sont la droite et la gauche des conducteurs de cette voiture.

Le caisson est dit *en batterie* lorsque, l'arrière-train reposant sur les roues et les butées, la flèche est abattue du côté du but.

Le canon est dit *en batterie* lorsque, la bêche reposant à terre, la volée est dirigée vers le but à battre.

La droite et la gauche d'un canon en batterie sont la droite et la gauche d'un homme placé en arrière de la crosse et faisant face au canon.

La droite et la gauche d'un caisson en batterie sont la droite et la gauche d'un homme placé derrière le coffre, lui faisant face.

**Rang.** Se compose d'éléments de même nature disposés les uns à côté des autres.

**File.** Se compose de deux ou plusieurs éléments de même nature disposés l'un derrière l'autre.

Dans une file d'hommes à pied ou montés, celui qui est devant est appelé *chef de file*. Une file est *creuse* quand l'élément du deuxième rang manque.

**Intervalle.** Espace qui sépare deux éléments d'un même rang, ou deux troupes, ou fractions de troupe, établies sur la même ligne.

L'intervalle est de 15 centimètres entre deux hommes à pied, mesure prise de coude à coude, de 75 centimètres entre deux chevaux de selle, ou entre deux attelages voisins ; l'intervalle entre deux voitures est variable ; il se mesure de moyeu à moyeu.

**Distance.** Espace qui sépare les deux éléments d'une même file, ou deux troupes, ou fractions de troupe, établies l'une derrière l'autre.

La distance entre les deux hommes à pied d'une même file est de 1 mètre de poitrine à dos. Entre deux cavaliers, attelages ou voitures attelées, elle est de 1 mètre, mesuré de la croupe du cheval ou des chevaux du premier rang, ou du derrière de la première voiture, à la tête du cheval ou de l'attelage du deuxième rang.

**Front.** Espace occupé en largeur par une troupe.

Pour calculer le front d'une troupe, on admet qu'un homme à pied occupe 70 centimètres, un cheval 1 mètre, un attelage 1$^m$,40, une voiture attelée, un arrière-train de caisson ou de canon en batterie, 2 mètres.

**Profondeur.** Espace occupé par une troupe dans le sens perpendiculaire au front.

Pour calculer la profondeur d'une troupe, on admet qu'un homme à pied occupe 35 centimètres, un cheval 2 mètres, un canon attelé à six chevaux 14 mètres, un caisson attelé à six chevaux 12$^m$,50, un canon en batterie 4$^m$,60, un avant-train attelé à six chevaux 10 mètres.

**Formation ou ordre.** Placement régulier de toutes les fractions d'une troupe.

Dans toute formation, le *guide* assure la direction et règle la vitesse de la marche (à cheval, l'allure).

Le **serre-file** est chargé de seconder le commandant de la troupe pour la surveillance de la tenue du personnel et de l'exécution des mouvements.

Les **formations déployées** sont celles dans lesquelles les diverses fractions de la troupe sont placées sur la même ligne. Les extrémités droite et gauche d'une formation déployée se nomment *ailes*.

Les **formations en colonne** sont celles dans lesquelles les diverses fractions de la troupe sont placées les unes derrière les autres.

Le premier élément constitue la *tête de colonne*, le dernier la *queue*. Les côtés de la colonne se nomment *flancs*.

**Alignement.** Disposition de plusieurs éléments individuels, ou de plusieurs troupes, ou fractions de troupe, sur une même ligne.

Une troupe peut s'aligner isolément ou sur le prolongement d'une troupe déjà établie.

Dans ce dernier cas, son chef se porte, lorsqu'il veut vérifier l'alignement, du côté opposé à celui qui est indiqué par le commandement.

**Objectif.** Troupe ou obstacle qu'on se propose de battre par le tir. Il est dit *supposé*, lorsque sa direction et l'étendue de son front sont seulement indiquées d'une façon hypothétique.

Il est *figuré*, lorsqu'on n'emploie, pour le représenter, qu'un personnel relativement restreint ou, s'il s'agit de tirer réellement, que des silhouettes ou des panneaux répartis sur le front.

Il est *représenté*, lorsqu'on fait agir l'un contre l'autre deux partis avec leur force effective, ou, s'il s'agit de tirer réellement, lorsque tous les éléments de la formation à contrebattre sont réellement représentés sur le terrain par des silhouettes, ou encore lorsque l'obstacle à détruire existe effectivement.

En instruction de détail, on appelle **temps** une action d'exercice qui s'exécute à un commandement et qui peut se diviser en mouvements, pour en démontrer le mécanisme et en faciliter l'exécution.

### II. — COMMANDEMENTS

**2.** On en distingue trois sortes :

Le commandement **d'avertissement**, qui sert de signal pour attirer l'attention ;

Le commandement **préparatoire**, qui indique le mouvement à exécuter ;

Le commandement **d'exécution**, qui détermine l'exécution.

**3.** Pour commencer le travail, et, en général, toutes les fois qu'il prend le commandement, le commandant d'une troupe commande :

GARDE A VOUS.

A ce commandement, les hommes régularisent leur position. Les hommes à pied, s'ils sont en armes, et s'ils n'ont pas l'arme à la grenadière ou le sabre au fourreau, prennent la position de reposer l'arme. Les hommes à cheval ajustent leurs rênes.

**4.** Pour soulager l'attention des hommes et les faire reposer, le commandant de la troupe commande :

REPOS.

A ce commandement, les hommes à pied restent en place, sans être tenus de garder l'immobilité ni la position, et maintiennent, s'il y a lieu, l'arme à volonté. Les hommes à cheval relâchent les rênes sans les abandonner.

La position et l'immobilité sont reprises au commandement :

GARDE A VOUS.


# CHAPITRE II

## DES RASSEMBLEMENTS

**5.** Les rassemblements ont pour objet de réunir les éléments d'une troupe qui doit répondre à un appel, prendre part à un exercice, à une inspection ou à une parade.

L'ordre et le silence sont les conditions essentielles d'un rassemblement bien fait. Le rassemblement est d'autant plus rapide que la troupe est mieux instruite et mieux disciplinée. Les sonneries sont en général inutiles.

Quelle que soit l'importance de l'unité ou du détachement à rassembler, son chef fait connaître la tenue, la formation, l'emplacement ainsi que l'heure à laquelle il prendra le commandement. Les chefs des unités subordonnées donnent à leur tour des ordres analogues à leurs unités respectives. Dans chaque unité et dans chaque fraction d'unité, le chef est responsable de l'exactitude de l'effectif présent et de l'ordre. Les chefs de pièce [1] doivent, en rassemblant leurs pièces, passer l'inspection de leurs hommes et de leurs chevaux, afin de contrôler la régularité et la propreté de la tenue et de s'assurer du bon état et du bon ajustage de toutes les parties du hanarchement. Ils passent ensuite une revue rapide du matériel pour en constater le bon état et vérifier la régularité des chargements.

Les officiers y veillent. Chaque chef de pièce, chef de section, commandant de batterie et chef de groupe rend compte à son supérieur immédiat des absences et des irrégularités qu'il a pu constater.

**6.** Lorsque, pour compléter son effectif en vue de l'exécution d'un exercice, une batterie est obligée de faire appel aux ressources d'autres batteries, le commandant de batterie remet en temps opportun au chef d'escadron, commandant le groupe de service, une note faisant connaître les effectifs en

---

[1]. Cette prescription s'applique aux instructeurs dans l'instruction de détail.

hommes et chevaux et le matériel qui lui sont nécessaires, la tenue prescrite, l'heure et le lieu fixés pour le rassemblement.

Le personnel, les chevaux et les attelages demandés sont commandés, dans les batteries de service ou de complément, conformément aux prescriptions du Règlement sur le service intérieur. Celles-ci les envoient à l'heure dite, et au point de rassemblement indiqué, sous la conduite d'un gradé. Le commandant de batterie intéressé prend ses mesures pour qu'ils soient reçus à leur arrivée, et remis aux chefs des fractions auxquelles ils appartiendront respectivement.

En principe, les batteries fournissent elles-mêmes tous leurs cadres ; les officiers manquants sont remplacés par des sous-officiers, les sous-officiers par des brigadiers ou, pour les manœuvres d'artillerie, par des maîtres pointeurs, les brigadiers par des élèves-brigadiers ou des soldats de première classe.

Toutefois, lorsqu'il s'agit de constituer des unités en vue d'une parade, les batteries doivent avoir leurs cadres constitués, comme nombre et comme grade, conformément à ce qui est indiqué dans le présent Règlement. Elles se complètent donc en cadres, s'il y a lieu, aussi bien qu'en hommes et chevaux.

# CHAPITRE III

## DE L'INSTRUCTION

---

### ARTICLE 1er

#### BUT DE L'INSTRUCTION

**7.** L'instruction a pour but unique la préparation à la guerre.

On doit s'efforcer non seulement de former des soldats vigoureux et disciplinés, connaissant bien leurs fonctions en campagne et sur le champ de bataille, ainsi que des gradés bien au courant de leurs devoirs et aptes à instruire les canonniers ; mais on cherchera encore à développer chez les officiers de tout grade, dans la mesure de leurs attributions respectives, les qualités de coup d'œil, d'initiative et de décision qui leur permettront de faire mouvoir leurs unités rapidement et en bon ordre, en utilisant le terrain judicieusement, et de tirer le meilleur parti de leurs feux au combat.

Ces résultats s'obtiennent, en grande partie, dans les exercices et les manœuvres organisés comme il est dit à l'article III ci-après.

**8.** Certains détails importants du service sont enseignés dans les chambres ou à l'intérieur des quartiers.

De plus, l'instruction professionnelle des gradés et des officiers nécessite certains travaux et exercices spéciaux. Ces diverses instructions sont détaillées dans l'article IV du présent chapitre.

**9.** Les officiers doivent être à même de remplir les fonctions de leur grade et celles du grade immédiatement supérieur.

Les capitaines et les officiers supérieurs doivent, en outre, connaître la manière de marcher et de combattre des autres armes.

Les sous-officiers doivent être en état de remplir les fonctions de leurs grades ou emplois. Les adjudants, les maréchaux des logis chefs, les maréchaux des logis rengagés, doivent pouvoir remplir les fonctions de chef de section. Les brigadiers doivent être mis, autant que possible, en état de remplacer un chef de pièce.

A tous les degrés de la hiérarchie, le chef doit être en mesure d'instruire ses inférieurs dans tous les détails du service et des manœuvres.

Nul ne doit être appelé à remplir les fonctions d'un grade inférieur au sien.


## ARTICLE II

### ATTRIBUTIONS DE CHAQUE GRADE

**10.** Les devoirs et la responsabilité des officiers des divers grades, en matière d'instruction, sont définis par le Règlement sur le service intérieur. A tous les degrés de la hiérarchie, le supérieur exerce son action de direction sur ses subordonnés immédiats, de manière à développer constamment leur esprit d'initiative; il se contente, en principe, de préciser le but que l'instruction doit atteindre, d'indiquer les époques auxquelles il en constatera les résultats et de faire connaître, en cas de besoin, les meilleurs procédés à employer. Il intervient personnellement lorsque ses inférieurs s'écartent des prescriptions réglementaires, ou emploient des procédés d'instruction manifestement défectueux.

**11.** Le CHEF DE CORPS règle la marche générale de l'instruction, la surveille et en constate les résultats. S'il dispose d'un lieutenant-colonel, il peut le déléguer pour suivre la marche de l'instruction et pour passer une partie des inspections destinées à constater les résultats obtenus.

Le chef de corps répartit, entre les groupes, les terrains de manœuvre, les locaux d'un usage commun et le matériel d'exercice.

**12.** Le CHEF D'ESCADRON dirige, surveille et inspecte l'instruction de son groupe et attache une importance toute particulière à celle des officiers, des gradés et des candidats à l'avancement. Il prend les mesures nécessaires pour pouvoir présenter ses batteries aux inspections du chef de corps aux époques fixées.

Il répartit, entre ses batteries, les terrains de manœuvres, les locaux communs et le matériel d'instruction mis à la disposition de son groupe.

**13.** Le CAPITAINE COMMANDANT règle la progression des instructions de sa batterie en tenant compte des résultats obtenus et des ordres du chef de groupe. Il est essentiel de graduer le travail, principalement en ce qui concerne les hommes de recrue, de manière à éviter tout surmenage physique. Les périodes de temps consacrées aux repos doivent être prévues en conséquence et scrupuleusement respectées.

**14.** Le CAPITAINE INSTRUCTEUR est chargé :

1º Des soins à donner aux chevaux de remonte et de leur dressage ;

2º De l'instruction équestre des lieutenants et des sous-lieutenants, ainsi que de celle des sous-officiers [1] ;

3º De la direction du peloton des candidats sous-officiers.

Il dirige l'instruction des trompettes et celle des moniteurs de gymnastique.

Dans les demi-régiments divisionnaires qui ne comportent pas de capitaine instructeur, les fonctions de cet officier, en ce qui concerne l'instruction, sont exercées par un officier désigné à cet effet par le chef de corps et possédant les aptitudes requises.

Cet officier continue, en principe, à faire le service à sa batterie.

## ARTICLE III

### EXERCICES ET MANŒUVRES

**15.** Les principes et les règles suivant lesquels doivent être exécutés les exercices et les manœuvres, ainsi que les dispositions à prendre pour leur organisation, sont indiqués dans le présent Règlement (titres II, III, IV, V, VI). On ne perdra jamais de vue les principes fondamentaux exposés ci-dessous :

L'instruction des canonniers a pour base les exercices individuels ; elle se perfectionne et se complète dans les exercices d'ensemble.

L'instruction des officiers et des gradés exige des manœuvres d'ensemble et des exercices exécutés en terrain varié, soit avec les cadres seuls, soit avec le matériel ; ceux de ces exercices qui visent principalement l'instruction des officiers sont toujours organisés d'après des thèmes tactiques appropriés.

---

1. Une partie des séances est consacrée à l'hippologie.

**16. Instruction individuelle.** — L'instruction individuelle étant la base de l'éducation militaire du soldat, on doit y consacrer tout le temps nécessaire. Le nombre des canonniers confiés à un même instructeur doit être réduit autant que possible. La durée des exercices doit être proportionnée au degré d'entraînement des hommes et à la nature du travail ; pour tenir l'attention en éveil, on varie les mouvements dans la mesure compatible avec les progrès de l'instruction.

L'instructeur doit user à la fois de beaucoup de douceur, de fermeté et de patience, et chercher à faire toujours appel à l'intelligence de ses hommes.

*Il garde une attitude et une tenue correctes, afin de leur servir constamment de modèle.*

Il doit arriver sur le terrain ayant préparé d'avance l'emploi de sa séance en raison de l'état d'instruction des canonniers et du genre d'instruction qu'il dirige. Il évite les longues explications verbales ; c'est en exécutant lui-même les mouvements et en donnant les indications nécessaires au fur et à mesure de leur exécution, qu'il arrivera à en faire comprendre le mécanisme à ses hommes.

Tout mouvement nouveau doit faire l'objet d'une leçon particulière donnée à chaque canonnier.

Les observations et les rectifications que l'instructeur peut avoir à faire sur la façon dont un mouvement a été exécuté doivent se faire posément, sur un ton ferme et animé et aussitôt après l'exécution du mouvement ; *elles sont toujours individuelles.* L'instructeur ne touche un homme pour rectifier sa position que lorsque le défaut d'intelligence de celui-ci l'y oblige absolument.

Avant d'expliquer un mouvement, l'instructeur montre aux canonniers, en les nommant, les parties des armes, du cheval, du harnachement ou du matériel dont il aura à leur parler pour la première fois. Pour s'assurer qu'ils ont compris et retenu ses explications, il les interroge, mais il est interdit de donner à ces interrogations le caractère de récitation des nomenclatures. Il est formellement prescrit de procéder toujours par demandes très simples, n'exigeant que des réponses très courtes.

**17. Manœuvres d'ensemble.** — Si les canonniers ont reçu une instruction individuelle convenable, la correction des manœuvres exécutées par une troupe et sa maniabilité dépendent surtout du degré d'instruction des officiers et des gradés. Il en est de même en ce qui concerne la bonne exécution du tir.

Lorsque le commandant de la manœuvre a des observations à faire ou des erreurs à redresser, il doit, en général, sauf lorsqu'il veut suspendre l'exécution d'une manœuvre, attendre pour cela que le mouvement en cours soit terminé ; car son intervention aurait le plus souvent pour résultat de gêner cette exécution, sans d'ailleurs porter ses fruits.

En principe, il adresse ses observations à ses subordonnés immédiats, de façon à respecter la responsabilité de chacun ;

il le fait, soit à haute voix, soit en les appelant vers lui, de manière à n'être entendu que d'eux seuls. La succession des responsabilités est respectée de même si l'observation doit être transmise par eux. Il appartient au chef de laisser à ses subordonnés le temps nécessaire pour cette transmission.

Le commandant de la manœuvre peut également, s'il le juge utile à l'instruction de tous, faire examiner en sa présence ou examiner lui-même directement les dispositions prises aux divers échelons hiérarchiques.

L'ensemble des observations suggérées au commandant d'une manœuvre dans l'intérêt de l'instruction de ses subordonnés constitue la *critique*.

**18. Exercices en terrain varié.** — L'officier qui dirige un exercice basé sur un thème tactique doit, avant de faire la critique, se faire rendre compte par ses subordonnés des motifs qui les ont fait agir. La discussion qu'il fait de la valeur de ces motifs et l'exposé de la solution qui lui paraît la meilleure, constituent les éléments d'instruction les plus propres à habituer chacun à apprécier sainement les situations et à prendre les mesures qu'elles comportent logiquement, tout en se maintenant dans les limites de l'initiative qui lui est laissée. Lorsque les dispositions prises ont été judicieuses, la critique doit toujours le faire ressortir ; dans le cas contraire, les erreurs doivent être redressées avec bienveillance, de manière à éviter de blesser dans leur amour-propre ceux qui les ont commises, et de paralyser ultérieurement leur initiative par la crainte d'un reproche. On ne doit jamais, en effet, perdre de vue qu'en fuyant les responsabilités on commet une des fautes les plus graves au point de vue militaire.

## ARTICLE IV

### INSTRUCTIONS DIVERSES

### § 1er. — Instruction des canonniers.

**19. Instructions intérieures.** — Les instructions intérieures embrassent toutes les prescriptions qui s'adressent aux soldats dans les Règlements sur le Service intérieur et sur le Service des places, les détails de législation et d'administration qui les concernent personnellement, l'entretien des effets, du harnachement et des armes portatives, et la confection des paquetages[1].

Les servants des batteries montées doivent recevoir l'instruction sur le pansage et sur la manière de harnacher les chevaux.

Ces instructions ont en outre pour objet de contribuer à

---

1. Instruction sur la tenue et le paquetage :
Unités armées du 75 : instruction du 21 août 1901 ; unités non armées du 75 : instruction du 27 mai 1891, nouvelle édition mise à jour jusqu'au 15 mars 1903.

l'éducation morale des canonniers en développant en eux le respect de l'uniforme, le sentiment du devoir, le culte de l'honneur, l'amour de la Patrie et la fidélité au drapeau. Les officiers et les gradés mettent tous leurs soins à cette partie essentielle de l'instruction ; ils font à leurs hommes le récit des hauts faits auxquels les officiers et les soldats de leur corps ont pris part et leur citent comme modèles les exemples de bravoure, de discipline et d'abnégation militaire les mieux faits pour frapper leur imagination.

Les séances consacrées à l'instruction intérieure ne doivent jamais être trop prolongées ; on s'efforce d'en écarter toute récitation littérale. Toutes les fois qu'un enseignement peut se traduire par une action, ce moyen doit être employé à l'exclusion de tout autre.

**Gymnastique.** — La gymnastique est enseignée, dans chaque batterie, par des moniteurs qui ont reçu l'instruction nécessaire d'un gradé ayant suivi les cours de l'École normale de Gymnastique. Cette instruction des moniteurs est dirigée par le capitaine instructeur ou par l'officier qui en remplit les fonctions.

On se conforme aux principes et on emploie, autant que possible, les appareils indiqués dans le règlement du 22 octobre 1902 sur l'instruction de la gymnastique.

## § 2. — Instructions spéciales des gradés.

**20.** Les instructions spéciales des gradés comprennent l'instruction spéciale d'équitation, l'escrime, la théorie et le cours spécial.

En outre, des cours sont organisés, conformément aux instructions ministérielles, pour les sous-officiers qui demandent à concourir pour l'École militaire de l'Artillerie et du Génie, pour le stage préliminaire d'officier d'administration du service de l'artillerie et pour l'emploi de gardien de batterie. Les heures de ces cours doivent être fixées de telle façon que les sous-officiers qui les suivent puissent participer à toutes les instructions.

**21. Instruction spéciale d'équitation.** — L'instruction spéciale d'équitation est donnée aux sous-officiers ainsi qu'aux brigadiers susceptibles d'être proposés pour l'avancement[1]. Elle est faite par groupe, sous l'autorité du chef d'escadron et sous la direction du capitaine instructeur (ou de l'officier qui en remplit les fonctions), à qui est adjoint pour ce service un lieutenant de chaque groupe.

Dans les groupes de batteries à cheval, les servants à cheval reçoivent aussi, autant que possible, l'instruction spéciale ; cette instruction leur est donnée par batterie.

---

1. L'instruction spéciale d'équitation est donnée également à un certain nombre de canonniers désignés comme il est dit dans la 2e partie du Règlement.

**22. Escrime.** — L'escrime est enseignée à tous les gradés par le personnel affecté à cet enseignement. Les exercices ont lieu par batterie, sous la responsabilité du capitaine commandant[1].

**23. Théorie.** — La théorie comprend :

1° Des interrogations au cours desquelles on s'assure que les gradés connaissent leurs fonctions respectives dans le service et dans les manœuvres, telles qu'elles sont définies par les Règlements sur le Service intérieur et sur le Service dans les places, et par le présent Règlement. Cette instruction est donnée par batterie sous la direction du capitaine commandant; elle est reprise chaque année et dirigée suivant la même progression que les manœuvres et exercices. Des explications sont données aux gradés dans le but de bien leur faire comprendre l'esprit et le but des prescriptions réglementaires;

2° Des séances de *théorie pratique* sur le terrain, destinées à préparer les gradés au rôle d'instructeur des hommes de recrue. Les gradés sont exercés, au cours de ces séances, à l'exécution parfaite des mouvements; en même temps, ils se perfectionnent dans la manière de les expliquer, de les commander avec à-propos et ils prennent l'habitude de voir et de redresser les fautes.

Les théories pratiques sont faites avant l'arrivée des recrues et poursuivies, s'il est nécessaire, au cours de l'instruction; elles ont lieu par batterie, sous la surveillance du chef de groupe, qui passe l'inspection de ces instructions.

La récitation littérale des textes n'est exigée ni dans les interrogations, ni dans les séances de théorie pratique.

**24. Cours spécial.** — Le cours spécial a pour objet les matières suivantes : bouches à feu, munitions[2], artifices[2], affûts, voitures, organisation, mobilisation. On y insistera, en particulier, sur la visite du matériel, sur la vérification des lignes de mire et sur l'entretien du matériel.

Ce cours est destiné aux sous-officiers. Il est organisé par groupe et fait par un officier désigné par le chef d'escadron. Toute initiative est laissée au commandant de groupe pour cette organisation; il peut dispenser de suivre le cours, ou certaines de ses parties, les sous-officiers qu'il juge suffisamment instruits; mais ceux-ci peuvent être appelés comme les autres, en fin d'instruction, à justifier de leurs connaissances.

L'enseignement du cours spécial doit être essentiellement pratique et donné en grande partie en présence du matériel; il comporte principalement des interrogations, le professeur n'intervenant que pour fournir les explications nécessaires.

---

1. L'enseignement est suivi également par quelques canonniers, en nombre strictement nécessaire pour assurer le recrutement du personnel enseignant.

2. Les officiers consulteront la Note ministérielle confidentielle du 29 avril 1901.

### § 3. — Travaux et exercices spéciaux des officiers.

**25. Exercices sur la carte.** — Les exercices sur la carte ont pour objet d'habituer les officiers à réfléchir sur les situations et à formuler leurs ordres rapidement et d'une façon complète et précise. Ils constituent une préparation excellente aux exercices en terrain varié qui sont exécutés conformément aux prescriptions du présent Règlement (Titre VI), et permettent, en outre, de familiariser les officiers avec les principes de manœuvre et d'emploi des autres armes. Le chef de corps les dirige lui-même, ou les fait diriger par des officiers supérieurs, suivant l'importance des opérations qu'il s'agit d'étudier.

**26. Travaux d'étude.** — Les travaux d'étude des lieutenants sont, en général, limités à des reconnaissances exécutées sur les terrains avoisinant les garnisons et les champs de tir, d'après des idées tactiques données par les chefs de groupe ou par le chef de corps; ils ont pour but principal de fournir des éléments pour la préparation des exercices en terrain varié.

Les officiers auront toujours la faculté de présenter tels travaux personnels, relatifs aux questions d'ordre technique, qui rentreraient dans leurs aptitudes particulières; mais ces travaux ne devront jamais être imposés.

**27. Théorie.** — Les chefs de groupe et les capitaines commandants ont le devoir de s'assurer que les officiers sous leurs ordres se maintiennent au courant des dispositions des règlements.

**28. Instruction équestre des lieutenants.** — Les lieutenants suivent un cours d'équitation fait par le capitaine instructeur ou par l'officier qui en remplit les fonctions. L'entraînement des chevaux et l'exécution des longs parcours en terrain varié, ainsi que tout ce qui a trait au service de guerre, doivent avoir, dans cet enseignement, une part égale à celle du travail de manège et de dressage.

## ARTICLE V

### MARCHE ANNUELLE DE L'INSTRUCTION

L'année d'instruction comprend deux périodes principales.

**29. 1re période.** — La première période s'étend depuis l'arrivée des hommes de recrue jusqu'au moment où ils sont en état de participer à toutes les instructions de la batterie. Elle doit être terminée vers le 1er avril.

L'instruction des jeunes soldats est donnée tout entière dans l'intérieur de la batterie, sous la direction du capitaine commandant. Autant que possible, les instructeurs doivent toujours avoir les mêmes hommes à conduire. Pendant la première période, les hommes de recrue ne sont commandés pour aucun travail ni service. Toutefois, ils peuvent participer dans une certaine mesure au service de garde, lorsque leur instruction sur le maniement d'armes et le service de place est suffisamment avancée.

Chaque partie de l'instruction donne lieu à une ou plusieurs inspections du chef de groupe et à une inspection du chef de corps ou du lieutenant-colonel, dans les conditions indiquées dans l'article II. Les canonniers qui ne satisfont pas à l'une des inspections du chef d'escadron sont réputés *retardataires* pour la partie de l'instruction que concerne cette inspection.

**30.** Lorsque les hommes de recrue ont terminé les instructions de la première période, ils sont dits *mobilisables*.

Toutefois, si, par suite de circonstances spéciales, l'ordre était donné aux corps de se mettre en mesure d'emmener leurs jeunes soldats en campagne avant la date fixée ci-dessus, on ne devrait pas chercher à accélérer la marche de l'instruction ; on n'aboutirait ainsi qu'à leur donner des notions superficielles et mal assimilées sur tous les points.

Il est préférable, dans le cas considéré, de limiter leurs connaissances à ce qui est indispensable pour occuper certains postes, savoir :

Les postes de tireur, chargeur et pourvoyeur, pour les servants ;

Le poste de conducteur du milieu pour les conducteurs.

Tous doivent, en outre, savoir faire le paquetage de campagne.

Les ouvriers spéciaux et les élèves-trompettes peuvent être admis au travail des ateliers et à l'école des trompettes lorsqu'ils ont satisfait aux instructions de la première période.

**31.** Pendant la première période, l'instruction de la batterie et celle du groupe se poursuivent pour les cadres et les anciens soldats. En particulier, des dispositions doivent être prises pour que tous les anciens servants sans exception participent à des manœuvres d'artillerie périodiques, ayant pour principal objet de leur permettre de se maintenir dans un état d'entraînement constant en ce qui concerne le service des bouches à feu dans le tir. Dès que les jeunes soldats sont assez avancés dans leur instruction d'artillerie, ils participent à ces manœuvres ; ils prennent part aussi aux exercices d'embarquement en chemin de fer[1] et aux exercices de mobilisation lorsqu'il en est exécuté au cours de la première période. On exécute en outre des exercices de cadres et des applications du service en campagne.

**32.** 2e période. — La deuxième période d'instruction succède immédiatement à la première et s'étend jusqu'aux manœuvres d'automne.

---

1. Appendice III du 20 février 1902. (*B. O.*)

Elle est principalement consacrée à l'instruction de la batterie et du groupe.

Sauf les exceptions prévues par le Règlement sur le Service intérieur, aucun homme, aucun cheval de l'effectif des batteries du groupe réservé de manœuvre ne doit être distrait de l'instruction, sous quelque prétexte que ce soit ; s'il y a lieu, les exigences des services extérieurs ou intérieurs doivent être réduites, quelle que soit la gêne qui puisse en résulter pour ces services.

Le service est toujours commandé par batterie dans les groupes de service et de complément, de manière à laisser le plus grand nombre possible d'unités intactes et disponibles pour l'instruction. Les batteries qui fournissent les gardes et les corvées fournissent toujours les gradés pour les commander.

L'instruction doit, lorsque cela est possible, être donnée en terrain varié, aussitôt que les mécanismes de manœuvre sont devenus familiers à tous et que la troupe est arrivée à exécuter les mouvements avec correction. Chaque batterie doit être mise sur le pied de guerre au moins une fois pendant la deuxième période, pour l'exécution d'un exercice sur le combat ou d'un exercice d'application sur le service en campagne.

**33.** Les ÉCOLES A FEU constituent la plus importante des instructions de la deuxième période ; leur exécution fait l'objet d'une instruction ministérielle spéciale. Toutes les fois que les circonstances le permettent, les écoles à feu sont échelonnées.

Les MANŒUVRES DE GARNISON permettent de familiariser l'artillerie avec les dispositions à prendre pour marcher et manœuvrer de concert avec les autres armes.

Les MANŒUVRES D'AUTOMNE assurent cette instruction d'une façon plus complète ; elles permettent en outre de familiariser la troupe avec les détails pratiques de la vie de campagne et d'habituer les officiers au fonctionnement du service en campagne dans les grandes unités.

### Instruction des retardataires et des engagés volontaires.

**34.** Autant que possible, les retardataires sont instruits dans leur batterie. Lorsqu'ils sont en trop petit nombre pour former une unité d'instruction, ils sont réunis à ceux d'une autre batterie du même groupe. Ils peuvent aussi, si le chef de corps le juge nécessaire, être réunis en un seul peloton dirigé par le capitaine instructeur ou par l'officier qui en remplit les fonctions.

Les engagés volontaires, arrivés au corps trop tard pour participer aux instructions des jeunes soldats, sont traités de la même façon.

### Instruction des réservistes et des hommes de l'armée territoriale.

**35.** Le but à atteindre est de mettre chacun en état de remplir les fonctions qui lui sont attribuées en cas de mobilisation. L'instruction doit être organisée en conséquence; tout détail qui ne se rapporterait pas directement au but indiqué ci-dessus doit en être résolument écarté.

Il s'agit, dans cette instruction, non de développer les aptitudes individuelles, mais d'inculquer ou de rappeler aux hommes des connaissances pratiques et de leur faire reprendre les habitudes de discipline et de régularité qu'ils ont contractées pendant la durée de leur service actif.

En principe, l'instruction des réservistes se fait par batterie; lorsqu'ils sont convoqués pendant la durée de la deuxième période, ils doivent participer à tous les exercices et manœuvres de leur batterie; lorsque celle-ci est de service ou de complément, il concourent avec les hommes de l'armée active, pour compléter les batteries du groupe de manœuvre.

Lorsqu'ils sont convoqués pendant la durée de la première période, ils prennent part à des manœuvres d'ensemble qui sont, au besoin, organisées spécialement pour eux; vers la fin de leur période d'instruction, ils peuvent être réunis par groupe.

Le chef d'escadron donne des ordres en conséquence.

L'instruction des hommes de l'armée territoriale est faite, autant que possible, par unité constituée.

## ARTICLE VI

### FORMATION DES CADRES

**36.** Dans le choix des hommes de troupe susceptibles d'être proposés pour l'avancement aux grades de brigadier et de maréchal des logis, on doit tenir compte avant tout de l'aptitude au commandement, de la moralité et de la conduite. Mais il faut aussi exiger des garanties sous le rapport des connaissances professionnelles.

Pour acquérir ces connaissances, les candidats suivent des instructions spéciales; celles qui concernent les élèves-brigadiers sont distinctes de celles qui sont destinées aux candidats sous-officiers.

**37.** Les élèves-brigadiers sont formés dans leur batterie[1]. Dès qu'il a pu se rendre compte de leurs aptitudes, le capitaine commandant choisit les hommes qui lui paraissent le mieux doués et s'attache à développer leur instruction pour

---

1. Lorsque le nombre de candidats fournis par une ou plusieurs batteries est très faible, on peut former un peloton unique pour 2 batteries ou pour le groupe.

pouvoir en faire plus tard des brigadiers. A cet effet, indépendamment de leur participation aux exercices des hommes de leur classe, ils reçoivent un complément d'instruction théorique et pratique. On les habitue en particulier à expliquer sommairement et à commander les différents mouvements, mais on n'exige jamais une récitation littérale du Règlement.

Le chef d'escadron exerce avec la plus grande sollicitude la haute direction de leur instruction. Dans le but d'exciter l'émulation et pour se rendre compte des résultats obtenus, il prescrit des séances d'instruction communes, à la suite desquelles il fait, s'il y a lieu, ses observations, de façon à donner à l'instruction des cadres de son groupe une impulsion uniforme.

Avant la date fixée par le chef de corps pour le commencement du peloton des candidats sous-officiers, le chef d'escadron établit un classement d'ensemble de tous les candidats de son groupe et les présente au chef de corps, qui arrête la liste de ceux dont il juge l'instruction suffisante pour leur permettre d'être proposés pour le grade de brigadier.

Les élèves-brigadiers qui n'ont pas satisfait aux instructions peuvent être ultérieurement présentés de nouveau, lorsque leur instruction est jugée suffisante.

**38. Candidats sous-officiers.** — Les élèves-brigadiers susceptibles de suivre le peloton des candidats sous-officiers sont désignés par le chef de corps, sur la proposition des capitaines commandants et des chefs de groupe. Ce dernier peloton peut être également suivi par les brigadiers qui n'ont pas encore reçu ce complément d'instruction.

Le peloton des candidats sous-officiers est dirigé par le capitaine instructeur (ou par l'officier qui en remplit les fonctions), auquel on adjoint le nombre de lieutenants et de sous-officiers nécessaires pour que ces instructeurs puissent être mis à la disposition de leur capitaine commandant en même temps que les candidats de leur batterie.

Le peloton fonctionne d'une manière continue sans interruption de semaine ; mais le chef de corps devra en régler l'emploi du temps de manière que, indépendamment des jours où leur batterie est réservée de manœuvre, les candidats puissent participer fréquemment aux exercices de leur unité, en particulier aux exercices de cadres.

Le chef de corps fixe également la date du commencement et de la fin du peloton, de façon à concilier les deux conditions suivantes :

1º Permettre à l'officier instructeur d'obtenir l'uniformité de maintien et d'enseignement nécessaire au bon fonctionnement de l'ensemble de l'instruction du régiment ;

2º Mettre les commandants de groupe et les capitaines commandants en mesure de réaliser, pour l'instruction de leur unité, le caractère d'entente indispensable à la bonne exécution du service en campagne.

Les radiations reconnues nécessaires pendant la durée de l'instruction sont prononcées par le chef de corps, sur la proposition de l'officier instructeur, le capitaine commandant entendu.

L'état de l'instruction de chaque sujet est constaté mensuellement, au moyen de notes remises par l'officier instructeur au chef de corps et indiquant, pour chacun d'eux, le degré d'instruction et le classement. Une copie de ces notes est adressée à chaque chef de groupe et communiquée par lui aux capitaines commandants qui sont ainsi complètement renseignés sur les hommes placés sous leurs ordres.

Lorsque l'instruction du peloton est terminée, le chef de corps inspecte d'une façon toute spéciale les candidats sous-officiers, s'assure qu'ils possèdent toutes les connaissances prescrites et arrête, en prenant en considération les notes données d'autre part aux candidats par les capitaines commandants et par les commandants, de groupe; le classement définitif qui est mis à l'ordre du régiment.

Le programme des matières à enseigner au peloton des élèves-brigadiers et à celui des candidats sous-officiers est indiqué dans la deuxième partie. (Titre 1er, nos 10 et 11.)

# TITRE II

## INSTRUCTION A PIED

**39.** L'instruction à pied a pour objet :

1º De discipliner les hommes de recrue, de développer leur adresse et de leur donner une attitude militaire ;

2º De les mettre en état de manœuvrer correctement en troupe et de faire usage de leurs armes dans les circonstances qui en comportent l'emploi à la guerre et dans le service de garnison.

**40.** L'instruction à pied comprend l'instruction individuelle et l'instruction d'ensemble.

## CHAPITRE I<sup>er</sup>

### INSTRUCTION INDIVIDUELLE

**41.** L'instruction individuelle est la base de l'instruction à pied et de l'éducation militaire des hommes de recrue. On doit y consacrer tous les soins et le temps nécessaires, et ne commencer l'instruction d'ensemble que lorsque les canonniers sont suffisamment assouplis et bien confirmés dans l'exécution de tous les mouvements.

**42.** Les hommes sont habituellement placés les uns à côté des autres, sur un ou plusieurs rangs, à des intervalles tels qu'ils aient l'indépendance de leurs mouvements et qu'ils soient sous les yeux de leur instructeur.

Pour l'enseignement des différents pas et mouvements exécutés en marchant, l'instructeur fixe à chaque homme l'espace de terrain sur lequel il doit s'exercer.

**43.** L'instruction est donnée d'une manière simple, suivant une marche progressive, et sans attendre l'épuisement d'un sujet pour passer à un autre. L'instructeur montre le mouvement ; les hommes exécutent d'eux-mêmes. L'instructeur examine chaque canonnier et rectifie les positions défectueuses. Le canonnier cesse le mouvement sans attendre d'ordre et le reprend ensuite. Il continue ainsi jusqu'au commandement : Repos.

Les mouvements sont d'abord exécutés en décomposant, puis, lorsque leur mécanisme est bien connu, sans décomposer. La précision et la vivacité dans l'exécution ne peuvent être obtenues que progressivement. L'instructeur exige néanmoins, dès le début, que le canonnier manœuvre avec vigueur.

**44.** Pour **rassembler les canonniers,** l'instructeur lève le bras droit (l'arme dans la main droite, si les hommes sont en armes), et commande :

RASSEMBLEMENT.

A ce commandement, les canonniers se forment rapidement dans l'ordre qui leur a été prescrit, face à l'instructeur, le centre à trois mètres de lui. Quand ils connaissent les principes d'alignement, ils s'alignent d'eux-mêmes sur le centre, et l'instructeur commande :

FIXE.

Pour suspendre ou terminer le travail, l'instructeur commande :

*Rompez vos rangs* = MARCHE.

**45.** Au commandement :

COMPTEZ-VOUS QUATRE (TROIS, SIX, HUIT),

les canonniers se comptent de la droite à la gauche : 1, 2, 3, 4…, suivant la place que chacun occupe. S'ils sont formés sur deux rangs, les hommes du second rang se comptent en même temps que leurs chefs de file.

## ARTICLE I<sup>er</sup>

### GYMNASTIQUE D'ASSOUPLISSEMENT

**46.** Les exercices de gymnastique ont un rôle important dans l'instruction. Ils permettent de former rapidement des soldats lestes et vigoureux en assouplissant les hommes de recrue, en développant leurs forces, leur agilité et leur adresse.

Pour obtenir ce résultat, les exercices indiqués ci-après ne doivent pas être exécutés comme des mouvements d'ensemble. Ils doivent être, au contraire, individuels et appropriés, autant que possible, à la conformation et aux dispositions spéciales de chaque canonnier. Les hommes ne doivent pas compter à haute voix. La cadence, quand il y a lieu de la donner, est indiquée de temps en temps par l'instructeur.

**47.** Au début de l'instruction, on consacre à la gymnastique d'assouplissement une partie de chaque séance. Les mouvements exécutés doivent toujours être variés, de manière à intéresser les canonniers et à exercer les différentes parties du corps. On combine les assouplissements avec les courses, les sauts, etc.

Les mouvements d'un exercice sont exécutés avec toute l'amplitude qu'ils comportent, en marquant entre eux des temps d'arrêt.

**48.** La gymnastique d'assouplissement est continuée pendant toute la durée de l'instruction. Elle sera complétée, suivant les besoins et les circonstances, par la gymnastique aux agrès, celle-ci ayant pour but, non de faire des tours de force, mais uniquement d'assouplir les hommes et de les rendre plus vigoureux.

**49.** Les canonniers étant rassemblés sur un rang, l'instructeur leur fait prendre, par des indications appropriées, l'emplacement qu'ils doivent occuper pour l'exécution de chaque mouvement.

**50.** Lorsque l'assouplissement nécessite une position préparatoire, l'instructeur la montre, puis la fait prendre au commandement :

En position.

Pour tous les mouvements d'assouplissement, le commandement d'exécution est :

Commencez.

Le canonnier continue de manœuvrer jusqu'au commandement :

Cessez.

### Mouvements des bras.

**51.** Les mouvements des bras sont exécutés au début à une vitesse lente (15 à 20 par minute) qu'on augmente progressivement et qu'on porte à celle de 80 par minute lorsque les canonniers sont bien familiarisés avec le mécanisme des exercices.

Pendant l'exécution des mouvements de bras, et s'il n'en est pas ordonné autrement, on se conforme aux dispositions suivantes :

Les mains sont placées dans le prolongement des avant-bras, les doigts allongés et joints, le pouce joint aux autres doigts.

Les bras tendus horizontalement sont placés parallèlement, les paumes des mains se faisant face.

Les bras tendus verticalement sont placés parallèlement et portés le plus en arrière possible, les paumes des mains se faisant face.

Les bras tendus latéralement sont maintenus à hauteur des épaules et portés le plus en arrière possible, les paumes des mains en dessous.

*Élévation verticale des bras.*

**52.** 1. Élever les bras tendus en avant et les placer verticalement ;

2. Les abaisser tendus dans le rang.

Maintenir le corps droit, éviter de plier les jambes et d'avancer le ventre.

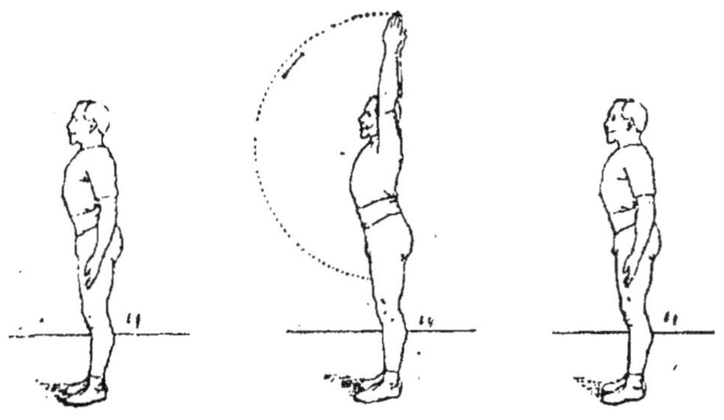

Position initiale.                    1                    2

*Élévation horizontale et écartement latéral des bras.*

**53.** 1. Élever les bras tendus horizontalement ;
2. Les écarter latéralement ;
3. Les abaisser dans le rang.

Éviter de baisser la tête au temps 2.

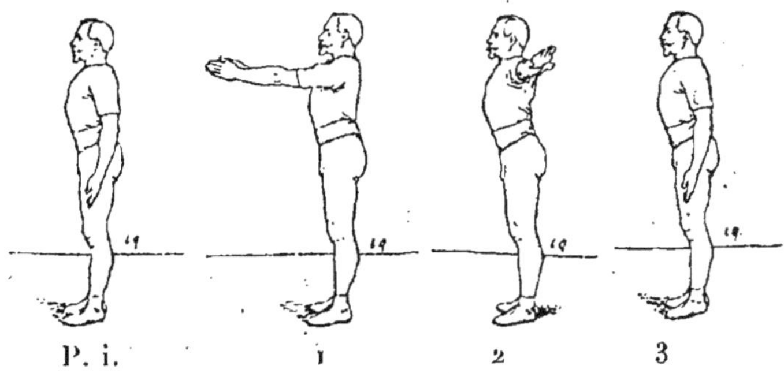

P. i.                    1                    2                    3

*Extension verticale des bras.*

**54.** *En position :* Élever les mains le long des cuisses et du corps jusqu'aux épaules, les mains et les avant-bras fléchis, les coudes abaissés, les doigts joints touchant le sommet des épaules, les épaules et les bras effacés.

1. Étendre les bras verticalement;
2. Reprendre la position initiale.

P. i.                    1                    2

*Extension horizontale des avant-bras.*

**55.** *En position :* Élever les bras de manière à avoir les avant-bras horizontaux et fléchis, les coudes en arrière, les mains étendues, doigts joints, paumes dirigées vers le sol, les pouces touchant la poitrine.

1. Étendre horizontalement les avant-bras sur le côté;
2. Reprendre la position initiale.

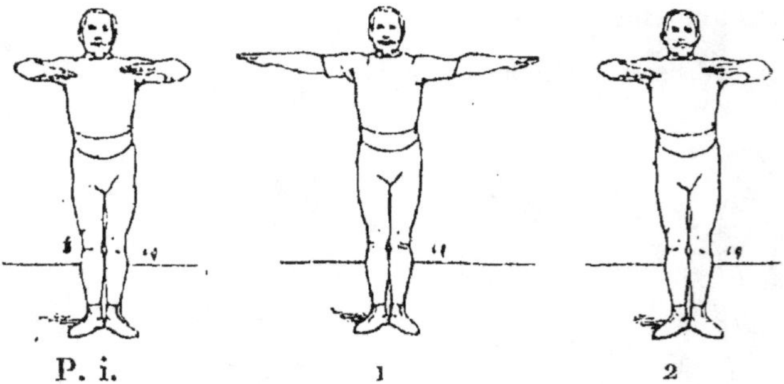

P. i.                    1                    2

**56.** Quand les hommes armés du mousqueton ont commencé le maniement d'armes, on leur fait répéter avec l'arme les mouvements indiqués nos 52, 53 (à l'exception de l'écartement latéral) et 54.

Le canonnier étant reposé sur l'arme, la baïonnette au canon, à l'indication : *Assouplissements,* il abat l'arme devant lui, le canon en dessus, la saisit avec la main gauche à l'embouchoir et avec la main droite à la poignée, les ongles vers le corps.

Dans *l'élévation horizontale,* le canon est placé en arrière; dans *l'élévation* ou *l'extension verticale,* il est en dessous.

A l'indication : *Reposez l'arme,* le canonnier abandonne

l'arme de la main droite, la ressaisit avec cette main à la grenadière, et prend la position du canonnier reposé sur l'arme.

### Mouvement horizontal des avant-bras.

**57.** *En position :* Élever les bras tendus parallèlement en avant, les poings fermés.

1. Retirer vivement les coudes le plus en arrière possible, les poings à hauteur de la ceinture, et envoyer vivement les bras tendus en avant à la première position.

### Rotation des bras.

**58.** Ce mouvement s'exécute toujours lentement.

1. Élever lentement les bras tendus en avant jusqu'à la verticale ;

2. Descendre les bras latéralement, les mains le plus en arrière possible.

Il convient d'inspirer profondément pendant l'élévation des bras et de produire une expiration profonde lorsqu'ils redescendent.

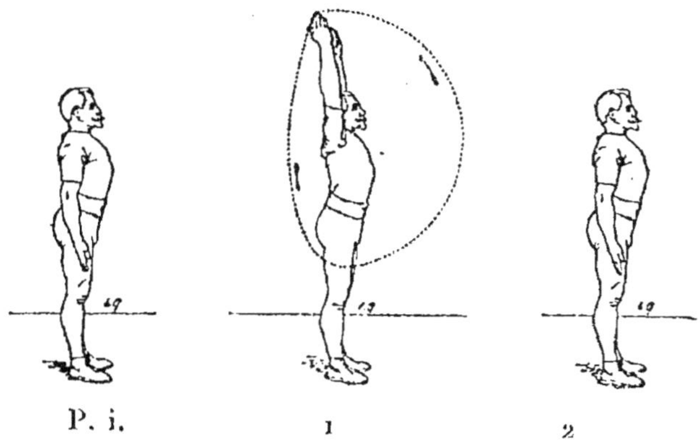

P. i.        1        2

## Flexion du corps et des extrémités inférieures.

Ces mouvements s'exécutent toujours lentement.

### Flexion du corps en avant et en arrière.

**59.** *En position :* Placer les mains aux hanches, la paume sur le bord supérieur des hanches, les doigts joints et dirigés en avant, les pouces en arrière. Les épaules et les coudes effacés.

1. Fléchir lentement le tronc en avant, sans plier les jambes, la tête dans la direction du tronc ;

2. Reprendre la position initiale ;

3. Étendre le tronc en l'inclinant en arrière ;
4. Reprendre la position initiale.

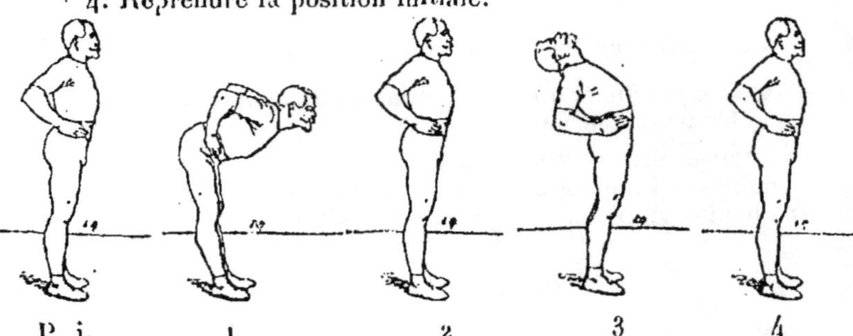

P. i.              1              2              3              4

*Flexion du corps en avant et en arrière
et extension des bras dans le prolongement du tronc.*

**60.** *En position :* Placer les mains comme il est indiqué
au n° 54.

1. Fléchir le tronc en avant ;
2. Étendre les bras dans le prolongement du tronc ;
3. Ramener les mains aux épaules ;
4. Reprendre la position initiale ;
5. Fléchir le tronc en l'inclinant en arrière sans déranger
la position des bras ;
6. Étendre les bras dans le prolongement du tronc ;
7. Ramener les mains aux épaules ;
8. Reprendre la position initiale.

P. i.              1              2              3

4              5              6              7              8

*Flexion des extrémités inférieures,*
*les genoux écartés ou joints.*

**61.** *En position :* Réunir la pointe des pieds, porter le poids du corps en avant et placer les mains comme il est dit au n° 59.

1. Abaisser lentement le corps sur la pointe des pieds ;

2. Se relever graduellement, le corps d'aplomb.

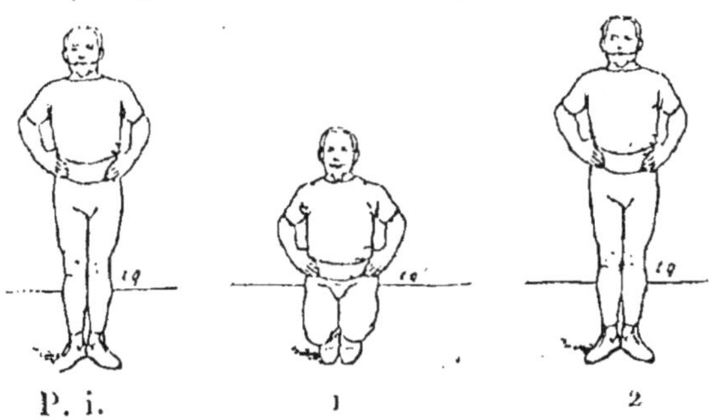

P. i.                     1                     2

*Flexion des extrémités inférieures*
*et mouvement horizontal et latéral (vertical) des bras.*

**62.** 1. Fléchir les extrémités inférieures en ployant les jambes, et élever simultanément les bras tendus horizontalement. Porter les bras latéralement (verticalement) ;

2. Se relever graduellement, le corps d'aplomb et replacer les bras tendus dans le rang.

P. i.                 1                 2                 3

*Flexion latérale du corps et extension des bras*
*dans le prolongement du corps.*

**63.** *En position :* Porter le pied droit latéralement et le poser à environ 0m,75 du gauche, le corps d'aplomb, les pieds également tournés en dehors, les jambes tendues ; placer en même temps les mains comme il est prescrit au n° 54.

1. Fléchir le corps à gauche ;
2. Étendre les bras au-dessus de la tête ;
3. Ramener les mains aux épaules ;
4. Reprendre la position initiale.

Exécuter les mêmes mouvements à droite.

*Torsion du corps, extension horizontale des avant-bras.*

**64.** *En position :* Porter le pied droit latéralement et le poser à environ $0^m,75$ du gauche, le corps d'aplomb, les pieds également tournés en dehors, les jambes tendues ; placer en même temps les mains comme il est prescrit au n° 55.

1. Tourner le corps à gauche, sans fléchir les jambes, la tête et les bras suivant le mouvement des épaules ;

2. Étendre horizontalement les avant-bras ;

3. Ramener les mains à la poitrine ;

4. Reprendre la position initiale.

Exécuter les mêmes mouvements à droite.

1. Ces exercices comprennent les sauts en hauteur, en largeur et en profondeur, seuls ou combinés les uns avec les autres.

On les exécute de pied ferme, à pieds joints, puis en les faisant précéder d'une course de 12 à 15 pas, le canonnier conservant les poings fermés.

## Sauts.

**65.** Ces exercices comprennent les sauts en hauteur, en largeur et en profondeur, seuls ou combinés les uns avec les autres.

On les exécute de pied ferme, à pieds joints, puis en les faisant précéder d'une course de 12 à 15 pas, le canonnier conservant les poings fermés.

Dans les sauts de pied ferme, le canonnier réunit la pointe des pieds et fléchit les extrémités inférieures, les talons légèrement levés, en portant le haut du corps en avant et en tendant les bras en arrière. Il détend ensuite brusquement les jarrets, s'élance en jetant les bras en avant (ou en l'air), franchit la distance (ou l'obstacle), tombe sur la pointe des pieds en fléchissant et se redresse.

Lorsque le saut doit être précédé d'une course, le canonnier part vivement en observant de précipiter sa course en approchant de l'obstacle. Arrivé près du point indiqué, il frappe vigoureusement le sol de l'un ou de l'autre pied, pour s'enlever, en réunissant et ployant les jambes, franchit la distance (ou l'obstacle) le corps ramassé, et tombe à terre en fléchissant sur la pointe des pieds, comme dans le mouvement de pied ferme.

Le canonnier jette les bras en avant dans les sauts en largeur et les lance en l'air dans les sauts en hauteur et en profondeur.

Le terrain sur lequel le canonnier se reçoit après le saut doit être ameubli ; il importe, au contraire, que la partie du sol sur laquelle il prend son élan soit résistante.

On ne fait pas exécuter les sauts si le terrain est trop glissant.

---

## ARTICLE II

### TRAVAIL SANS ARMES

---

### Position du canonnier à pied.

**66.** Au commandement :

Garde a vous,

le canonnier fixe son attention et prend la position suivante :

Les talons sur la même ligne et rapprochés autant que la conformation de l'homme le permet, les pieds un peu moins ouverts que l'équerre et également tournés en dehors, les genoux tendus, le corps d'aplomb sur les hanches, les épaules effacées, les bras pendant naturellement, la paume de la main un peu tournée en dehors, le petit doigt en arrière de la couture du pantalon, la tête haute et droite sans être gênée, les yeux fixés droit devant soi.

### A droite, à gauche.

**67.** Au commandement :

*Canonniers à droite (gauche)* = DROITE (GAUCHE),

tourner sur le talon gauche d'un quart de cercle à droite (gauche) en élevant la pointe du pied gauche et le pied droit ; rapporter ensuite le talon droit à côté du gauche et sur la même ligne.

### Demi-à-droite, demi-à-gauche.

**68.** Au commandement :

*Demi-à-droite (gauche)* = DROITE (GAUCHE),

le canonnier exécute le mouvement comme celui de : *à droite (gauche)*, mais il ne tourne que d'un demi-quart de cercle.

### Demi-tour à droite.

(1 temps, 3 mouvements.)

**69.** Au commandement :

*Demi-tour* = DROITE,

1. Faire un demi-à-droite sur le talon gauche, placer le pied droit en équerre, le milieu du pied vis-à-vis et à environ 10 centimètres du talon gauche.

2. Tourner sur les deux talons en élevant un peu la pointe des pieds, les jarrets tendus, et faire face en arrière.

3. Rapporter le talon droit à côté du gauche.

### Pas cadencé.

**70.** La longueur du pas cadencé est de 75 centimètres à compter d'un talon à l'autre ; sa vitesse, lente au début de l'instruction, est amenée progressivement à 120 pas par minute.

Au commandement :

*En avant* = MARCHE,

Pencher le corps légèrement en avant ; porter le pied gauche en avant, le poser, le talon le premier, à 75 centimètres du droit, qui se lève, tout le poids du corps portant sur le pied qui pose à terre. Porter ensuite la jambe droite en avant, poser le pied droit comme il vient d'être dit pour le pied gauche, et continuer de marcher ainsi, sans que les jambes se croisent, sans que les épaules tournent, en laissant aux bras un mouvement d'oscillation naturelle, la tête restant toujours dans la position directe.

Au commandement :

*Canonniers* = Halte,

poser le pied qui est levé à 75 centimètres en avant et rapporter le pied qui est en arrière à côté de l'autre.

L'instructeur indique de temps en temps la cadence du pas au moyen des commandements : Un, quand le pied gauche pose à terre, et Deux, quand c'est le droit.

### Pas en arrière.

**71.** La longueur du pas en arrière est de 35 centimètres : sa vitesse est la même que celle du pas cadencé.

Au commandement :

*En arrière* = Marche,

retirer vivement le pied gauche en arrière, le poser à 35 centimètres du droit, faire de même du pied droit, et continuer jusqu'au commandement :

*Canonniers* = Halte.

A ce commandement, s'arrêter en rapportant le pied qui est en avant à côté de l'autre.

### Pas gymnastique.

**72.** La longueur du pas gymnastique est de 90 centimètres, sa vitesse habituelle est de 180 par minute.

L'instructeur commande :

*Pas gymnastique* = Marche.

Pendant l'exécution du pas gymnastique, il est utile de respirer autant que possible par le nez, et lentement.

Au commandement : *Pas gymnastique,* incliner légèrement le corps en avant, les poings à hauteur des hanches et fermés, les coudes très peu en arrière, la tête dans le prolongement du buste.

Au commandement : Marche, porter la jambe gauche en avant, le genou légèrement fléchi, le pied rasant le sol, poser le pied gauche à 90 centimètres du droit, le genou restant fléchi. Faire ensuite avec la jambe droite ce qui vient d'être prescrit pour la gauche, et continuer ainsi en portant le poids du corps sur le pied qui pose à terre, en laissant aux bras un mouvement d'oscillation naturelle et en évitant la raideur et les saccades.

Pour faire arrêter, l'instructeur commande :

*Canonniers* = Halte.

Au commandement : *Canonniers,* redresser le haut du corps et ralentir progressivement l'allure.

Au commandement : HALTE, poser le pied qui est en avant à sa distance, rapporter celui qui est en arrière à côté de l'autre, et laisser tomber les mains dans le rang.

Le canonnier, étant au pas cadencé, prend le pas gymnastique au commandement :

*Pas gymnastique* = MARCHE,

et reprend le pas cadencé au commandement :

*Pas cadencé* = MARCHE.

## Marquer le pas.

**73.** Au commandement :

*Marquez le pas* = MARCHE,

marquer simplement la cadence du pas en soulevant et replaçant à terre alternativement l'un et l'autre pied.

Au commandement :

*En avant* = MARCHE,

La marche est reprise.

## Changer le pas.

**74.** Au commandement :

*Changez le pas* = MARCHE,

placer le pied qui est levé à sa distance, rapporter le pied qui est en arrière à côté de celui qu'on vient de poser à terre et repartir de ce dernier pied, ces deux mouvements étant exécutés dans le temps d'un seul pas.

Le commandement : MARCHE est fait au moment où l'un ou l'autre pied pose à terre.

## A droite (à gauche) en marchant.

**75.** Le canonnier étant en marche, au pas cadencé ou au pas gymnastique, au commandement :

*Canonniers à droite (gauche)* = MARCHE,

placer le pied gauche (droit) à sa distance, tourner le corps à droite (gauche) et partir du pied droit (gauche) dans la nouvelle direction sans perdre la cadence du pas.

Le commandement : MARCHE est fait au moment où le pied droit (gauche) pose à terre.

## Demi-tour à droite en marchant.

**76.** Le canonnier étant en marche au pas cadencé, au commandement :

*Demi-tour à droite* = MARCHE,

placer le pied gauche à sa distance, faire face en arrière en tournant sur la pointe de ce pied, rapporter le pied droit à côté du gauche et repartir du pied gauche dans la nouvelle direction

Le commandement : Marche est fait au moment où le pied droit pose à terre.

Au pas gymnastique, faire face en arrière en exécutant sur place quatre petits pas.

## ARTICLE III

### TRAVAIL EN ARMES

**77.** Les mouvements de : Reposer l'arme, l'arme sur l'épaule droite, porter le sabre, doivent être exécutés d'une manière vive et brusque, à une vitesse qui est amenée progressivement à celle du pas cadencé.

Les mouvements de : Sabre à la main, remettre le sabre, en garde, porter le sabre (en partant de : en garde) sont exécutés *au commandement, mais sans cadence.*

Les autres mouvements doivent s'exécuter avec promptitude et régularité, mais ils sont faits *à volonté*, sur de simples indications.

**78.** L'instructeur fait reprendre avec l'arme les mouvements de l'article II. Les mouvements de pied ferme, le pas en arrière s'exécutent au repos de l'arme; les hommes armés du mousqueton le soulèvent légèrement pendant l'exécution du mouvement.

Les mouvements en marchant s'exécutent l'arme sur l'épaule droite (mousqueton) ou l'arme au repos (sabre). Les hommes armés du sabre saisissent le fourreau avec la main gauche, le bras allongé, au commandement : *En avant.* En marchant, ils réduisent, autant que possible, les oscillations du bras droit.

Lorsqu'on doit marcher au pas gymnastique, au commandement : *Pas gymnastique*, les canonniers saisissent le fourreau du sabre-baïonnette ou du sabre avec la main gauche, le bras allongé, et le ramènent en avant.

**79.** Toutes les fois que les canonniers se mettent en marche, les hommes armés du mousqueton mettent d'eux-mêmes l'arme sur l'épaule droite au commandement : Marche; les hommes armés du sabre mettent l'arme au repos, s'il y a lieu.

Lorsqu'on doit marcher au pas gymnastique, ces mouvements s'exécutent au commandement : *Pas gymnastique*. Les canonniers saisissent ensuite le fourreau comme il est prescrit au n° 78.

Toutes les fois que les canonniers s'arrêtent, les hommes armés du mousqueton reposent l'arme d'eux-mêmes au commandement : Halte.

**80.** Avant de faire rompre les rangs, l'instructeur fait toujours remettre le sabre-baïonnette, ou remettre le sabre.

## § 1ᵉʳ. — MOUSQUETON.

### Position du canonnier reposé sur l'arme.

**81.** L'homme, placé dans la position du canonnier à pied, tient le mousqueton dans la main droite de la manière suivante :

Le bras allongé naturellement, le canon entre le pouce et le premier doigt allongé le long de la monture, les autres doigts allongés et joints, le canon en arrière et d'aplomb, le talon de la crosse contre la pointe du pied droit.

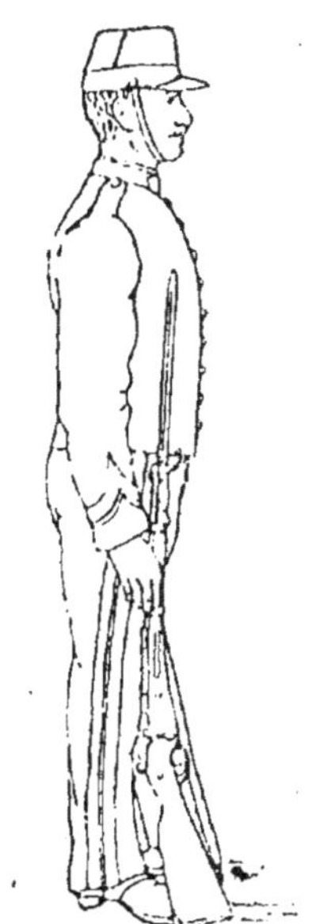

### L'arme sur l'épaule droite. — Reposer l'arme.
### (1 temps, 3 mouvements.)

**82.** Le canonnier étant reposé sur l'arme, au commandement :

*L'arme sur l'épaule =*
Droite,

1. Élever l'arme verticalement avec la main droite vis-à-vis de l'épaule, le canon en arrière ; la saisir avec la main gauche à hauteur du renfort et continuer de l'élever avec cette main, qui s'arrête à l'épaule, en même temps que la main droite se place sur le plat de la crosse, le bec entre les deux premiers doigts, les autres sous la crosse.

2. Placer l'arme sur l'épaule droite, le levier en dehors, en la faisant glisser dans la main gauche, qui se place sur la crosse, les doigts joints, l'arme dans une direction perpendiculaire à la ligne des épaules, le coude droit abattu.

3. Renvoyer vivement la main gauche dans le rang.

**83.** Le canonnier étant l'arme sur l'épaule, au commandement :

*Reposez* = ARME,

1. Redresser l'arme en allongeant le bras droit de toute sa longueur, le canon en arrière et d'aplomb ; la saisir en même temps avec la main gauche à hauteur du renfort.

2. Abandonner la crosse de la main droite, descendre l'arme de la main gauche le long et près du corps, la saisir avec la main droite contre la grenadière, allonger le bras droit et renvoyer vivement la main gauche dans le rang.

3. Laisser glisser l'arme jusqu'à terre sans frapper et prendre la position du canonnier reposé sur l'arme.

### Baïonnette au canon. — Remettre la baïonnette.

**84.** Le canonnier étant reposé sur l'arme, à l'indication :

*Baïonnette au canon,*

le canonnier élève l'arme d'aplomb vis-à-vis et à 10 centimètres du milieu du corps, le canon à droite, le coude droit au corps, la main à hauteur du coude ; il tire le sabre-baïonnette avec la main gauche renversée, et le fixe au bout du canon ; puis il reprend la position du canonnier reposé sur l'arme.

**85.** A l'indication :

*Remettez la baïonnette,*

le canonnier place l'arme comme il a été dit pour mettre la baïonnette au canon ; il enlève le sabre-baïonnette avec la main gauche en appuyant avec le pouce de la main droite sur le bouton-poussoir et le renverse la pointe en bas ; il saisit la lame à 10 centimètres de la croisière avec le pouce et les deux premiers doigts de la main droite, renverse la main gauche et remet le sabre-baïonnette au fourreau ; puis il reprend la position du canonnier reposé sur l'arme.

### Croiser la baïonnette.

**86.** Lorsque le canonnier, ayant la baïonnette au canon, doit se mettre en état de défense, il fait face à la direction de l'attaque, en se fendant de la jambe droite à 0m,30 en arrière : il empoigne en même temps l'arme avec les deux mains, en l'abattant le canon en dessus, la main gauche à hauteur du renfort, la main droite à la poignée et appuyée à la hanche, la pointe du sabre-baïonnette dans la direction de la poitrine de l'adversaire.

Cette position se prend à l'indication : *Croisez la baïonnette.*

### Mettre l'arme sous le bras droit.

**87.** A l'indication :

*L'arme sous le bras droit,*

le canonnier place le mousqueton la crosse sous le bras droit, la main droite tenant l'arme à hauteur du renfort, le pouce allongé dans l'évidement du fût, le canon au-dessus et incliné vers la terre, vis-à-vis de l'épaule, le poignet à la hanche.

A l'indication :

*L'arme sur l'épaule droite ou Reposez l'arme,*

le canonnier prend la position indiquée.

### Mettre l'arme à la grenadière.

**88.** A l'indication :

*L'arme à la grenadière,*

le canonnier place son arme devant lui, détend la bretelle, engage l'ardillon de la boucle dans le dernier trou et place le mousqueton en sautoir de l'épaule gauche à la hanche droite.

A l'indication :

*Reposez l'arme ou L'arme sur l'épaule droite,*

il enlève l'arme de l'épaule, tend la bretelle et prend la position indiquée.

### Mettre l'arme à la bretelle.

**89.** A l'indication :

*L'arme à la bretelle,*

le canonnier engage l'ardillon de la boucle de la bretelle dans le trou du milieu et suspend l'arme à l'épaule droite, le canon en arrière, en la maintenant verticale avec la main droite qui saisit la bretelle près du battant de crosse.

A l'indication :

*Reposez l'arme ou L'arme sur l'épaule droite,*

il enlève l'arme de l'épaule, tend la bretelle et prend la position indiquée.

## Former et rompre les faisceaux.

**90.** Les canonniers étant sur deux rangs, numérotés par quatre, reposés sur l'arme, avec la baïonnette au canon :
A l'indication :

*Formez les faisceaux,*

le canonnier du premier rang de chaque file paire saisit son arme de la main gauche à l'embouchoir et la place le talon de la crosse à 65 centimètres environ en avant de la pointe de son pied droit, le canon face au rang.

Le canonnier du second rang de la file paire passe son arme à son chef de file; celui-ci la saisit avec la main droite à l'embouchoir et porte la crosse à 10 centimètres environ en avant de la pointe de son pied gauche, le canon tourné vers la droite; il croise les quillons[1] des deux sabres-baïonnettes, celui du canonnier du second rang en dessus.

Le canonnier du premier rang de la file impaire, saisissant son arme avec la main gauche à l'embouchoir et avec la main droite à hauteur du renfort, la tourne le canon en avant, se fend de la jambe gauche, embrasse avec son quillon ceux des armes déjà placées et laisse reposer la crosse à 10 centimètres en avant de ses pieds.

Le faisceau formé, le canonnier du second rang de la file impaire passe son arme dans la main gauche le canon en avant, se fend de la jambe gauche et place son arme sur le faisceau en l'inclinant.

Les quatre hommes reprennent la position du canonnier à pied.

**91.** A l'indication :

*Rompez les faisceaux,*

le canonnier du second rang de chaque file impaire retire son arme du faisceau.

Le canonnier du premier rang de la file paire saisit son arme de la main gauche et celle de l'homme du second rang de sa file de la main droite à l'embouchoir.

Le canonnier du premier rang de la file impaire saisit son arme de la main gauche à l'embouchoir et de la main droite à hauteur du renfort en se fendant de la jambe gauche; ces deux hommes soulèvent le faisceau pour le rompre.

L'homme du second rang de la file paire reprend son arme des mains de son chef de file et les quatre hommes reprennent la position du canonnier reposé sur l'arme.

---

1. Il est interdit de former les faisceaux en se servant des baguettes.

## § 2. — SABRE.

### Sabre à la main. — Remettre le sabre.

#### (2 temps.)

**92.** L'homme étant dans la position du canonnier à pied, au commandement :

SABRE,

incliner légèrement la tête à gauche sans déranger la position ; décrocher le sabre et le ramener la monture en avant avec la main gauche ; engager le poignet droit dans la dragonne, saisir le sabre à la poignée, dégager la lame du fourreau de 20 centimètres en maintenant le fourreau contre la cuisse avec la main gauche, qui le tient à l'anneau, et replacer la tête directe.

Au commandement :

MAIN,

tirer vivement le sabre en élevant le bras de toute sa longueur, marquer un temps d'arrêt, porter le sabre à l'épaule droite, le dos de la lame appuyé au défaut de l'épaule, le poignet à la hanche, le petit doigt en dehors de la poignée et remettre le fourreau au crochet.

Pour les hommes armés du sabre, la position du canonnier ainsi placé est la position du PORT DU SABRE.

**93.** Le canonnier étant au port du sabre, au commandement :

REMETTEZ,

décrocher le fourreau et le ramener l'ouverture en avant ; porter le sabre en avant, le bras demi-tendu, le pouce vis-à-vis et à 10 centimètres du col, la lame verticale, le tranchant à gauche, le pouce allongé en arrière de la poignée, le petit doigt réuni aux trois autres.

Au commandement :

Sabre,

porter le poignet vis-à-vis et à 16 centimètres de l'épaule gauche ; baisser la lame et la passer en croix le long du bras gauche, la pointe en arrière ; incliner légèrement la tête à gauche en fixant l'œil sur l'ouverture du fourreau, y remettre la lame, dégager le poignet de la dragonne, replacer la tête directe, la main droite sur le côté, et remettre le sabre au crochet, la monture en arrière.

**94.** Lorsque les canonniers sont sur deux rangs, au premier commandement des mouvements : *Sabre à la main* ou *Remettre le sabre*, le second rang recule de 3 mètres et serre à sa distance sans commandement, après avoir porté le sabre à l'épaule ou l'avoir remis au fourreau.

**Reposer le sabre. —
Porter le sabre.**

(1 temps, 3 mouvements.)

**95.** Le canonnier étant au port du sabre, au commandement :

*Reposez* = Sabre,

1. Détacher le sabre verticalement à 10 centimètres en avant de la hanche avec la main droite ; saisir en même temps la lame avec la main gauche à 10 centimètres au-dessus de la garde, le pouce allongé le long de la lame.

2. Saisir la garde avec la main droite, le dos de la main en avant.

3. Allonger le bras droit, en appuyant le dos de la lame au défaut de l'épaule, et renvoyer vivement la main gauche dans le rang.

**96.** Le canonnier étant au repos du sabre, au commandement :

*Portez = Sabre,*

1. Élever le sabre verticalement avec la main droite, à 10 centimètres en avant de la hanche ; saisir la lame avec la main gauche à 10 centimètres au-dessus de la garde, le pouce allongé le long de la lame.

2. Replacer la main droite à la poignée du sabre.

3. Placer le sabre dans la position du port du sabre et renvoyer vivement la main gauche dans le rang.

### Emploi du sabre.

**97.** On fait usage du sabre en employant la pointe et le tranchant, de préférence la pointe. Dans les coups de pointe, le pouce de la main droite doit être allongé sur le dos de la poignée. Dans les coups de sabre, au contraire, la poignée est tenue à pleine main.

L'instructeur fait placer les canonniers à quatre pas d'intervalle, soit sur un rang, soit sur deux rangs ouverts à 6 mètres de distance, soit encore sur deux rangs ouverts, les deux rangs se faisant face.

### En garde. — Porter le sabre.

#### (1 temps.)

**98.** La position *en garde* est celle que prend le canonnier pour être couvert et pour faire usage de son arme ; elle est subordonnée à la direction de l'attaque, le canonnier devant toujours tenir la pointe de son sabre dirigée vers l'adversaire.

La position détaillée ci-après est celle qui doit être prise contre une attaque venant de la direction en avant et un peu vers la droite.

Le canonnier étant au port du sabre, au commandement :

En garde,

décrocher le fourreau, porter le pied droit à un pas à droite du gauche, placer la main gauche comme il est dit à l'instruction à cheval pour la main de bride ; porter en même temps la main droite en avant, un peu plus haut que la gauche, le bras demi-tendu, le petit doigt réuni aux trois autres, les ongles en dessous, le pouce allongé le long de la poignée, le coude un peu détaché du corps, la pointe du sabre à hauteur et dans la direction de l'épaule droite de l'adversaire, le bras, l'avant-bras et la lame dans un même plan sensiblement vertical, le tranchant à droite et plus bas que le dos de la lame.

**99.** Le canonnier étant en garde, au commandement :

*Portez* = Sabre,

rapporter le pied droit à côté du gauche, accrocher le fourreau et prendre la position du port du sabre.

**100.** L'instructeur explique au canonnier qu'il a avantage à se servir de son arme en portant des coups de pointe, qui exigent moins de force et ont un résultat plus prompt, plus certain et plus décisif que les coups de sabre. Pour affirmer ce principe, les exercices comprendront plus de coups de pointe que de coups de sabre.

### Coups de pointe.

**101.** Les coups de pointe se portent vivement et à fond, en allongeant le bras de toute sa longueur. On les dirige vers la poitrine ou vers le flanc de l'adversaire.

A l'indication : *Coups de pointe en avant vers la droite* (ou *vers la gauche*), la lame étant dans la direction du point que l'on veut atteindre, porter un coup de pointe en allongeant le bras de toute sa longueur dans la direction de la lame, la main restant les ongles en dessous. Retirer vivement le bras en arrière et se remettre en garde.

### Coups de sabre.

**102.** Les coups de sabre se donnent en allongeant le bras de toute sa longueur et en imprimant tout l'élan possible à la lame qui doit frapper à partir du milieu en sciant; il faut, à cet effet, ramener le poignet quelque peu vers le corps en terminant le mouvement. Les coups de sabre se portent seulement sur la tête, le cou et la main de bride.

L'adversaire étant supposé en avant et vers la droite, à l'indication : *Coup de sabre en avant vers la droite,* élever le sabre, le bras demi-tendu, le poignet à droite et au-dessus de la tête, le tranchant en l'air, la pointe en arrière et à gauche et plus élevée que le poignet, le tranchant dans la direction du coup à donner. Porter un coup de sabre en avant vers la droite, le bras décrivant un cercle qui ramène *en garde.*

L'adversaire étant supposé presque en face et en avant vers la gauche, à l'indication : *Coup de sabre en avant vers la gauche,* élever le sabre le bras tendu, le poignet un peu en arrière et à droite, le tranchant dans la direction du coup à porter. Porter un coup de sabre en avant et à gauche, le bras décrivant un cercle qui le ramène à la position *en garde.*

## § 3. — REVOLVER.

### Haut le revolver.

**103.** A l'indication :

*Haut le revolver,*

ramener l'étui du revolver sur le côté avec la main droite, l'ouvrir, retirer l'arme en la saisissant avec cette main à la poignée, replacer l'étui en arrière, élever l'arme, la porter à hauteur et à 10 centimètres de l'épaule droite, le bout du canon en l'air, le pontet en avant, le premier doigt allongé contre le pontet.

### Replacer le revolver.

**104.** A l'indication :

*Replacez le revolver,*

abaisser le revolver, ramener l'étui sur le côté avec la main droite, y replacer le revolver ; fermer l'étui, le replacer en arrière et prendre la position du canonnier à pied.

## ARTICLE IV

### Feux.

**105.** Cette instruction a pour but de mettre chaque canonnier en situation de faire individuellement un bon usage de son arme ; elle peut se donner soit dans les chambres, soit à l'extérieur.

Les exercices d'ensemble en sont absolument proscrits.

### Prendre la ligne de mire. — Viser.

**106.** La ligne de mire de l'arme (mousqueton ou revolver) est déterminée par le milieu du cran de mire et le guidon qui doivent se présenter l'un par rapport à l'autre dans les positions respectives indiquées par les figures ci-dessous.

*Viser un but*, c'est diriger la ligne de mire sur ce but au moyen de l'œil droit, en fermant l'œil gauche.

L'instructeur place l'arme sur un chevalet de pointage et la pointe lui-même sur un but bien net et bien visible, l'arme ne penchant ni à droite ni à gauche.

Il fait prendre la ligne de mire au canonnier et lui fait constater comment l'arme est pointée.

Il dérange ensuite l'arme et prescrit au canonnier de viser lui-même le but. Il vérifie le pointage, et le fait rectifier, jusqu'à ce que le canonnier l'ait bien exécuté.

Le canonnier n'est exercé à mettre en joue en tenant lui-même son arme que lorsqu'il est arrivé à viser correctement sur le chevalet de pointage.


§ 1er. — MOUSQUETON.


**107.** Les canonniers ne sont exercés à viser qu'avec la ligne de mire de 200 mètres.

### Chargement de l'arme.

**108.** Pour charger l'arme, faire un demi-à-droite, se fendre en portant le pied droit à 30 centimètres en arrière et 25 centimètres sur la droite, la pointe du pied un peu rentrée, et tenir l'arme dans la main gauche, le canon en dessus, le pouce dans l'évidement du fût, les autres doigts ne touchant pas le canon, la main à la hauteur du coude. Saisir le levier avec la main droite entre le pouce et le premier doigt ployé, les autres fermés ; faire tourner le levier de droite à gauche et le ramener en arrière pour ouvrir la culasse.

Prendre un chargeur dans la cartouchière, le placer de champ, les balles en avant, au-dessus de son logement, sur la planche supérieure d'élévateur ; l'enfoncer avec le pouce de la main droite jusqu'à ce que l'on entende le crochet du chargeur tomber au-dessus du talon.

Saisir de nouveau le levier, pousser franchement la culasse en avant en rabattant en même temps le levier complètement à droite et saisir l'arme à la poignée avec la main droite.

Les mouvements qui précèdent s'exécutent à l'indication :

*Chargez.*

L'arme étant ainsi chargée, l'instructeur montre au canonnier comment le mouvement d'ouvrir et de refermer la culasse suffit pour éjecter l'étui et pour amener une nouvelle cartouche dans la chambre.

**109.** Pour fermer la culasse sans introduire de cartouche dans la chambre (pour une faction, par exemple), il faut, avant de pousser la culasse en avant, appuyer avec le pouce de la main gauche sur le chargeur pour faire passer la tête mobile sur la cartouche supérieure sans l'entraîner.

Lorsque, exceptionnellement, on veut charger à une cartouche seulement, la culasse étant ouverte, il faut placer la cartouche sur l'élévateur et fermer la culasse.

### Déchargement de l'arme.

**110.** Pour décharger l'arme, ouvrir la culasse, placer en même temps le pouce de la main gauche en travers de l'échancrure pour empêcher la cartouche de tomber. Prendre d'abord la cartouche provenant du canon, agir ensuite avec le pouce de la main droite sur le poussoir du crochet du chargeur, prendre le chargeur avec cette main, le replacer dans la cartouchière avec la cartouche libre, fermer la culasse et *désarmer*.

A cet effet, saisir l'arme à la poignée avec la main droite, le pouce en travers sur le chien, presser sur la détente, conduire avec précaution le chien à l'abattu, puis saisir la poignée à pleine main.

Ces mouvements s'exécutent à l'indication : *Déchargez.*

### Mettre en joue.

**111.** Le canonnier, placé comme il a été dit, après avoir chargé l'arme, l'élève horizontalement avec les deux mains, le

corps d'aplomb, et appuie fortement la crosse contre l'épaule, le coude gauche abattu, le coude droit à hauteur de l'épaule, la main droite serrant la poignée, la deuxième phalange du premier doigt en avant et contre la détente.

Il vise le but qui lui a été indiqué, en penchant le moins possible la tête à droite et en avant.

Sur un homme, le canonnier vise à hauteur de ceinture.
Ces mouvements s'exécutent à l'indication : *En joue.*

### Faire partir le coup.

**112.** Le canonnier, ayant mis en joue, presse graduellement sur la détente pour amener la seconde bossette en contact avec le dessous de la boîte de culasse. Quand la ligne de mire passe bien exactement par le but, il achève de fermer le doigt sans brusquerie, la tête et le corps restant immobiles.

**113.** Lorsqu'il doit tirer réellement, le canonnier doit avant tout chercher à bien voir le but, puis, à s'abriter, et enfin à trouver un appui pour son arme. Il modifie en conséquence les positions types indiquées ci-dessus.

### Feu à volonté.

**114.** Quand le canonnier a reçu toutes les leçons précédentes, l'instructeur, après lui avoir désigné un objectif et fait charger l'arme, lui fait exécuter un feu à volonté au commandement de :

COMMENCEZ LE FEU.

Le canonnier commence le feu sans précipitation et le continue, en rechargeant son arme, si c'est nécessaire, jusqu'au commandement :

CESSEZ LE FEU.

Il décharge alors son arme, s'il y a lieu, et prend la position du canonnier reposé sur l'arme.

## § 2. — REVOLVER.

## REVOLVER MODÈLE 1873

### Chargement de l'arme.

**115.** Pour charger, placer le revolver vis-à-vis le milieu du corps et à plat dans la main gauche (à cheval, sans quitter les rênes), la porte en dessus, le bout du canon dirigé vers la terre et à gauche. Mettre le chien au cran de sûreté et ouvrir la porte avec le pouce de la main droite, prendre les cartouches dans l'étui du revolver et les introduire successivement dans les chambres en faisant tourner le barillet avec le premier doigt de la main droite ; fermer la porte, s'assurer que la rotation n'est pas gênée et prendre la position de : *Haut le revolver.*

Ces mouvements s'exécutent à l'indication : *Chargez.*

### Déchargement de l'arme.

**116.** Pour décharger, placer le revolver dans la main gauche, comme il est prescrit pour le charger, mettre le chien au cran de sûreté, s'il y a lieu, et ouvrir la porte avec le pouce de la main droite ; détacher la baguette de son tenon, chasser les douilles (ou les cartouches) avec la baguette que l'on manie de la main droite, le pouce de la main gauche faisant tourner le barillet ; mettre les douilles ou les cartouches dans la cartouchière de l'étui ; refixer la baguette, fermer la porte et conduire le chien à l'abattu avec la main droite.

Prendre ensuite la position : *Haut le revolver.*

Ces mouvements s'exécutent à l'indication : *Déchargez.*

## REVOLVER MODÈLE 1892

### Chargement de l'arme.

**117.** Pour charger, placer le revolver vis-à-vis le milieu du corps, l'arme de champ dans la main gauche (à cheval, sans quitter les rênes), le canon dirigé vers la terre et à gauche, ouvrir la porte avec le pouce de la main droite.

Maintenir l'arme avec la main droite, qui la saisit à la crosse, faire effort avec le pouce gauche pour rabattre le barillet à droite hors de sa cage.

Prendre le revolver de la main gauche par la poignée, le bout du canon dirigé vers la terre et à gauche, placer les cartouches dans les chambres du barillet ; saisir de nouveau la crosse avec la main droite ; rabattre complètement le barillet dans sa cage en le poussant à fond avec les trois premiers doigts de la main gauche ; s'assurer que le barillet peut tourner librement, puis fermer la porte et prendre la position de : *Haut le revolver.*

### Déchargement de l'arme.

**118.** Pour décharger, ouvrir la porte et rabattre le barillet à droite, en opérant comme il a été dit pour le chargement, redresser l'arme le canon en l'air et en avant, en continuant à le tenir fortement avec la main gauche.

Pousser l'extracteur en arrière, en appuyant avec la paume de la main droite sur le poussoir d'extracteur ; faire tomber les douilles vides ; rabattre le barillet à gauche en le poussant à fond, comme il a été dit pour le chargement ; fermer la porte et prendre la position de : *Haut le revolver.*

S'il veut retirer du barillet des cartouches chargées, ou recueillir les douilles vides, le canonnier opère ainsi qu'il suit :

Placer le revolver dans la main gauche, le canon dirigé vers la terre et à gauche, la poignée appuyée au corps ; rabattre le barillet à droite, comme il a été dit, et agir sur le poussoir avec les deux premiers doigts de la main gauche, de manière à dégager en partie les cartouches (ou les étuis vides) ; retirer celles-ci une à une avec la main droite en faisant, s'il y a lieu, tourner le barillet.

Mettre les cartouches (ou les douilles vides) dans l'étui de revolver ; rabattre le barillet à gauche en le poussant à fond ; fermer la porte et prendre la position de : *Haut le revolver.*

## Mettre en joue.

**119.** Le canonnier, étant à la position : *Haut le revolver,*
l'arme chargée, se place en demi-à-gauche par rapport à la
direction du but, le talon gauche à 20 centimètres environ
en arrière du droit, abat le revolver dans la main gauche
qui le saisit entre le pouce et le premier doigt en avant du
barillet, arme avec le pouce de la main droite et lève le revolver à la hauteur de l'œil, *le bras droit presque allongé,*
sans raideur, la main droite embrassant solidement la crosse
le plus haut possible, la deuxième phalange du premier
doigt en avant et contre la détente.

Il vise le but qui lui a été indiqué, la tête et le corps
restant immobiles.

Sur un homme, le canonnier vise à hauteur de la ceinture.

Ces mouvements s'exécutent à l'indication : *En joue.*

## Faire partir le coup.

**120.** Le canonnier, ayant mis en joue, presse graduellement sur la détente, de manière à ne pas déranger l'arme et
à faire partir le coup quand la ligne de mire passe bien exactement par le but. Le coup parti, il ouvre complètement le
premier doigt, de manière à laisser la détente revenir librement sur elle-même.

## Feu à volonté.

**121.** Quand le canonnier a reçu toutes les leçons précédentes, l'instructeur, après lui avoir désigné un objectif
et fait charger l'arme, lui fait exécuter un feu à volonté au
commandement :

COMMENCEZ LE FEU.

Le canonnier commence le feu sans précipitation, arme
après chaque coup en abattant l'arme dans la main gauche
et continue jusqu'à ce que les six coups soient partis.

Il décharge son arme et prend la position de : *Haut le re-*
*volver.*

L'instructeur enseigne au canonnier que, dans des cas
exceptionnels, il peut faire un *tir continu,* en armant par la
seule pression du doigt sur la détente.

**122.** S'il se produit un *enrayage* du revolver, le canonnier éprouve une grande résistance et ne peut plus ni tirer
ni armer. Dans ce cas, il ne doit pas augmenter son effort.

Avec le revolver modèle 1873, il abat l'arme dans la main
gauche, met le chien au cran de sûreté, tourne, s'il est nécessaire, le barillet en sens contraire de sa rotation habituelle
et recommence le tir.

Avec le revolver modèle 1892, il abat l'arme dans la main gauche, ouvre la porte, tourne, s'il est nécessaire, le barillet en sens contraire de sa rotation habituelle et recommence le tir. Tous les mouvements de rotation du barillet, quand il est rentré dans sa cage, doivent s'exécuter avec la porte ouverte. Il est formellement interdit d'exécuter une rotation lorsque la porte est fermée, bien qu'il suffise, dans ce cas, d'exécuter une légère pression sur la détente pour rendre possible la rotation dans un sens ou dans l'autre.

# CHAPITRE II

## INSTRUCTION D'ENSEMBLE

### ARTICLE 1er

#### ÉCOLE DE LA SECTION A PIED

#### Composition de la section.

**123.** La section est composée de 18 à 32 hommes répartis entre trois ou quatre fractions de quatre, formées **sur deux rangs**, soit 12 ou 16 files. Le premier rang de chaque fraction de quatre est toujours complet; les files creuses, lorsqu'il y en a, portent sur les numéros 2 et 3.

La section est commandée par un chef de section qui en est le guide.

Le guide ne cesse d'assurer la direction que pendant l'exécution des mouvements pour passer d'une formation à une autre; le mouvement terminé, il reprend la direction sans avertissement.

La surveillance de la section est assurée par un *serre-file*.

A l'instruction, le chef de section se fait remplacer comme guide par un gradé; lui-même surveille l'exécution des mouvements et redresse les fautes.

#### Formations de la section.

**124.** La section est formée *en bataille* sur deux rangs parallèles, les canonniers placés par rang de taille et numérotés par quatre de la droite à la gauche.

Le chef de section est à 4 pas en avant et le serre-file à 2 pas en arrière du centre de la section.

**125.** La section est aussi formée en *colonne par quatre*, chaque rang de quatre hommes à 1 mètre de distance de celui qui le précède, le chef de section à 4 pas en avant du rang de tête, le serre-file à 2 pas sur l'un des flancs, à hauteur du second rang de la dernière fraction de quatre.

**126.** Si la section comprend des hommes armés du mousqueton et des hommes armés du sabre, ces derniers reposent l'arme au commandement : L'ARME SUR L'ÉPAULE DROITE.

## § 1er. — SECTION EN BATAILLE.

### Alignements.

**127.** Les alignements sont pris parallèlement ou obliquement au front, sur le centre ou à droite (gauche). Le chef de section place préalablement, sur la nouvelle ligne, l'homme du centre ou celui de droite (gauche), à moins qu'il ne veuille simplement rectifier l'alignement sur l'emplacement occupé. Puis il se place sur un flanc.

Au commandement :

*Sur le centre ou à droite (gauche)* = ALIGNEMENT,

se porter, s'il y a lieu, sur la nouvelle ligne, en raccourcissant le dernier pas (de manière à se trouver en arrière de l'alignement) et s'arrêter; tourner la tête et les yeux du côté de la base, placer le poing gauche au-dessus de la hanche, se porter à petits pas à côté de l'homme auquel il faut appuyer, de manière que la ligne des épaules se trouve dans la direction de celle du voisin du côté de la base; toucher très légèrement le coude de ce dernier.

Au commandement : *Fixe*, replacer la tête dans la position directe et reprendre la position de : *Reposer l'arme.*

**128.** Pour aligner la section en arrière, la porter préalablement en arrière du nouveau front, puis l'aligner d'après les principes ci-dessus.

**129.** Dans les alignements, comme dans tous les mouvements de pied ferme, les hommes armés du mousqueton soulèvent légèrement la crosse.

Il est essentiel que la section soit exercée à s'aligner très rapidement.

### Marche en bataille.

**130.** La direction est assurée par la file de base, habituellement la file du centre, qui marche exactement dans les traces du chef de section et à quatre pas de lui. Lorsque le chef de section est obligé de quitter momentanément la place qu'il occupe en avant de sa troupe, ou lorsqu'il ne veut plus qu'elle le suive, il indique à haute voix le point sur lequel la file de base doit se diriger.

Au commandement :

*En avant* = MARCHE,

la section part vivement.

Chaque homme conserve l'alignement ainsi que l'intervalle qui le sépare de son voisin du côté de la file de base; il cède à la pression qui vient de ce côté, et résiste à celle qui vient du côté opposé; il reprend insensiblement l'alignement ou son intervalle lorsqu'il les a perdus, et, tout en conservant toujours la tête haute, fixe les yeux sur le chef de section.

Le serre-file marche à 2 pas du second rang et surveille la marche.

**131.** Au commandement :

*Section* = HALTE,

s'arrêter comme à l'instruction individuelle, s'aligner rapidement sur la file de base, et reprendre la position directe.

### Demi-tour.

**132.** La section fait demi-tour, de pied ferme ou en marchant, par les moyens et à l'aide des commandements prescrits à l'instruction individuelle.

**133.** Lorsque la section doit manœuvrer par le second rang, le chef de section, passant par la droite, et le serre-file, passant par la gauche, se portent vivement à leur place dans le nouvel ordre, au commandement : *Face en arrière*, qui précède celui de : *Demi-tour*.

### Changement de direction.

**134.** La section étant en marche ou de pied ferme, tourne à droite (gauche) en se réglant sur la file du centre qui suit le chef de section.

Au commandement :

*Tournez à droite (gauche)* = MARCHE,

tourner légèrement la tête du côté de la file de base, qui raccourcit le pas et exécute une conversion en marchant dans les traces du chef de section; fixer les yeux sur ce dernier, qui indique du geste la nouvelle direction; allonger ou raccourcir insensiblement le pas en avançant l'épaule qui est du côté de l'aile marchante, de façon à maintenir toujours l'alignement du côté de la file de base.

Suivant le cas, la marche directe est reprise au commandement : *En avant* = MARCHE, ou la section s'arrête au commandement : *Section* = HALTE.

### § 2. — COLONNE PAR QUATRE.

### Former la colonne par quatre.

**135.** La section en bataille, de pied ferme, se forme en colonne par quatre à droite (gauche), au commandement :

*A droite (gauche) par quatre* = DROITE (GAUCHE).

Chaque fraction de quatre files fait face à droite (gauche) en pivotant alignée sur le n° 1 ou 4 du premier rang, qui tourne sur place.

Le serre-file fait face à droite (gauche) en même temps que les hommes.

**136.** La section en bataille étant en marche, est formée en colonne par quatre pour continuer à marcher, par la substitution du commandement : Marche à celui de : Droite.

## La section étant en colonne par quatre, la former en bataille.

### 1° *En avant.*

**137.** La section, en colonne par quatre de pied ferme, est formée en bataille en avant, au commandement :

*En bataille* = Marche.

La fraction de tête ne bouge pas. Les autres fractions se portent sur la ligne au pas gymnastique, par le chemin le plus court, du côté du chef de section. Elles s'y arrêtent et s'alignent sur la première fraction de quatre.

**138.** La section, en colonne par quatre et en marche, est formée en bataille pour continuer à marcher, à l'aide des commandements ci-dessus ; pour l'arrêter, on substitue le commandement : Halte à celui de : Marche.

Suivant le cas, la fraction de tête continue à marcher ou s'arrête. Les autres fractions, en arrivant sur la ligne, continuent à marcher en prenant le pas de la fraction voisine, ou s'arrêtent à hauteur des fractions déjà placées.

### 2° *Face à gauche (droite).*

**139.** La section en colonne par quatre, étant de pied ferme, se forme en bataille face à gauche (droite), au commandement :

*A gauche (droite) par quatre* = Gauche (droite).

Chaque fraction fait face à gauche (droite) en pivotant sur l'homme de gauche (droite) du premier rang, qui tourne sur place.

**140.** La section, en colonne par quatre et en marche, est formée en bataille face à gauche (droite) pour continuer à marcher ou pour s'arrêter. On substitue, selon le cas, le commandement : Marche ou celui de : Halte au commandement : Gauche (droite).

Chaque fraction fait face à gauche (droite) et continue à marcher ou bien s'arrête.

**141.** La section en colonne marche, s'arrête, prend le pas gymnastique, fait demi-tour, change de direction, d'après es principes prescrits pour la section en bataille et à l'aide des mêmes commandements.

Le chef de section dirige la marche. Les hommes du premier rang de chaque fraction ont un souci tout particulier de garder exactement la distance qui les sépare de la fraction précédente.

Dans les changements de direction, la fraction de tête converse en réglant son mouvement sur le chef de section. Les autres fractions changent de direction à la même place que celle qui précède, de manière qu'il n'y ait ni temps d'arrêt ni à-coup dans la marche.

## § 3. — DISPOSITIONS PARTICULIÈRES.

**142.** La section en bataille peut être formée en colonne par deux, puis reformée en bataille, au commandement :

*Canonniers à droite (gauche)* = DRO.TE (GAUCHE).

La colonne par deux, ainsi formée, est mise en marche, change de direction et est arrêtée par les mêmes commandements et les mêmes moyens que la colonne par quatre.

Cette formation ne doit être employée qu'exceptionnellement, pour des parcours de faible étendue, lorsqu'on ne peut pas employer la colonne par quatre ; par exemple, pour éviter un obstacle, pour franchir un passage étroit, etc.

**143.** La section peut être formée en colonne par trois, six, huit, puis reformée en bataille au commandement :

*A droite (gauche) par 3 (6, 8)* = DROITE (GAUCHE).

La colonne par trois peut trouver son application à la manœuvre d'artillerie. La colonne par six, huit... peut être employée exceptionnellement pour réduire la longueur d'une colonne de route. Dans ce cas, on fait serrer les fractions de six, huit, à un mètre de distance avant de mettre la colonne en marche.

### Pas de route.

**144.** La section marchant en colonne, à l'indication :

*Pas de route,*

les canonniers mettent l'arme à la bretelle ou à la grenadière et marchent à volonté, sans cadencer le pas, mais en conservant l'alignement et les distances. Le serre-file marche à la queue de la section.

A l'indication :

*Pas cadencé,*

remettre l'arme sur l'épaule droite et reprendre le pas cadencé.

**145.** Pour les besoins du service, une troupe, non constituée en section, peut être formée en colonne par quatre, et conduite comme il a été dit pour la section. Elle est arrêtée au commandement :

*Canonniers* = HALTE.

## ARTICLE II

### ÉCOLE DE BATTERIE

Les mouvements indiqués ci-après ont uniquement pour but d'exercer la batterie, de manière qu'elle puisse figurer correctement dans un service de place, une revue ou un défilé.

### Composition de la batterie.

**146.** La batterie comprend, suivant son effectif, deux, trois ou quatre sections, composées comme il est dit à l'école de section et ayant, autant que possible, le même nombre de fractions de quatre.

On forme, quand on le peut, des sections distinctes avec les hommes armés du mousqueton et avec les hommes armés du sabre; les hommes armés du mousqueton sont à la droite de la batterie; les brigadiers comptent dans le rang.

### Ordre en bataille.

**147.** Les sections en bataille sont formées sur le même front, à deux pas d'intervalle. Les chefs de section sont à quatre pas devant le centre de leur section, le capitaine à quatre pas en avant du chef de la section base ou de la section chargée de la direction.

### Ordre en colonne par section.

**148.** Les sections en bataille sont formées les unes derrière les autres, à une distance égale à un front de section, comptée entre le deuxième rang d'une section et le premier rang de la section suivante. Les chefs de section sont à quatre pas en avant du centre de leur section, le capitaine à quatre pas en avant du chef de la première section.

## Ordre en colonne par quatre.

**149.** Les sections en colonne par quatre sont placées les unes derrière les autres, à quatre pas de distance, comptés entre le dernier rang d'une section et le premier rang de la section suivante. Les chefs de section sont placés à côté et à gauche de la première fraction de quatre de leur section; le capitaine se tient à quatre pas en avant de la section de tête.

### § 1ᵉʳ. — BATTERIE EN BATAILLE.

**150.** Pour aligner la batterie, le capitaine place d'abord une section sur la ligne qu'il a choisie, puis il commande :

*Sur telle section* = ALIGNEMENT.

A ce commandement, les chefs des autres sections alignent leur section à droite ou à gauche, suivant les principes de l'école de section, et le capitaine commande :

FIXE.

A ce commandement, chacun reprend sa place.

**151.** La batterie fait demi-tour par les commandements et les moyens prescrits à l'école de section.

### § 2. — COLONNE PAR SECTION.

**152.** La batterie en bataille est formée en colonne par section aux commandements :

*Colonne par section,*

*Face à droite (gauche)* = DROITE (GAUCHE),

HALTE.

Chaque section exécute une conversion à droite (gauche); le guide règle son mouvement de manière que l'homme de droite (gauche) du premier rang tourne sur place. Chaque section est alignée par son chef de section.

Au commandement :

FIXE,

les chefs de section reprennent leur place.

**153.** La colonne par section marche, prend le pas gymnastique, fait demi-tour, rompt par quatre, d'après les principes prescrits pour la section en bataille et à l'aide des mêmes commandements.

**154.** Pour changer de direction, le capitaine commande :

*Changement de direction à droite (gauche).*

Les sections conversent au commandement de leur chef, la première au point indiqué par le capitaine, les autres successivement sur le même terrain.

**155.** La colonne, en marche, est arrêtée au commandement :

*Batterie* = Halte.

**156.** La colonne, étant de pied ferme, est reformée en bataille par les moyens inverses, au commandement :

*En bataille,*

*Face à gauche (droite)* = Gauche (droite).

L'alignement se fait sur la section désignée par le capitaine ; à cet effet, le capitaine fait précéder le commandement : En bataille par l'indication : *Sur* (telle) *section.*

## § 3. — Colonne par quatre.

**157.** La colonne par quatre se forme, fait demi-tour, marche, change de direction et est remise en bataille sur l'un de ses flancs par les commandements et les moyens prescrits à l'école de section.

**158.** La colonne par quatre est arrêtée au commandement :

*Batterie* = Halte.

**159.** La batterie marchant en colonne par quatre, pour la former en colonne par section, le capitaine se porte du côté où il veut déployer les sections et commande :

*Formez les sections* = Marche.

Au commandement :

*Formez les sections*, les chefs de section se portent sur la ligne qu'ils doivent suivre le mouvement terminé, et commandent :

*En bataille.*

Au commandement : Marche, du capitaine, les sections se forment en bataille.

———————— ——

# TITRE III

# INSTRUCTION D'ARTILLERIE

## CHAPITRE I<sup>er</sup>

### PRINCIPES GÉNÉRAUX ET DIVISION
### DE L'INSTRUCTION

**160.** L'instruction d'artillerie a pour objet d'apprendre aux canonniers les mécanismes de manœuvre nécessaires au service de la pièce, soit isolée, soit dans la batterie.

Elle est divisée en instruction individuelle (*École du canonnier servant*) et instruction d'ensemble (*École de la pièce et École de batterie*).

**161.** La rapidité du tir, qui est la propriété essentielle du canon de campagne, nécessite dans la manœuvre beaucoup de promptitude et de sûreté; les différents mouvements se succèdent presque sans arrêt; de plus, chaque servant pouvant agir indépendamment des autres, les opérations de la charge se font simultanément.

La surveillance des détails étant ainsi rendue difficile, on devra consacrer un nombre de séances suffisant à l'instruction individuelle, en cherchant à développer chez le canonnier les qualités d'exactitude et de conscience indispensables; on n'abordera l'*École de la pièce* qu'avec des servants capables d'exécuter parfaitement et sans aucune hésitation les diverses opérations de l'École du canonnier servant.

Tous les mouvements doivent être exécutés vivement et avec une attitude militaire compatible avec les opérations du service de la pièce.

*Les manœuvres avec des cadences, des gestes, des mouvements particuliers et non prescrits sont interdites.*

**162.** L'*École du canonnier servant* a pour objet d'enseigner à tous les servants les opérations individuelles qu'ils peuvent avoir à exécuter pour le tir.

Il est avantageux, dès les premières séances consacrées à cette instruction, de faire tirer quelques coups de canon devant les canonniers, afin que ceux-ci puissent se rendre compte du fonctionnement du matériel et saisir rapidement les raisons des dispositions qui leur seront enseignées ultérieurement. La pratique du tir réel, lorsqu'elle est possible, se combine d'ailleurs toujours très avantageusement avec l'instruction de détail.

En principe, tous les canonniers servants doivent être en mesure de remplir tous les postes autres que celui de pointeur; seuls quelques hommes trop peu intelligents doivent être confinés dans les fonctions de pourvoyeur et de chargeur; ces hommes sont éliminés au fur et à mesure des progrès de l'instruction.

On procède de même à l'égard des canonniers qui ne seraient pas susceptibles de recevoir complètement l'instruction relative au poste de pointeur.

L'instruction des pointeurs est poussée assez activement pour que les canonniers qui la suivent soient à même de remplir les fonctions de pointeur dès qu'on commencera l'*École de batterie*. Chaque batterie doit chercher à former 12 pointeurs, dont 4 maîtres-pointeurs.

Les conducteurs ne doivent recevoir que l'instruction relative aux postes de pourvoyeur et de chargeur, les seuls qu'ils puissent être appelés normalement à remplir en campagne.

**163.** L'*École de la pièce* est une instruction d'ensemble, qui sert à coordonner les différents mouvements individuels pour assurer le service rapide de la pièce.

Pour toutes les manœuvres de cette école, l'instructeur doit exiger tout d'abord une grande régularité dans les mouvements individuels; la rapidité viendra ensuite d'elle-même.

**164.** L'*École de batterie* a pour but de rompre le personnel de chaque batterie à la discipline du feu et à la pratique de toutes les opérations que comporte l'exécution du tir.

Bien que le présent Règlement ne fasse pas mention d'une école de section, le capitaine consacre une partie des séances de l'École de batterie à faire manœuvrer les sections sous le commandement des chefs de section.

La section est alors envisagée comme une batterie de deux pièces.


# CHAPITRE II

## ÉCOLE DU CANONNIER SERVANT

**165.** Pour les exercices de l'École du canonnier servant, l'instructeur ne prend qu'une seule des deux voitures, canon ou caisson, ou les deux à la fois suivant le besoin; il fait séparer les trains, enlever le couvre-bouche et le couvre-culasse, ouvrir les coffres, mettre en batterie, etc., etc., sur de simples indications.


### Fonctions des servants.

**166.** Le service de la pièce de 75 est généralement exécuté par six servants, dont les fonctions principales pendant le tir sont les suivantes :

Un *1er pourvoyeur* approvisionne le débouchoir en cartouches;

Un *2e pourvoyeur* approvisionne le débouchoir en cartouches;

Un *déboucheur* débouche les évents et passe les cartouches au chargeur;

Un *chargeur* introduit les cartouches dans la chambre;

Un *tireur* donne la hausse, ouvre et ferme la culasse, met le feu;

Un *pointeur* donne l'angle de site et la dérive, pointe et repère le canon.

## ARTICLE 1er

### FONCTIONS DES POURVOYEURS

### I. — Ouvrir et fermer le caisson.

**167.** L'instructeur enseigne aux canonniers à ouvrir les cadenas, à fixer ceux des coffres du caisson aux pitons de poignée de verrou, à ouvrir et à fermer les couvercles des coffres, et à remettre les cadenas.

Lorsqu'on ouvre le couvercle, il faut maintenir avec la main la poignée du levier d'espagnolette pendant qu'on fait tourner le verrou.

Lorsqu'on le referme, il faut s'assurer que le bec de l'espagnolette est bien en prise avec le couvercle.

### II. — Approvisionner le débouchoir.

**168.** Le caisson est en batterie, le débouchoir abattu et ouvert, les sacs à terre en place[1], les coffres ouverts.

Les pourvoyeurs sont placés à droite et à gauche du débouchoir, face au caisson et à genoux[2] sur les sacs à terre. Leur rôle consiste à maintenir toujours garnies de cartouches les boîtes d'ogive du débouchoir.

*Pour placer une cartouche dans l'une des boîtes d'ogive du débouchoir,* prendre une cartouche dans le coffre en la saisissant au culot avec la main droite et en la soutenant à l'ogive avec la main gauche, la tourner de manière qu'elle soit normale à la base du débouchoir, le culot en l'air, et diriger avec la main gauche la fusée et l'ogive dans la boîte d'ogive la plus voisine; l'y placer sans choc, l'abandonner de la main gauche; puis, avec la main droite au culot, faire tourner lentement la cartouche dans le sens des aiguilles

---

1. Les sacs à terre servent à protéger les effets des servants du contact du sol.

2. La position à genoux peut être prise à volonté, soit en mettant les deux genoux à terre, soit en y mettant seulement l'un ou l'autre genou.

d'une montre [1] jusqu'à ce que le tenon tombe dans son logement.

**169.** Les cartouches sont prises dans le coffre dans l'ordre suivant : épuiser alternativement le rang supérieur et le rang inférieur, et, dans chaque rang, avancer de l'extérieur vers l'intérieur.

## ARTICLE II

### FONCTIONS DU DÉBOUCHEUR

### I. — Disposer le débouchoir.

**170.** Le débouchoir sert à déboucher l'évent, c'est-à-dire à percer la fusée en un point convenablement choisi pour que le projectile éclate en l'air au point voulu.

L'instructeur enseigne aux canonniers à abattre le débouchoir, à l'ouvrir, à le fermer et à le remettre en place.

*Pour abattre le débouchoir,* agir sur le levier d'accrochage et faire tourner le débouchoir bien droit vers l'arrière, en le maintenant appuyé contre l'axe d'accrochage, jusqu'à ce qu'il repose sur le sol.

*Pour ouvrir le débouchoir,* agir sur la chevillette du fermoir et relever le couvercle.

*Pour remettre le débouchoir en place,* mettre le correcteur à la division 20, tourner la manivelle dans le sens de la diminution des distances jusqu'à ce qu'elle soit arrêtée par le verrou d'arrêt, rabattre le couvercle sur la boîte et l'y fixer au moyen du fermoir. Relever le débouchoir sans l'abandonner.

### II. — Maniement du débouchoir.

**171.** Déboucher une seule cartouche. — Le caisson étant disposé, le déboucheur se place en arrière du débouchoir, face au caisson et à genoux sur le sac à terre.

Les boîtes d'ogive étant garnies de cartouches, au commandement :

*Correcteur tant,* par exemple : *Correcteur 16,*

desserrer l'oreille de serrage du correcteur et déplacer celui-ci avec les deux mains jusqu'à ce que le trait de repère se trouve en face de la division indiquée; puis, en maintenant le correcteur avec une main, resserrer l'oreille de serrage avec l'autre et annoncer à haute voix la division du correcteur qui est en face du trait de repère sous la forme :

*Correcteur tant,* par exemple : *Correcteur 16.*

---

1. En tournant en sens contraire, on risquerait de dévisser la fusée.

Au commandement :

TELLE DISTANCE, par exemple : 2500,

saisir avec la main droite la poignée de la manivelle de hausse, appuyer sur celle-ci pour la désengrener et la faire tourner dans le sens convenable, en continuant à appuyer jusqu'à ce que la distance indiquée soit en face du trait de repère ; abandonner ensuite la manivelle, lire la distance marquée sur le cadran et l'annoncer à haute voix sous la forme :

*Telle distance*, par exemple : *2500*.

Ces opérations faites, le canonnier débouche une cartouche seulement, en n'employant jamais que la main droite, même pour le levier de manœuvre de gauche. A cet effet, appuyer avec la main droite sur le levier, l'abaisser brusquement et à fond de manière à percer la fusée, le relever complètement jusqu'à ce qu'il soit vertical de manière à retirer la lame de la fusée, et enfin l'abandonner.

Saisir ensuite la cartouche de la main droite au milieu de la douille, la soulever pour la sortir de la boîte d'ogive, placer la main gauche sous l'ogive du projectile et se tenir prêt à passer la cartouche au chargeur.

**172.** Le commandement : *Correcteur tant*, doit toujours précéder l'énoncé de la distance, de manière à obliger le déboucheur à effectuer toujours les deux opérations dans l'ordre normal : le *correcteur* d'abord, la *distance* ensuite.

Si, après un premier commandement : *Correcteur tant*, TELLE DISTANCE, l'instructeur en fait un second en annonçant seulement la distance :

Exemple : 2500,

sans indiquer de division pour le correcteur, le déboucheur laisse le correcteur à la division où il se trouve.

Le déboucheur doit avoir grand soin de relever complètement le levier de manœuvre pour faire sortir la lame de la fusée, le ressort qui maintient en temps normal le levier légèrement relevé n'ayant pas toujours une force suffisante pour cet usage. Sans cette précaution, l'extraction de la cartouche pourrait amener la rupture de la lame restée dans la fusée.

Pendant le tir, le déboucheur débouche alternativement les cartouches à droite et à gauche, de façon que la consommation des munitions soit la même dans les deux coffres.

**173.** Déboucher plusieurs cartouches. — Au commandement :

<table>
<tr><td>*Par tant,*</td><td rowspan="3">}</td><td rowspan="3">par ex. :</td><td rowspan="3">{</td><td>*Par 4,*</td></tr>
<tr><td>*Correcteur tant,*</td><td>*Correcteur 16,*</td></tr>
<tr><td>TELLE DISTANCE,</td><td>2300,</td></tr>
</table>

se conformer à ce qui est prescrit n° 171, puis déboucher,

*avec la main droite,* successivement le nombre indiqué de cartouches et les passer au fur et à mesure au chargeur.

En les passant au chargeur, le déboucheur compte les cartouches à haute voix : 1, 2, 3, 4; il s'arrête quand il a atteint le chiffre fixé[1].

L'instructeur doit exiger que le déboucheur ne débouche jamais deux cartouches à la fois; il exerce les servants à passer sans interruption du débouchage d'un certain nombre de cartouches au débouchage d'une seule cartouche, et inversement.

**174.** **Cas du tir percutant.** — Au commandement :

*Tir percutant,*

TELLE DISTANCE,

ou

*Par tant, Tir percutant,*

TELLE DISTANCE,

le déboucheur laisse le correcteur à la division à laquelle il se trouve et se conforme à ce qui est prescrit aux nos 171 et 173, sauf qu'il ne débouche pas les cartouches.

Dans le courant d'un tir percutant, le commandement : *Tir percutant* n'est pas répété; le déboucheur place le cadran des distances à la division indiquée et passe les cartouches au chargeur, au commandement :

TELLE DISTANCE,

ou

*Par tant,*

TELLE DISTANCE.

## ARTICLE III

### FONCTIONS DU CHARGEUR[2]

**175.** Le canon est en batterie à droite et à hauteur du caisson, à 50 centimètres d'intervalle, le frein de roues abattu, la culasse ouverte.

La place du chargeur et ses mouvements n'ont rien d'absolu; ils dépendent de sa taille, de ses aptitudes, de la rapidité du tir et de la place du caisson.

La position suivante convient dans un grand nombre de cas : se placer à 50 centimètres en arrière de la roue gauche entre la roue et la flèche, à l'abri du bouclier, face au siège

---

1. On exerce principalement les déboucheurs à déboucher par 2, 3 ou 4.
2. Cette instruction doit être donnée avec les fausses cartouches à obus métalliques. Dans ce cas, l'extracteur doit avoir été enlevé; les cartouches sont extraites exclusivement avec le refouloir. (Voir n° 185.)

du pointeur, le pied droit à peu près perpendiculaire à la flèche, le pied gauche à environ 3o centimètres du droit.

*Pour charger,* se tourner, en se fendant du pied gauche, dans la direction du débouchoir ; saisir, de la main droite au culot et de la main gauche en arrière de l'ogive, la cartouche que tend le débouchoir ; reprendre sa place face au siège du pointeur par un mouvement inverse, et introduire avec précaution l'ogive dans l'échancrure en abandonnant le projectile avec la main gauche ; faire ensuite glisser la cartouche en la poussant au culot avec la paume de la main, les doigts ouverts ; enfin la lancer à fond, la main ouverte venant s'arrêter à la tranche postérieure du manchon.

## ARTICLE IV

### FONCTIONS DU TIREUR

#### I. — Maniement de la pièce de sûreté.

**176.** La culasse étant fermée et la pièce de sûreté à la position de route, *pour la mettre à la position de tir,* saisir le bouton du bonhomme d'arrêt avec la main gauche, le tirer vers l'arrière, lui imprimer un mouvement de rotation vers la droite du canon jusqu'à l'arrêt du mouvement et l'abandonner.

La pièce de sûreté étant à la position de tir, *pour la mettre à la position de route,* répéter les mêmes mouvements en faisant tourner la pièce de sûreté vers la gauche du canon.

Dans l'un et dans l'autre mouvement, avoir soin de ne pas toucher au marteau, qui ne gêne en rien le mouvement de rotation.

#### II. — Ouvrir et fermer la culasse.

**177.** Le canon est en batterie, à côté du caisson, la cale de manœuvre en place, la pièce de sûreté à la position de tir.

Le tireur enfourche le siège de droite, s'assied face au canon, et laisse tomber les mains sur le côté.

*Pour ouvrir la culasse,* saisir la poignée avec les deux mains, les ongles en dessous, et faire tourner la culasse jusqu'à l'arrêt du mouvement. La fin du mouvement d'ouverture, produisant l'éjection de la douille, doit être faite énergiquement.

*Pour fermer la culasse,* saisir la poignée avec les deux mains, les doigts fermés, les ongles en dessous, et faire tourner la culasse sans brusquerie jusqu'à l'arrêt complet du mouvement ; laisser ensuite tomber les mains sur le côté.

**178.** Les mouvements d'ouverture et de fermeture de la culasse à vide ne doivent être exécutés tout d'abord, dans l'instruction individuelle, que dans la mesure strictement nécessaire pour en faire saisir le mécanisme aux canonniers. Dès que ce résultat est acquis, le tireur opère avec le chargeur, et le chargement du canon est exécuté réellement avec de fausses cartouches en bois. La culasse étant ouverte, le tireur maintient les deux mains au-dessus de la poignée, les doigts ouverts. Au moment où la cartouche est introduite dans la chambre, elle produit un léger mouvement de rotation de la culasse; le tireur a soin de ne pas s'opposer à ce mouvement qui amorce la fermeture; il le prolonge, au contraire, en achevant de fermer la culasse comme ci-dessus [1].

**179.** Lorsque le tireur a appris à ouvrir et à fermer la culasse comme il vient d'être dit, il est exercé à exécuter successivement ces opérations un certain nombre de fois en opérant avec le chargeur, jusqu'à ce qu'il y ait entre eux une entente parfaite. On se sert exclusivement pour cela de fausses cartouches à obus en bois [2].

**180.** Lorsque l'instruction du tireur pour ouvrir et fermer la culasse est assurée, il est exercé à armer le linguet.

Pour cette instruction, on enlève la cale de manœuvre.

Le linguet s'arme de lui-même dans le tir, par l'effet du recul du canon. Le tireur ne doit l'armer que pour ouvrir la culasse avant le premier coup ou après un raté.

*Pour armer le linguet,* pousser la masselotte vers l'avant.

### III. — Donner la hausse.

**181.** L'instructeur exerce d'abord les canonniers à lire une distance sur le tambour gradué de la hausse, puis il leur apprend à donner la hausse.

Au commandement :

Telle distance; par exemple : 2 400,

prendre la poignée de la manivelle de hausse avec la main droite, et la faire tourner (en la poussant vers le plateau fixe pour dégager l'ergot) jusqu'à ce que la division indiquée soit en face du trait de repère; abandonner alors la poignée.

Enfin, l'instructeur apprend aux canonniers à donner une distance dont l'énoncé se termine par le nombre 25 ou 75.

### IV. — Mettre le feu.

**182.** La culasse étant fermée et la pièce de sûreté à la position de tir,

---

1. Si le tireur s'oppose au mouvement de rotation de la culasse, la cartouche rebondit en arrière et empêche la fermeture de la culasse; il en est de même si le tireur essaie de fermer la culasse avant que ce mouvement de rotation ne se soit produit.

2. Ces fausses cartouches doivent être en bon état. L'instructeur explique d'ailleurs que, pendant le tir réel, la partie arrière de la cartouche appelée *douille* est seule éjectée. Pendant la manœuvre, pour éviter les dégradations résultant de l'éjection, la flèche de l'affût doit être garnie d'un paillasson ou de tout autre objet remplissant le même but.

Au commandement :

Feu,

saisir de la main gauche la poignée du tire-feu, la tirer en arrière et légèrement vers le bas jusqu'à l'arrêt du mouvement, en ayant soin de ne pas la ramener vers soi, et l'abandonner brusquement.

**183.** Au premier coup, la bêche n'étant pas enfoncée, l'affût recule un peu, et le tireur ne peut rester assis pour mettre le feu.

Au commandement :

*Pour le premier coup,*

le tireur se retire en dehors de la roue droite.

Au commandement :

Feu,

il se penche pour saisir de la main gauche la poignée du tire-feu, en ayant soin de se maintenir en dehors de la roue.

**184.** *En cas de raté,* le tireur doit recommencer de suite la mise de feu et s'arrêter après deux nouveaux essais infructueux [1].

Quand le raté s'est produit, le tireur étant à la position : *Pour le premier coup,* il faut attendre quelques instants avant de recommencer l'opération.

### V. — Emploi du refouloir.

**185.** Le refouloir et l'écouvillon d'une pièce ne doivent être retirés de leurs fourreaux et maniés que par le tireur de cette pièce.

Le refouloir sert à extraire du canon les cartouches ou les douilles qui n'auraient pas pu être éjectées par l'extracteur.

*Pour se servir du refouloir,* assembler l'écouvillon et le refouloir, engager le refouloir dans le canon par la bouche et frapper avec la tête du refouloir sur la fusée du projectile, ou sur le culot de la douille.

S'il s'agit d'une cartouche, le chargeur, placé à la culasse, la reçoit dans les deux mains.

Le refouloir et l'écouvillon ne sont remis en place qu'à la fin du tir.

1. Une cartouche ayant donné lieu à trois ratés successifs ne devra jamais être remise dans les coffres.

## ARTICLE V

### FONCTIONS DU POINTEUR

#### I. — Maniement des instruments de pointage.

**186.** 1° **Mettre en place l'appareil de pointage.** — L'appareil de pointage sert à diriger le canon sur le but.

*Pour le mettre en place,* se placer entre la roue gauche et la culasse; déboucler les contresanglons du couvre-support, enlever le couvre-support en dégageant d'abord son bord inférieur de dessous le porte-niveau, et le laisser pendre en avant du bouclier gauche; prendre ensuite l'appareil de pointage par la colonne avec les deux mains et introduire le pied dans sa douille, le tenon d'emboîtement en regard de son logement.

La division *zéro* de la graduation du plateau doit correspondre au trait de repère de la colonne. L'appareil de pointage étant en place, si cette condition n'est pas remplie, porter la paume de la main sur la visière, peser de haut en bas, puis faire tourner l'appareil pour amener le trait de repère en face de cette division, et laisser remonter la colonne. Desserrer ensuite, s'il y a lieu, le boulon de serrage du tambour, saisir le bord moletté du tambour et le faire tourner pour amener la division 100 en regard du trait de repère, puis resserrer le boulon de serrage.

**187.** 2° **Enlever l'appareil de pointage.** — Le canonnier étant placé comme il est dit au numéro précédent, saisir la colonne avec les deux mains et exercer un effort de bas en haut [1]; replacer ensuite le couvre-support et boucler les contresanglons.

**188.** 3° **Donner la dérive.** — Le pointeur enfourche le siège de gauche et s'assied face en avant, le corps droit, les bras tombant naturellement sans toucher le canon, les mains sur les genoux, les pieds reposant sur la traverse de frein de roues.

**189.** L'instructeur exerce d'abord les canonniers à lire la graduation du plateau [2] et du tambour, puis à placer le trait de repère de la colonne vis-à-vis l'une des divisions du plateau, enfin à placer une division déterminée du tambour vis-à-vis du trait de repère du tambour.

**190.** Au commandement :

*Plateau tant — Tambour tant;*

Par exemple : *Plateau 14 — Tambour 105,*

porter la main droite sur la visière du collimateur, peser de

---

1. En exerçant un effort latéral, on risquerait de fausser l'appareil.

2. Le plateau est divisé en quatre quadrants, et chacun de ces quadrants comporte huit divisions. Chacune de ces divisions vaut 200 millièmes de la distance. Le trait zéro marque la séparation de deux quadrants consécutifs. Les divisions 0, 2, 4, 6 peuvent également se lire, dans le cas des corrections de dérive, 16, 18, 20, etc.

Le tambour est gradué de 0 à 200; chacune de ses divisions vaut 1 millième de la distance.

haut en bas sur cette visière, en imprimant à la colonne un mouvement de rotation dans le sens convenable, de manière à amener le trait de repère de la colonne vis-à-vis la division 14 du plateau. Desserrer ensuite le boulon de serrage, saisir le bord moletté du tambour des dérives et le faire tourner jusqu'à ce que la division indiquée vienne en face du trait de repère ; resserrer le boulon de serrage et annoncer la dérive à haute voix :

*Plateau 14 — Tambour 105.*

**191.** 4° **Corriger la dérive.** — Cas où la correction n'affecte que le tambour. — Au commandement :

*Augmentez (diminuez) de tant ;*

Par exemple : *Augmentez (diminuez) de 5,*

lire le nombre de divisions marqué sur le tambour, ajouter (retrancher) de tête la quantité commandée, faire tourner le tambour pour donner la nouvelle dérive, en vérifier l'exactitude et, après avoir resserré le boulon de serrage, l'annoncer à haute voix sous la forme :

*Tambour tant.*

**192.** Cas où la correction affecte le plateau et le tambour [1].

Lorsque l'augmentation (ou diminution) de dérive est telle que le pointeur ne peut pas l'effectuer sur le tambour, il convertit le tout en millièmes et opère de la façon suivante :

Premier exemple.

> Dérive initiale : *Plateau 2. — Tambour 195.*
>
> *Augmentez de 10.*
>
> Le pointeur convertit le tout en millièmes e ajoute 10.
>
> $200 + 195 + 10 = 405.$
>
> Dérive finale : *Plateau 4. — Tambour 5.*

Deuxième exemple.

> Dérive initiale : *Plateau 0. — Tambour 25.*
>
> *Diminuez de 85.*
>
> Le pointeur convertit le tout en millièmes, en substituant à *Plateau 0, Plateau 16,* qui lui est équivalent, et retranche 85 :
>
> $1625 - 85 = 1540.$
>
> Dérive finale : *Plateau 14. — Tambour 140.*

---

1. Les changements de dérive qui amènent un changement de plateau ne doivent être enseignés qu'aux servants reconnus ultérieurement aptes à remplir toutes les fonctions ; ils sont alors l'objet de fréquents exercices.

**193.** On peut aussi employer le procédé suivant :

1° *La correction ordonnée est inférieure à 200 millièmes.*

Lorsque l'augmentation (ou diminution) de dérive, quoiqu'inférieure à 200 millièmes, est telle que le pointeur ne peut l'effectuer sur le tambour, il augmente (diminue) le plateau de 1 division, et diminue (augmente) le tambour de l'excès de 200 sur la valeur de la correction prescrite.

Premier exemple. { Dérive initiale : *Plateau 0. — Tambour 195.*

*Augmentez de 10.*

Dérive finale : *Plateau 2. — Tambour 5.*

Deuxième exemple. { Dérive initiale : *Plateau 0 (ou 16). — Tambour 25.*

*Diminuez de 85.*

Dérive finale : *Plateau 14. — Tambour 140.*

Dans l'un et l'autre cas, le pointeur annonce la dérive nouvelle sous la forme :

*Plateau tant. — Tambour tant.*

2° *La correction ordonnée est égale ou supérieure à 200 millièmes.*

Le nombre annoncé peut être alors considéré comme étant formé d'un nombre pair de centaines de millièmes et d'un nombre de millièmes inférieur à 200.

Le pointeur exécute d'abord sur le plateau la première partie de la correction, en augmentant (diminuant) le plateau d'un nombre de divisions égal à la moitié du nombre de centaines pair ; il corrige ensuite la dérive modifiée du restant de la correction ordonnée, en se conformant aux règles énoncées nos 191 ou 192.

Premier exemple :

*Augmentez de 450.*

Le pointeur augmente la dérive de 400 en augmentant le plateau de 2 divisions ; puis, il augmente la dérive ainsi modifiée de 50.

Deuxième exemple :

*Diminuez la dérive de 350.*

Le pointeur diminue la dérive de 200 en diminuant le plateau de 1 division ; ensuite, il diminue la dérive ainsi obtenue de 150.

**194.** 5° **Prendre les lignes de foi.** — Les lignes de foi sont deux lignes claires, l'une horizontale et l'autre verticale, qu'on aperçoit sur le fond noir lorsqu'on regarde dans le collimateur.

Les canonniers sont d'abord exercés à reconnaître ces

lignes puis à prolonger successivement chacune d'elles en dehors du collimateur. A cet effet, il faut :

1º Fermer l'œil gauche (ou l'œil droit) ;

2º Regarder dans le collimateur en évitant de pencher le corps en avant de manière à tenir l'œil aussi éloigné que possible ;

3º Imprimer à la tête un mouvement alternatif très rapide de droite à gauche et de gauche à droite pour prolonger la ligne de foi horizontale, et de bas en haut et de haut en bas pour prolonger la ligne de foi verticale.

Au fur et à mesure que le pointeur acquiert une plus grande habitude, ses mouvements deviennent de plus en plus réduits.

**195.** 6º **Donner l'angle de site.** — Le canonnier étant assis sur le siège du pointeur, comme il est prescrit nº 188, l'instructeur l'exerce d'abord à lire la graduation de l'angle de site [1], puis à placer la division indiquée vis-à-vis de l'index.

Au commandement :

*Angle de site : plus ou moins tant,*

saisir de la main droite la tête à oreilles de la vis de commande, tourner cette vis dans le sens convenable et amener la division indiquée vis-à-vis de l'index.

L'angle de site se commande toujours en multiples de 5 millièmes.

## II. — Pointer en direction.

**196.** Le pointage en direction consiste à faire passer par le point de pointage [2] la ligne de foi verticale prolongée du collimateur.

L'instructeur pointe une première fois le canon, pour en donner la notion au canonnier.

*Pour pointer en direction,* après avoir donné la dérive indiquée et pris la ligne de foi verticale, faire glisser l'affût sur l'essieu en faisant tourner avec la main gauche la manivelle du volant de pointage en direction dans le sens convenable jusqu'à ce que la ligne de foi prolongée passe par le point de pointage.

Dans les débuts de l'instruction, on a soin de choisir comme point de pointage une ligne verticale bien apparente.

Le pointeur doit maintenir *toujours le canon pointé en direction.* Par suite, dès qu'une correction de dérive a été exécutée, il pointe à nouveau.

----

1. Les angles sont gradués de cinq en cinq millièmes et numérotés de dix en dix millièmes. Les signes + et — s'énoncent *plus* et *moins ;* ils indiquent respectivement le sens dans lequel il faut faire tourner la vis du niveau suivant que le but est plus ou moins élevé que le canon.

2. Le point de pointage peut être soit un point du but, soit un point pris en dehors du but.

### III. — Pointer en hauteur.

**197**. Le pointage en hauteur consiste à placer le berceau dans une position correspondante à l'angle de site voulu.

#### 1° POINTAGE DU PREMIER COUP.

Le pointage du premier coup se fait, suivant les cas, à l'aide du niveau ou à l'aide du collimateur.

**198.** Pointage au niveau. — Le pointage au niveau consiste, après avoir donné l'angle de site, à amener la bulle du niveau entre ses repères.

L'angle de site étant donné comme il est prescrit n° 195, découvrir avec la main gauche la fiole du niveau, décaler, s'il y a lieu, le volant de pointage en hauteur en agissant de haut en bas sur le manneton du verrou, puis en le tournant pour l'appliquer contre l'affût. Saisir ensuite le volant de la main droite et le faire tourner dans le sens convenable pour amener la bulle entre ses repères.

Pendant cette opération, le pointeur a soin de se pencher fortement en avant, de manière à regarder la fiole de haut en bas.

**199.** Pointage au collimateur. — Le pointage en hauteur avec le collimateur se fait toujours sur le but lui-même ; il consiste à faire passer par le pied du but la ligne de foi horizontale prolongée.

L'instructeur pointe une première fois pour en donner la notion au canonnier :

Après avoir pris la ligne de foi horizontale, et décalé, s'il est nécessaire, le volant de pointage en hauteur, agir sur ce volant avec la main droite jusqu'à ce que cette ligne prolongée passe par le point de visée.

Cette opération faite, on repère en hauteur.

A cet effet, découvrir la fiole du niveau et faire tourner la tête à oreilles de la vis de commande, de façon à amener la bulle entre ses repères.

Dans les débuts de l'instruction, on choisit une ligne horizontale bien apparente.

#### 2° POINTAGE DES COUPS AUTRES QUE LE PREMIER.

**200.** Le pointage du premier coup étant terminé, le pointeur ne doit plus toucher à la vis de commande du niveau, à moins d'un ordre formel.

Quel que soit le procédé employé pour exécuter le pointage en hauteur du premier coup, le pointage des autres coups se fait toujours à l'aide du niveau. Il consiste uniquement à ramener la bulle entre ses repères en agissant sur le volant de pointage en hauteur.

## IV. — Pointer en direction et en hauteur.

**201.** Pointage sur but fixe. — Lorsque les canonniers exécutent correctement chacune des opérations indiquées aux n⁰ˢ 196 à 200, ils sont exercés à pointer sans interruption en direction et en hauteur.

Pour le pointage du premier coup, les opérations se font dans l'ordre suivant :

1° Donner la dérive, puis, s'il y a lieu, l'angle de site ;

2° Dégrossir le pointage en hauteur en amenant, suivant le cas, la bulle du niveau sensiblement entre ses repères ou le but dans le champ du collimateur ;

3° Pointer en direction (n° 196) ;

4° Pointer en hauteur (n° 197 à 200).

Les commandements sont les suivants :

| | |
|---|---|
| Cas du pointage au collimateur et au niveau, c'est-à-dire avec angle de site initial. | *Point de pointage : Tel objet,* ou *Sur tel but.* — *Plateau tant.* — *Tambour tant.* — *Angle de site tant.* — *Pointez.* |
| Cas du pointage au collimateur avec repérage au niveau, c'est-à-dire sans angle de site initial. | *Sur tel but.* — *Plateau zéro.* — *Tambour tant.* — *Au collimateur.* — *Pointez.* |

**202.** Pour le pointage des coups autres que le premier, les opérations se font dans l'ordre suivant, aussitôt après que le coup précédent est parti :

1° Modifier la dérive, si l'ordre en est donné ;

2° Pointer en direction ;

3° Ramener la bulle entre ses repères.

Les dépointages sont très faibles pendant le tir, sauf après le premier coup. Le pointeur n'en doit pas moins prêter la plus grande attention à maintenir constamment l'exactitude rigoureuse du pointage tant en direction qu'en hauteur.

**203.** Dès que le pointeur a terminé ou rectifié un pointage, il lève la main droite à hauteur du col, en faisant à haute voix l'indication :

*Prêt.*

**204.** Pointage sur but mobile. — Sur un but mobile, on fait généralement pointer, pour le premier coup et les suivants, au collimateur seul. Dans ce cas, on ne fait aucun repérage ; le pointeur annonce: *Prêt,* dès qu'il a dirigé le collimateur sur le but ; il continue ensuite à suivre sans discontinuité les déplacements du but en agissant sur les deux volants de pointage.

Les commandements sont, dans ce cas :

*Sur tel but. — Plateau zéro. — Tambour tant.*
*But mobile.*
*Pointez.*

### V. — Repérer la direction.

**205.** Le repérage en direction consiste, après que le pointage initial est terminé, à diriger la ligne de foi verticale du collimateur sur le point de repérage choisi, en agissant sur la dérive, mais sans toucher au volant de pointage en direction.

Le canon étant pointé, au commandement :

*Point de repérage : Tel objet,*

*Repérez,*

agir sur le tambour pour chercher à amener la ligne de foi verticale du collimateur (ou bien celle du collimateur de repérage) sur le point de repère choisi. Si, par ce simple mouvement, le pointeur a pu amener cette ligne sur le point de repérage, il fixe le tambour à cette position.

Si, au contraire, après avoir donné au tambour tout le déplacement dont il est susceptible, la ligne de foi n'a pas pu être amenée sur le point de repérage, il déplace le trait de repère de la colonne d'une ou au besoin de plusieurs divisions, pour faire passer cette ligne de foi de l'autre côté du point de repérage. Il agit ensuite à nouveau sur le tambour pour amener la ligne de foi verticale sur le point de repérage.

A partir du moment où la direction est repérée, le pointeur doit toujours pointer sur le point de repérage avec la nouvelle dérive, sans se préoccuper du point de pointage initial. Pour s'assurer que cette prescription a été comprise, l'instructeur simule des dépointages, et fait repointer sur le point de repérage.

### VI. — Usage du collimateur de repérage et de la rallonge.

**206.** Quand l'angle de site du point de pointage est trop grand pour que l'on puisse diriger sur lui la ligne de foi verticale du collimateur, on fait usage du collimateur de repérage, qui est mobile autour d'un axe horizontal et auquel on peut donner une inclinaison quelconque dans un plan vertical.

**207.** Lorsque le pointeur est gêné par les roues, les boucliers, la volée ou le relief du terrain, pour donner la première direction au canon, il se sert de la rallonge d'appareil de pointage, qui surélève le collimateur à 1$^m$,50 au-dessus du sol et permet, en regardant dans le collimateur, de faire le tour de l'horizon.

Cet instrument ne doit servir à donner la direction que pour le premier pointage. Après ce pointage, la rallonge est enlevée[1] et le canon repéré.

Si le relief du terrain est encore plus accentué, on peut se servir également de deux rallonges d'appareil de pointage emboîtées l'une dans l'autre. Le collimateur est alors surélevé à 1m,80 au-dessus du sol et le pointeur monte sur son siège pour pointer.

# CHAPITRE III

## ÉCOLE DE LA PIÈCE

---

### ARTICLE 1er

#### DISPOSITIONS PRÉLIMINAIRES

#### Formation du peloton de la pièce.

**208.** La pièce se compose d'un canon et d'un caisson, et du personnel nécessaire pour la servir. Elle est placée sous les ordres d'un chef de pièce.

Au commandement :

RASSEMBLEMENT,

les six servants nécessaires pour le service de la pièce se forment sur deux rangs face au chef de pièce, comme il est prescrit à l'instruction à pied.

En allant de la droite à la gauche, le premier rang se compose des servants du caisson, placés dans l'ordre suivant :

Le 1er pourvoyeur ;
Le déboucheur ;
Le 2e pourvoyeur.

Le deuxième rang se compose des servants du canon, placés dans l'ordre suivant :

Le pointeur ;
Le chargeur ;
Le tireur.

#### Dispositions de combat.

**209.** Le canon et le caisson sont sur leurs avant-trains.
Au commandement :

DISPOSITIONS DE COMBAT,

les servants se portent au canon et au caisson.

---

1. La rallonge ne doit jamais être laissée en place pendant le tir.

Le *tireur* ouvre le sac aux armements, il prend un appareil de pointage qu'il remet au pointeur, une clef de coffre qu'il remet au 1er pourvoyeur, distribue l'ouate aux servants, au chef de pièce et au chef de section, s'il y a lieu, et referme le sac[1].

Le 1er *pourvoyeur* ouvre les cadenas des coffres du caisson, et les fixe comme il est dit n° 167; il remet la clef au tireur qui la replace dans le sac aux armements.

Le 2e *pourvoyeur* enlève le couvre-bouche et le suspend à la tringle de la galerie porte-sacs de l'avant-train du canon entre les deux montants du milieu.

Le *chargeur* enlève le couvre-culasse et le suspend comme il vient d'être dit pour le couvre-bouche, le couvre-culasse à droite. Il abat le bouclier articulé gauche.

Le *pointeur* met l'appareil de pointage en place comme il est prescrit n° 186 et place la division zéro du disque du niveau en regard du trait de repère. Puis il fait mouvoir les volants de pointage pour s'assurer que le berceau fonctionne facilement et que l'affût coulisse librement sur l'essieu, et dispose l'affût à égale distance des roues.

Le *tireur* vérifie le fonctionnement du mécanisme de culasse et du système de percussion, et replace la pièce de sûreté à la position de route. Il s'assure que la hausse fonctionne régulièrement, puis il la place à une distance quelconque supérieure à 3500 mètres.

Cette dernière opération faite, le *pointeur* fait porter le frein sur le coussin en agissant sur le volant de pointage en hauteur et cale ce volant.

Le *tireur* abat le bouclier articulé droit.

Le *chef de pièce* contrôle ces opérations et s'assure, d'après la position de la jauge, que le frein contient une réserve de liquide.

**210.** **Batteries à cheval.** — *Au commandement :* Dispositions de combat, *les servants, s'ils portent le manteau, le disposent de la manière suivante*[2] :

1o *Relever les pans de la rotonde sur les épaules, de manière que les pointes se rejoignent à peu près au milieu du dos;*

2o *Relever de nouveau les doubles pans ainsi formés, pour amener également les pointes sur le milieu du dos;*

3o *Agrafer.*

*Avant de disposer les pans sur les épaules, relever le col, qu'on rabattra ensuite.*

### Dispositions de route.

**211.** Le canon et le caisson étant sur leurs avant-trains

---

et les dispositions de combat ayant été prises, au commandement :

DISPOSITIONS DE ROUTE,

le *pointeur* enlève l'appareil de pointage comme il est dit n.º 187 et le passe au tireur.

Le *tireur* replace l'appareil de pointage dans le sac aux armements, la visière du collimateur tournée en dedans, remet une clef de cadenas au $1^{er}$ pourvoyeur et referme le sac. Il place la hausse à une distance quelconque autre que 4 500, mais supérieure à 3 500[1]. Il est aidé au besoin dans ce mouvement par le pointeur qui agit sur le volant de pointage en hauteur dans le sens convenable. L'opération terminée, le pointeur fait reposer le frein sur le coussin et cale le volant.

Le $1^{er}$ *pourvoyeur* remet les cadenas aux coffres et la clef au tireur, qui la replace dans le sac aux armements et referme ce sac.

Le $2^e$ *pourvoyeur* remet le couvre-bouche.

Le *chargeur* remet le couvre-culasse.

Le *tireur* et le *chargeur* relèvent les boucliers articulés.

## Faire entrer les servants à leurs postes.

**212.** Les dispositions de combat ayant été prises, et le canon et le caisson étant en batterie, le canon à $0^m,5o$ en avant du caisson[2], les servants étant à proximité, soit en bataille, soit en colonne par deux ou par trois, de pied ferme ou en marche, au commandement :

À VOS POSTES,

les servants prennent le pas gymnastique et vont individuellement prendre les postes indiqués ci-après.

Le *pointeur* et le *tireur* se placent face en avant, en arrière de leur siège, à hauteur de la tranche arrière du manchon ; le *chargeur* se place à $0^m,5o$ en file derrière le pointeur.

Le $2^e$ *pourvoyeur*, le *déboucheur* et le $1^{er}$ *pourvoyeur* se placent sur une même ligne, face en avant, à $0^m,5o$ derrière le caisson, le déboucheur au milieu et dans le prolongement de l'axe du caisson, le $1^{er}$ pourvoyeur à droite.

Les servants armés du mousqueton, avant de prendre leurs postes, déposent leurs mousquetons contre les moyeux et à l'extérieur des roues du caisson, ceux du canon à droite, ceux du caisson à gauche.

---

1. Il y a inconvénient, au point de vue de la conservation du réglage des lignes de mire, à ce que, pendant les routes, le berceau occupe toujours la même position par rapport à l'affût.

2. À $0^m,4o$ quand on ne doit pas tirer réellement.

## Faire sortir les servants de leurs postes.

**213.** Les servants sortent de leurs postes au commandement :

RASSEMBLEMENT.

A ce commandement, ils reprennent leurs armes et se rassemblent dans l'ordre prescrit n° 208.

## ARTICLE II

### MANIEMENT ET USAGE DU FREIN DE ROUES MOUVEMENTS A BRAS

### I. — Décrocher et accrocher le frein de roues.

**214.** Le canon étant en batterie, *pour décrocher le frein de roues*, le chargeur se porte entre la roue gauche et la flèche, le tireur entre la roue droite et la flèche ; tous deux saisissent le tirant de leur côté près de la traverse du frein. Le tireur tourne la tête de la chevillette à droite, la soulève jusqu'à l'arrêt de sa course, sans chercher à l'enlever de son logement, et commande :

FERME.

A ce commandement, les deux servants soulèvent la traverse du frein, le tireur fait basculer le levier d'accrochage en le tirant en arrière ; dès que la traverse est dégagée, les deux servants l'abandonnent en la laissant tomber de son propre poids.

*Pour accrocher le frein de roues*, le tireur et le chargeur se placent comme au mouvement précédent et soulèvent la traverse au commandement : FERME, du tireur.

Le tireur fait pivoter le levier d'accrochage vers l'avant et remet la chevillette qui doit tomber d'elle-même dans son logement.

Si l'accrochage présente des difficultés, soit que la traverse soit inégalement soulevée, soit qu'elle le soit insuffisamment, le tireur répète le commandement : FERME, pour la faire soulever de nouveau et d'aplomb.

### II. — Abattre.

**215. Définitions.**

1° On dit que le canon est *assis*, lorsque la bêche est suffisamment enfoncée dans le sol pour que l'affût ne recule pas.

Lorsque le canon est assis, ses roues doivent se trouver à hauteur de celles du caisson. Ce placement relatif des deux éléments de la pièce ainsi que l'intervalle de 0^m,50 indiqué au n° 175 ont une très grande importance pour la régularité et la facilité du service de la pièce dans le tir.

2° L'*abatage* consiste à faire monter les roues du canon sur les patins du frein de roues.

L'opération de l'abatage a pour effet de faire reculer le canon de 0^m,40 environ ; en outre, le recul produit par l'enfoncement de la bêche dans le sol au premier coup de canon est en moyenne de 10 centimètres. Il est donc nécessaire qu'avant l'abatage le canon soit à 0^m,50 en avant du caisson. Cette distance est réduite à 0^m,40 quand on ne doit pas tirer réellement.

**216.** **Exécution de l'abatage** [1]. — Le frein de roues étant accroché et le frein du canon reposant sur son coussin, aux commandements indiqués au n° 201, le pointeur reconnaît le point de pointage ou le but ; il donne la dérive, et, s'il y a lieu, l'angle de site.

Le débouchoir abat le débouchoir, retire les sacs à terre, place le correcteur à la division 18, le cadran à la division 2500. Les pourvoyeurs ouvrent les coffres du caisson. Le tireur met la pièce de sûreté à la position de tir et ouvre la culasse.

Au commandement :

*Pour abattre,*

le chargeur et le tireur décrochent le frein de roues, mais le maintiennent soulevé. Les pourvoyeurs se portent des deux côtés de la crosse, se faisant face, le deuxième pourvoyeur du côté gauche ; chacun saisit des deux mains la poignée de crosse de son côté. Tous deux soulèvent légèrement la crosse.

Le pointeur se place à gauche ou à droite et plus ou moins près de la flèche [2] entre les hommes qui soulèvent le frein de roues et la crosse ; il fait déplacer la crosse de manière que la ligne de foi verticale du collimateur soit en direction et fait ensuite l'indication : *Prêt.*

A cette indication, les pourvoyeurs maintiennent la flèche dans la position qu'elle occupe.

Le chef de pièce se place à un mètre environ en arrière du canon.

Dès que le pointeur a fait l'indication : *Prêt,* le chef de pièce place la pointe de son pied droit à 70 centimètres environ de la lunette, le pied dans la direction de la flèche, et commande :

ABATTEZ.

A ce commandement, le tireur et le chargeur laissent tomber à terre le frein de roues ; les servants placés à la

---

1. Ce mouvement étant de la plus grande importance, les servants doivent y être fréquemment exercés sur tous les terrains.

2. Suivant la position du collimateur ; si l'un des servants qui soutiennent le frein de roues le gêne, il le fait retirer momentanément ; le frein est alors soutenu par un seul servant.

crosse élèvent suffisamment la flèche pour que l'enclanchement se produise, en s'opposant à tout mouvement latéral, afin de bien lever la flèche dans la direction donnée.

Dès que les dents du crochet sont engagées dans celles de la crémaillère du coulisseau, et après qu'il s'est assuré que le plan vertical de l'axe de la flèche passe bien par son pied droit, le chef de pièce commande :

Ferme.

Les pourvoyeurs, aidés par le chargeur et le tireur, qui s'appliquent à la flèche, font effort pour poser la crosse à terre sans la lancer. Au début du mouvement, ils ont grand soin de diriger la lunette sur la pointe du pied du chef de pièce.

De son côté, celui-ci saisit la lunette dès qu'il le peut et la dirige vers la pointe de son pied, qui n'a pas été déplacée.

La bêche reposant à terre, le pointeur et le tireur s'assoient sur leurs sièges, le tireur met la hausse à la distance 2 500 et le pointeur pointe le canon comme il est prescrit au n° 201. Les autres servants prennent leurs postes pour le tir (nos 168, 171 et 175).

Pour qu'un abatage soit bien fait, il faut que le levier pivotant soit perpendiculaire à la flèche[1] et que le nombre de tours de volant à donner pour achever le pointage ne soit pas supérieur à cinq. Néanmoins, dans un tir réel, l'abatage n'est pas recommencé si le nombre de tours de volant excède ce chiffre.

Il est nécessaire de s'opposer à tout mouvement latéral quand on soulève la crosse et surtout quand on la baisse, et de n'engager les roues sur les patins que lorsque la flèche est bien dans la direction donnée.

## III. — Relever le frein de roues.

**217.** Les servants étant à leurs postes autour de la pièce, on fait descendre le canon de ses patins au commandement :

*Pour relever.*

A ce commandement, le pointeur replace, s'il y a lieu, le canon au milieu de l'essieu ; le tireur se porte à la droite de la flèche et soulève de la main gauche le levier du crochet du coulisseau.

Le chargeur s'applique à la roue gauche, le premier pourvoyeur à la roue droite, tous deux face en avant, le pointeur à la crosse. Les deux servants aux roues font effort

---

[1]. L'obliquité du levier pivotant, une fois le pointage terminé, peut tenir à deux causes principales. La première est due aux inégalités du sol et a pour effet d'empêcher que la traverse coudée, par conséquent le levier pivotant, ne soit perpendiculaire à l'affût ; on l'évite en choisissant pour l'abatage un terrain convenable. La deuxième est due à ce que la direction générale avant l'abatage a été mal assurée.

vers l'arrière, pour favoriser le déclanchement de la crémaillère.

Dès que le tireur sent que les dents ne sont plus en contact,
il commande : RELEVEZ, et continue de maintenir le levier
soulevé. Le chargeur et le premier pourvoyeur font effort
vers l'avant pour faire descendre le canon de ses patins ; le
pointeur suit et dirige au besoin le mouvement en agissant sur
la crosse.

Le frein étant à terre n'est accroché que sur l'indication du
chef de pièce.

Si l'abatage doit être recommencé, le chef de pièce commande à nouveau : *Pour abattre*, et le mouvement s'exécute
comme précédemment ; le tireur et le chargeur soulèvent le
frein de roues.

## IV. — Porter la pièce en avant ou en arrière.

**218.** Ces mouvements s'exécutent sur de simples indications du chef de pièce. Les mouvements sont successifs
pour le canon et le caisson. Les postes que prennent les
servants sont toujours les mêmes et sont indiqués ci-après :

*a)* **Canon.** — Quatre servants suffisent, en général, en terrain
ordinaire ; le chargeur s'applique à la roue gauche, le premier pourvoyeur à la roue droite, le pointeur à la crosse
pour diriger la flèche, le tireur à la culasse dans le mouvement à bras en avant, et à la bouche de la pièce dans le mouvement à bras en arrière.

Si le frein est abattu, avant tout mouvement en avant ou
en arrière, il faut exécuter le mouvement: *Pour relever*.
Dans ce cas, le tireur maintient la traverse soulevée.

Si plus de quatre servants sont nécessaires, l'instructeur
répartit le déboucheur et le deuxième pourvoyeur aux postes
convenables.

Dans les mouvements en arrière, le pointeur soutient la
crosse d'une main et fait face en arrière.

*b)* **Caisson.** — En général, le concours des six servants est
nécessaire.

Les pourvoyeurs relèvent la flèche et s'appliquent aux poignées de flèche, le premier pourvoyeur à droite.

Le déboucheur s'applique à la roue gauche du caisson, le
chargeur à la roue droite ; le pointeur et le tireur s'appliquent
au coffre de part et d'autre des butées de renversement, le
pointeur à gauche.

## ARTICLE III

### EXÉCUTION DU TIR

### I. — Charger la pièce.

**219.** L'abatage étant fait, et le canon pointé, dès que le pointeur a fait l'indication : *Prêt,* le chef de pièce commande :

> *Pour le premier coup.*

A ce commandement, le pointeur et le tireur se mettent debout en arrière de leur siège.

Au commandement :

> *Correcteur tant,*   } ou {  *Tir percutant,*
> Telle distance.     }    {  Telle distance,

le tireur met la hausse à la distance indiquée. Le déboucheur et le chargeur se conforment à ce qui est prescrit nos 171 à 175. Le tireur ferme la culasse.

Le pointeur vérifie et rectifie, s'il y a lieu, le pointage en hauteur après que la culasse est fermée. Tous les servants se retirent en dehors des roues, et le pointeur fait de nouveau l'indication : *Prêt.*


## II. — Mettre le feu.

**220.** Les servants étant retirés en dehors des roues, ou, si le canon est assis, étant à leurs postes, le chef de pièce commande : Feu.

Ce mouvement s'exécute comme il est prescrit nos 182 et 183.

Le coup parti, les servants reprennent leurs postes, s'il y a lieu ; le tireur ouvre la culasse, et, s'il est nécessaire, le pointeur rectifie le pointage comme il est prescrit no 203.

La charge recommence au commandement :

> *Correcteur tant,*   } ou Telle distance,
> Telle distance.      }

suivant que le correcteur doit être rectifié ou non.

Quelle que soit la rapidité du tir qu'il veuille atteindre, le chef de pièce a soin de ne commander : Feu, qu'après l'avertissement : *Prêt,* du pointeur.


**221.** Pour passer du tir percutant au tir fusant, le chef de pièce commande :

> *Correcteur tant.*

Inversement, pour passer du tir fusant au tir percutant, il commande :

> *Tir percutant.*


## III. — Tir sur but mobile.

**222.** Si le but est ou devient mobile, le chef de pièce commande :

> *Sur tel but.*
> *Plateau zéro. — Tambour tant.*
> *But mobile,*

*Correcteur tant,*

Telle distance,

la dérive indiquée étant calculée de manière à tenir compte du déplacement latéral de l'objectif.

À ce commandement, quel que soit le mode de pointage initial antérieurement adopté, le pointeur se conforme à ce qui est prescrit au n° 204.

Si le pointeur, en suivant l'objectif, arrive à ne plus pouvoir faire coulisser l'affût sur l'essieu, il commande : Halte au feu, et place l'affût à l'autre extrémité de l'essieu. Le chef de pièce fait alors procéder à un nouvel abatage, ou prescrit de relever le frein et de tirer sans abattre.

### IV. — Tir sans abattre.

**223.** Lorsque le chef de pièce veut faire tirer sans abattre, il fait l'indication :

*Sans abattre.*

Les servants, à l'exception du chargeur et du tireur, se conforment à ce qui est prescrit au n° 216 ; le frein reste accroché.

Dès que la ligne de foi verticale du collimateur est dans la direction du point de pointage, le pointeur fait l'indication : *À terre.*

À cette indication, les servants qui sont à la crosse la laissent reposer à terre.

Le pointeur achève le pointage sans s'asseoir sur son siège, mais ne se retire en dehors des roues que pour le premier coup.

Le chef de pièce peut, aussitôt que la pièce est suffisamment assise (en général après le 2e ou 3e coup), faire reposer le frein de roues à terre. Le pointeur et le tireur enfourchent alors leur siège et la charge se continue dans les conditions ordinaires.

### V. — Suspendre le tir.

**224.** Au commandement : Halte au feu, la charge est arrêtée ; le tireur ouvre la culasse.

Au commandement : Continuez le feu, la charge reprend au point où elle en était restée.

En instruction, lorsque le chef de pièce veut contrôler les opérations exécutées par les servants, il commande :

Halte au feu. — Rassemblement.

Le tireur ouvre la culasse, et les servants se placent à six mètres en arrière de la pièce, laissant la hausse, l'appareil de pointage, le niveau et le débouchoir aux positions qu'ils occupent.

## VI. — Cesser le feu.

**225.** Au commandement : CESSEZ LE FEU, le chef de pièce s'assure que le canon n'est pas chargé [1]. Le tireur ferme la culasse, met la pièce de sûreté à la position de route et la hausse à une distance quelconque supérieure à 3 500 mètres.

Le pointeur met le niveau à zéro, recouvre la fiole du niveau, met l'affût au milieu de l'essieu, fait reposer le frein sur son coussin, puis cale le volant.

Les pourvoyeurs remettent dans les coffres les cartouches non débouchées et ferment les couvercles ; le déboucheur met le correcteur à la division 20, tourne la manivelle dans le sens de la diminution des distances jusqu'à ce qu'elle soit arrêtée par le verrou d'arrêt, puis il referme et relève le débouchoir et remet en place les sacs à terre.

Les servants relèvent le frein de roues et l'accrochent comme il est prescrit au n° 214. Tous les servants reprennent leurs postes [2].

## ARTICLE IV

### DES MÉCANISMES DE TIR [3]

#### 1° Tir sans fauchage.

**226.** Tir sur hausse unique ou sur plusieurs hausses successives au commandement. — Ce tir comporte un certain nombre de coups tirés successivement sur la hausse unique ou sur chacune des hausses successives [4], sans que le chef de pièce commande le feu, et dès que le pointeur a fait l'indication : *Prêt*.

Au commandement :

*Par tant,* — par ex. : *Par 4.*

*Correcteur tant* ou *Tir percutant.*

TELLE DISTANCE,

le déboucheur se conforme à ce qui est prescrit au n° 173, le tireur met la hausse à la distance donnée, et il est tiré le nombre de coups indiqué par le commandement, sans interruption et sans autre commandement. Pour faire tirer sur plusieurs hausses, le chef de pièce commande successivement

---

1. Le canon ne peut être resté chargé que par suite d'une erreur de manœuvre ; dans ce cas, on retire la cartouche à l'aide du refouloir.

2. A l'école de la pièce attelée, ce mouvement étant suivi de mouvements d'avant-trains, les servants reprennent leurs mousquetons au commandement : *Cessez le feu.*

3. Les mécanismes de tir décrits dans le présent article doivent être possédés à fond par les servants.

4. Les hausses successives sont généralement échelonnées de 100 mètres.

les diverses hausses. Le tir est alors recommencé dans les mêmes conditions, les chefs de pièce faisant tirer le même nombre de coups sur chacune des hausses successives, au seul commandement de la distance précédé de celui du correcteur, s'il y a lieu de modifier cet élément.

**227.** Tir progressif. — Le tir progressif est toujours fusant; il consiste à tirer deux coups sur quatre hausses successives, échelonnées de 100 mètres en 100 mètres, à partir de la plus courte. Le feu est mis comme dans le tir sur hausse unique.

Le tir progressif s'exécute au commandement :

*Tir progressif ;*

*Correcteur tant ;*

puis le chef de pièce commande successivement les quatre hausses.

Pour chaque distance, on opère comme il est prescrit n° 226, le déboucheur débouchant par deux.

Pour ne pas retarder le tir, le chef de pièce doit annoncer successivement chaque hausse aussitôt après le départ du deuxième coup tiré sur la précédente ; mais il doit éviter avec le plus grand soin d'annoncer la nouvelle hausse avant le départ de ce coup, afin d'éviter les chevauchements de hausse et d'évent.

Exemple :

*Tir progressif. — Correcteur 17.*

2 300. Il est tiré deux coups fusants à 2 300 mètres.
2 400. — — — à 2 400 —
2 500. — — — à 2 500 —
2 600. — — — à 2 600 —

le correcteur restant à 17.

### 2° Tir avec fauchage.

**228.** On emploie le fauchage lorsque la largeur de l'objectif est trop grande pour que cet objectif soit entièrement battu sans qu'on change le pointage en direction.

Dans ce cas, on tire trois coups sur la même hausse, en faisant varier la direction après chaque coup d'une quantité correspondant à trois tours de manivelle de pointage en direction (six millièmes). C'est ce qu'on appelle *faucher.*

Le tir avec fauchage est toujours fusant.

**229.** Tir sur hausse unique ou sur plusieurs hausses successives au commandement. — Au commandement :

*Par 3. — Fauchez.*

*Correcteur tant,*

Telle distance,

le mouvement s'exécute comme il est prescrit n° 226, sauf

que le pointeur cesse de pointer en direction après le premier coup, donne trois tours de volant à gauche après ce coup, et trois nouveaux tours après le deuxième.

Si l'on doit tirer sur plusieurs hausses, le chef de pièce commande successivement les diverses hausses. Pour la 1re hausse, on opère comme il est dit ci-dessus. Pour chaque nouvelle hausse, le sens du fauchage est changé; on fauche ainsi à gauche pour les hausses de rang impair et à droite pour les hausses de rang pair.

Exemple :

*Par 3. — Fauchez.*

*Correcteur 19.*

| | | | |
|---|---|---|---|
| 2 300 . . . . . . . . . . . . | il est tiré | 1 | coup fusant. |
| On donne 3 tours à gauche . | — | 1 | — |
| —    — | — | 1 | — |
| 2 400 . . . . . . . . . . . | — | 1 | — |
| On donne 3 tours à droite. . | — | 1 | — |
| —    — | — | 1 | — |
| *Correcteur 18.* | | | |
| 2 500 . . . . . . . . . . . | — | 1 | — |
| On donne 3 tours à gauche . | — | 1 | — |
| —    — | — | 1 | — |

Le tir terminé, le pointeur ramène, s'il y a lieu, la ligne de foi verticale sur le point de pointage, à l'indication du chef de pièce.

**230.** Tir progressif. — Le tir progressif s'exécute au commandement :

*Tir progressif. — Fauchez.*
*Correcteur tant,*

suivi de l'indication des quatre hausses, en se conformant, pour les hausses successives et le correcteur, à ce qui est prescrit au n° 227, et, pour le fauchage, à ce qui est prescrit au n° 229.

## ARTICLE V

### CHANGEMENT D'OBJECTIF

**231.** Lorsque l'apparition d'un nouvel objectif nécessite un nouvel abatage, le chef de pièce commande :

*Pour relever.*
*Vers la droite (gauche), changement d'objectif.*

A ce commandement, les servants exécutent ce qui est prescrit pour relever; puis ils déplacent le canon en le faisant généralement avancer [1] et en le dirigeant du côté indiqué par le commandement; si on en a le temps, on déplace le caisson pour le mettre à sa place de batterie.

Le canon doit être déplacé suffisamment pour que la crosse ne tombe pas dans le trou précédemment creusé par la bêche de crosse. Le chef de pièce fait aussitôt disposer le canon pour le tir sur le nouvel objectif.

### Cas d'une attaque rapprochée.

**232.** Quand un objectif arrive ou surgit à moins de 500 mètres, le chef de pièce commande :

*Sur tel but.*

*A volonté.*

*Correcteur 20 — 200.*

A ce commandement, les servants exécutent à la fois ce qui est prescrit pour le changement d'objectif, s'il y a lieu, sans raccrocher le frein, et pour le tir sur but mobile.

Les pièces sont immédiatement chargées et pointées par *la ligne de mire naturelle*, puis le tir est exécuté au commandement du chef de pièce, dès que le pointeur commande : *Prêt* [2].

La pièce exécute un tir sur hausse unique ; le nombre de cartouches à déboucher est indéterminé ; le chef de pièce arrête le feu quand les circonstances qui ont nécessité ce genre de tir ont cessé d'exister.

## ARTICLE VI

### POINTAGE A L'AIDE D'UN JALONNEMENT

**233.** Lorsque le pointeur ne voit pas le but, même en se servant de la rallonge ou de deux rallonges (voir n° 207), on peut employer les procédés suivants.

Le moyen le plus pratique consiste à pointer individuellement la pièce à l'œil en restant à cheval.

Lorsque ce procédé n'est pas applicable, deux cas sont à considérer :

**234.** *1° Le point de pointage est visible pour un homme monté sur le siège du pointeur ou par un homme debout, ayant un pied sur la roue, l'autre sur le manchon.*

Le déboucheur prend un jalon [3] et se porte au pas de course à 20 mètres environ en avant du canon, en se baissant au besoin pour rester défilé.

---

1. De 1<sup>m</sup>,50 environ.
2. Si la pièce n'est pas abattue, on tire sans abattre.
3. Les jalons sont de simples piquets de 20 à 30 centimètres de longueur que les batteries peuvent confectionner elles-mêmes, et qui sont transportés sur les arrière-trains de caisson dans l'espace compris entre le débouchoir et le coffre à avoine.

Le pointeur donne d'abord au canon une direction approchée et dispose le plateau et le tambour des dérives suivant les indications prescrites. Il monte sur son siège, ou sur la roue, et, se servant du cordeau de repérage comme d'un fil à plomb, il fait passer le cordeau entre les deux volants de pointage ; puis il repère exactement l'alignement déterminé par le fil à plomb et le point de pointage, et il fait planter le jalon dans cet alignement.

Dès que le jalon est planté, on procède à l'abatage en prenant le jalon comme point de pointage ; le déboucheur revient à la pièce.

**235.** 2° *Le point de pointage n'est visible que pour un homme monté sur le caisson* [1].

Le procédé consiste à jalonner la direction du point de pointage en montant sur le caisson, et à déterminer ensuite un autre alignement parallèle à ce premier jalonnement et passant par le collimateur.

A cet effet, le déboucheur relève le débouchoir, les pourvoyeurs relèvent la flèche, le déboucheur prend un jalon et se porte au pas de course à 20 mètres environ en avant du caisson.

Le pointeur dispose le plateau et le tambour des dérives suivant les indications prescrites ; puis il prend le cordeau de repérage et monte sur le caisson en utilisant le débouchoir comme marchepied et en ayant soin de ne pas mettre le pied sur le levier d'accrochage.

Les deux pourvoyeurs se portent à la crosse.

Le chargeur et le tireur se portent à 0$^m$,50 en avant du caisson, et se placent face au pointeur, le tireur entre le chargeur et le canon.

Le pointeur déroule le cordeau de repérage, et le tient en avant de la flèche de telle sorte que la bobine soit près de terre ; s'en servant ensuite comme d'un fil à plomb, il fait planter le jalon dans l'alignement déterminé par le point de pointage et la verticale du cordeau de repérage. Pendant cette opération, le chargeur a soin d'amortir les oscillations du cordeau en le pinçant légèrement.

Le chef de pièce, aidé des pourvoyeurs, dirige la ligne de visée de telle sorte qu'elle passe sensiblement à 2$^m$,50 à droite du jalon.

Dès que le jalon est placé, le pointeur fait l'indication : *Prêt.*

A cette indication, le chargeur place la pointe de son pied droit à l'aplomb de la bobine et saisit le cordeau entre le pouce et l'index de la main droite, cette main un peu plus élevée que les roues. Il maintient sa main à l'aplomb de la pointe de son pied droit et fait l'indication : *Au collimateur.*

---

1. Ce procédé est d'une exécution plus compliquée et bien moins rapide que le précédent. Il n'y aura lieu de l'employer que pour de très grands défilements. L'homme monté sur le caisson a ainsi l'œil placé à 2$^m$,85 environ au-dessus du sol, l'homme monté sur le seau d'abreuvoir a l'œil placé à 3$^m$,20.

A cette indication, le pointeur remet l'extrémité du cordeau au tireur, qui se porte au collimateur en passant le cordeau par-dessus la roue.

Le tireur tend doucement le cordeau, en le tenant entre le pouce et l'index de la main droite, et amène sa main sur la verticale du collimateur ; il maintient alors solidement le cordeau et fait au chargeur l'indication : *Au jalon.*

Les deux servants, sans lâcher le cordeau, se portent ensemble au pas de course jusqu'au jalon et tendent le cordeau à terre perpendiculairement à la ligne de visée, le chargeur plaçant sa main contre le jalon. Le déboucheur retire le jalon et le replante à l'autre extrémité du cordeau contre la main du tireur.

Les trois servants ayant rejoint leur poste, l'abatage et le pointage s'effectuent en prenant le jalon comme point de pointage [1].

Pendant les opérations du jalonnement, les servants, qui ont à se porter en avant du front de la batterie, ont soin de se baisser de manière à rester défilés.

## ARTICLE VII

### INCIDENTS QUI SE PRÉSENTENT
### LE PLUS FRÉQUEMMENT
### ET MOYENS D'Y PORTER REMÈDE SUR LE TERRAIN

#### I. — Difficulté d'introduction ou d'extraction
#### de la cartouche [2].

**236.** 1° Une cartouche ne peut être engagée à fond.
Extraire la cartouche au moyen du refouloir [3].

Au premier arrêt dans le tir, vérifier que la ceinture ne présente pas de bavures et que les lèvres de la douille ne sont pas rebroussées. Donner un coup de lime, s'il y a lieu, et essayer de recharger. Si la cartouche ne peut être encore engagée à fond, la mettre de côté.

2° Une douille ne peut être éjectée par l'extracteur.
L'extraire au moyen du refouloir après s'être assuré que le talon de l'extracteur est à sa place.

---

1. On peut encore mesurer la distance entre la verticale du fil à plomb et celle du collimateur à l'aide du refouloir, le tireur plaçant sa main droite à l'aplomb du fil à plomb, tandis que l'extrémité de la hampe est à l'aplomb du collimateur. Le jalon est ensuite déplacé à droite d'une longueur égale à cette distance.

On peut même se passer du jalon, en disposant l'extrémité droite de la main droite du tireur dans le plan passant par le fil à plomb et le point de pointage, et en faisant ensuite pointer et abattre sur l'extrémité de la hampe. Les pièces sont repérées.

2. Dans les exercices du temps de paix, si l'un des deux incidents se produit pendant l'exécution d'un tir d'efficacité (tir progressif ou tir sur hausse unique), la pièce cesse son tir ; la cartouche ou la douille n'est extraite qu'après que les autres pièces de la batterie ont terminé leur tir.

3. On ne doit laisser une cartouche dans le canon que s'il est absolument impossible de l'extraire.

Si l'incident se renouvelle, vérifier l'extracteur et son talon, les changer s'il est nécessaire [1].

## II. — Ratés.

**237.** Après trois chocs infructueux du marteau [2], vérifier le percuteur.

S'il paraît en bon état, extraire la cartouche au moyen du refouloir (n° 185) et la mettre de côté.

Remplacer le percuteur s'il est brisé, si la pointe est dégradée, ou si la pièce donne de nouveaux ratés ; si l'incident se renouvelle avec un percuteur neuf, changer le ressort de percussion.

La cartouche, qui a donné lieu aux ratés, sera tirée dans un autre canon dès qu'on pourra le faire sans inconvénient.

En aucun cas, une cartouche dont la fusée est débouchée, et qui n'a pu être tirée, ne doit être replacée dans les coffres [3].

## III. — Fonctionnement défectueux du linguet.

**238.** Deux cas principaux peuvent se rencontrer :

a) *Le pêne du linguet ne tombe pas à fond dans sa gâche, et ne maintient pas la culasse fermée :*
Continuer le tir en prenant les précautions indiquées plus loin pour le tir sans linguet.

Au premier arrêt dans le tir, visiter, si l'on a le temps, le linguet, sa goupille et son ressort. Remplacer celles de ces pièces qui seraient brisées ou dégradées, le ressort, s'il paraît trop faible.

b) *Le linguet ne s'arme pas au départ du coup :*
Continuer le tir en armant le linguet à la main. Au premier arrêt dans le tir, enlever le linguet et son ressort.

Dès qu'on en aura le temps, faire fonctionner la masselotte à la main ; si elle joue librement dans la poignée, visiter le linguet ; le changer, s'il n'est pas en parfait état ; dans le cas contraire, visiter et remplacer, s'il y a lieu, la goupille et le ressort du linguet.

Si la masselotte n'est pas libre dans la poignée, continuer le tir sans linguet. En présence de tout autre défaut du fonctionnement du linguet qui ralentirait le tir, il y a lieu de supprimer cet organe.

*Le linguet n'est pas indispensable au tir.* Quand on tire

---

1. On trouve un extracteur de rechange dans le chariot de batterie (avant-train).
2. S'assurer d'abord que la cale de manœuvre n'a pas été laissée en place par mégarde et que la pièce de sûreté est bien à la position de tir.
3. Aux écoles à feu, elle est emportée avec les douilles vides. En campagne, elle est abandonnée.

sans linguet, il est seulement nécessaire de recommander au tireur :

1° De fermer la culasse sans brusquerie, mais bien à fond ;

2° De mettre le feu en tirant la poignée dans la direction du cordon tire-feu, plutôt vers le bas que vers le haut.

L'oubli de cette dernière prescription provoquerait un commencement d'ouverture de la culasse qui pourrait suffire pour occasionner des ratés, le percuteur ne frappant plus au centre de l'amorce.

## IV. — Mauvais fonctionnement de la pièce de sûreté.

**239.** Les défauts de fonctionnement les plus fréquents de la pièce de sûreté proviennent du bonhomme d'arrêt : ils sont de deux sortes :

a) *La pièce de sûreté ne peut plus être maintenue à sa position de tir ou de route* (c'est le cas, par exemple, de la rupture du bonhomme au ras de son épaulement [1]).

Continuer le tir en ayant soin de vérifier de temps à autre que la pièce de sûreté ne tourne pas, et de la remettre, s'il y a lieu, à la position de tir.

b) *La pièce de sûreté peut être, au contraire, immobilisée à la position de tir ou de route* (ce fait est motivé par la perte du bouton du bonhomme d'arrêt).

Pour passer de l'une à l'autre position, faire sortir le pied du bonhomme de son repos en se servant d'une lame de couteau ou de tournevis, engagée dans l'entaille de la manivelle.

Dans les deux cas, on changera la pièce de sûreté aussitôt qu'il sera possible [2].

## V. — Retour en batterie incomplet.

**240.** Quand le canon est à sa position de batterie, le trait de repère postérieur du manchon se trouve en face du trait de repère du frein.

Le chef de pièce doit constamment vérifier que le retour en batterie est complet.

Lorsque le retour en batterie est incomplet, interrompre le tir de la pièce et vérifier la jauge. Toutefois, on peut toujours terminer un tir d'efficacité (tir progressif ou sur hausse unique), tant que le trait de repère antérieur du manchon ne se trouve pas en arrière du trait de repère du frein.

Si la jauge est au fond de son logement (la chape peut

---

1. Dans ce cas, on peut craindre que la pièce de sûreté vienne gêner le fonctionnement du marteau ; il en pourrait résulter des ratés et des dégradations à la pièce de sûreté et au marteau. La précaution de s'assurer, au commandement : *Cessez le feu,* qu'il ne reste pas de cartouche dans le canon, prend une importance toute particulière.

2. On trouve une pièce de sûreté de rechange dans le chariot de batterie.

alors être remuée à la main), donner une dizaine de coups de pompe [1] en regardant si le canon rentre en batterie.

Si le mouvement commence, continuer de pomper jusqu'à l'affleurement de la jauge (40 coups de pompe au maximum pour une pompe fonctionnant bien).

Si la jauge n'est pas à fond,
Si le canon n'obéit pas régulièrement à la pompe (ou au remplisseur),
Si 40 coups de pompe (un remplisseur et demi) ne suffisent pas pour faire affleurer la jauge, } interrompre le tir.

Lorsqu'on est ainsi conduit à interrompre le tir et que le canon se trouve à plus de 60 centimètres de sa position de batterie, on doit essayer de le faire rentrer en batterie à la main, avant de réunir les deux trains.

**Nota.** — Certains retours en batterie incomplets peuvent provenir de la présence de fragments détachés du frotteur.

Le frotteur n'est pas un organe indispensable au tir; lorsqu'un frotteur est dégradé et qu'on ne peut pas le remplacer, on doit l'enlever.

## VI. — Hausse coincée.

**241.** Frapper à petits coups sur la manivelle dans le sens convenable [2] en maintenant l'ergot détaché des encoches du plateau.

## VII. — Mauvais fonctionnement du niveau de pointage.

**242.** Si la bulle a une longueur supérieure à l'intervalle de deux traits de repère, si la fiole est brisée ou semble avoir tourné dans le porte-fiole :

Changer le niveau.

## VIII. — Incidents relatifs au débouchoir.

### 1° Lame faussée ou brisée.

**243.** Les lames de débouchoir peuvent subir des dégradations provenant soit du fait du déboucheur, soit de toute autre cause.

L'emploi d'une lame dégradée est absolument interdit.

Le déboucheur doit très fréquemment s'assurer du bon état des lames.

Le chef de pièce le lui prescrira particulièrement, si plusieurs coups percutants sont signalés dans le tir de la pièce.

---

1. Si la pompe fonctionne mal (résistance faible ou nulle du levier à l'effort), *purger :* dévisser le purgeur, au moyen d'une clef de cadenas modèle 1859, et donner quelques coups de pompe; quand l'huile s'écoule sans mélange d'air, revisser le purgeur. Si ce moyen ne réussit pas, employer le remplisseur à vis (voir à la 2ᵉ partie : Entretien du matériel).

2. Pour ne pas se tromper sur le sens dans lequel on doit faire tourner la manivelle, il est utile de se rappeler que lorsqu'on manie la hausse, la manivelle et le canon tournent dans le même sens.

*Pour vérifier les lames :* enlever les cartouches du débouchoir et appuyer sur les leviers pour faire apparaître les lames dans les boîtes d'ogive.

Quand une lame est dégradée, cesser de garnir d'obus la boîte d'ogive correspondante et déboucher avec la lame restée intacte.

Au premier arrêt dans le tir, ou immédiatement, s'il ne reste pas de lames intactes, changer la lame.

*Pour changer une lame :* relever complètement le levier et retirer le porte-lame en appuyant sur le ressort du butoir.

Enlever la lame cassée en faisant glisser le T dans son logement.

Prendre une lame neuve dans le couvercle du débouchoir et la mettre en place sur le porte-lame. Relever complètement le levier, engager le porte-lame, la crête quadrillée du ressort du butoir en dessus, et abandonner le levier lorsque le butoir est en contact avec la paroi du débouchoir.

*Pour prendre une lame dans le couvercle :* retirer la curette en appuyant sur le ressort qui la maintient dans l'étui des lames de rechange ; enlever une lame en faisant glisser le T dans l'étui.

Replacer la curette le bec en dessus en engageant l'agrafe dans la mortaise. La curette est en place lorsque la griffe du ressort qui la maintient est engagée dans son encoche.


## 2° Difficulté à extraire la cartouche débouchée de la boîte d'ogive.

**244.** Retirer le porte-lame et s'assurer de l'état de la lame. Si elle est cassée et qu'on ne puisse pas encore retirer la cartouche, le porte-lame enlevé, changer la lame et déboucher à nouveau en agissant doucement sur le levier pour enfoncer dans la fusée le bout de la lame cassée.


## 3° Arrêt dans le mouvement de la manivelle.

**245.** Verser un peu de pétrole, puis d'huile dans les mortaises des boîtes d'ogive et chercher à faire tourner la manivelle en sens inverse des aiguilles d'une montre, en faisant effort dans le même sens sur les boîtes d'ogive.

Si on y parvient, faire fonctionner la manivelle plusieurs fois dans les deux sens en agissant au besoin sur les boîtes d'ogive, comme il est dit plus haut.

Dans le cas contraire, changer le débouchoir [1].

---

1. Un débouchoir de rechange est transporté dans le chariot de batterie.

## IX. — Incidents divers.

**246.** Les officiers de batterie devront, de leur propre initiative et sous leur responsabilité, parer aux incidents dont le présent règlement n'indique pas le remède, en se conformant aux principes suivants :

Quand l'incident risque de rendre la manœuvre difficile ou dangereuse, ou de causer de sérieuses dégradations au matériel :

1º Supprimer les éléments qui ne sont pas indispensables au tir ;

2º Remplacer, quand le chargement des voitures comporte des rechanges, les éléments défectueux, mais à la condition que le remplacement n'exige pas de démontage non autorisé (voir à la 2ᵉ partie : Entretien du matériel).

Si le cordon du tire-feu ou le crochet se casse dans le courant d'un tir, le tireur saisit le marteau et le tire vivement à lui.

On ne remplace le tire-feu ou le marteau qu'après le tir.


# CHAPITRE IV

## ÉCOLE DE BATTERIE [1]

---

### ARTICLE Iᵉʳ

#### DISPOSITIONS PRÉLIMINAIRES

**247.** La batterie est constituée et commandée comme il est dit pour la batterie de tir au Titre V.

Les caissons de premier ravitaillement ne figurent à la manœuvre que si l'ordre en est donné.

Les pièces sont en batterie et placées sur le même alignement à 14 mètres d'intervalle entre voitures de même espèce.

Les dispositions de combat sont prises dans chaque pièce.

**248.** Le personnel se rassemble en bataille, les pelotons sur la même ligne, de la droite à la gauche dans l'ordre de leurs numéros, chaque chef de pièce à la droite du peloton de sa pièce et au premier rang, chaque chef de section à la droite du chef de sa pièce de droite et sur le même alignement.

Le personnel étant ainsi rassemblé, le capitaine, lorsque sa présence n'est pas nécessaire ailleurs, se place à 3 mètres à droite du chef de la section de droite, sur l'alignement du premier rang.

---

1. Les principes de l'École de batterie peuvent être appliqués à une batterie de deux pièces et même à une pièce isolée.

**249.** *Pour faire entrer en batterie,* le capitaine peut faire d'abord rompre en colonne par deux ou par trois. Chaque chef de pièce se place à la gauche et à hauteur du premier rang de sa pièce. Chaque chef de section se place à la gauche du chef de la pièce de tête de sa section. Le capitaine se place à gauche du chef de la section de tête.

Le personnel de la batterie étant à proximité des pièces, en bataille ou en colonne, de pied ferme ou en marche, le capitaine commande :

A VOS POSTES,

ce qui s'exécute dans chaque pièce comme il est prescrit n° 212.

Chaque chef de pièce se place à droite du canon, face à la flèche, à 50 centimètres de la roue.

Le chef de section se place, en principe, derrière l'un des déboucheurs, à l'emplacement le plus favorable à l'observation et, autant que possible, du côté du capitaine[1].

Le capitaine se place à son poste d'observation.

**250.** *Pour faire sortir de batterie,* le capitaine se porte à 3 mètres en avant du front où il veut rassembler sa troupe, vis-à-vis du centre, lui faisant face, et, tenant le bras en l'air, il commande :

RASSEMBLEMENT.

A ce commandement, les chefs de section, les chefs de pièce et les servants vont se former chacun à son rang et dans l'ordre de bataille. Le mouvement terminé, le capitaine commande :

FIXE.

### Rôle des officiers et des chefs de pièce.

**251.** *Rôle des officiers.* — Le capitaine commande le tir de la batterie.

Les chefs de section assurent en temps opportun le chargement des pièces ; ils répètent ou transforment les commandements du capitaine et vérifient les éléments du tir de leurs pièces, ainsi que leur première direction.

**252.** *Rôle des chefs de pièce.* — Les chefs de pièce surveillent le service de leur pièce. Ils s'assurent, avant chaque coup, que le tireur a bien mis la hausse à la distance indiquée et, dans le tir de réglage, commandent le feu.

Lorsque leur pièce doit exécuter un tir progressif, ils commandent les hausses successives de ce tir progressif.

Ils surveillent le retour en batterie du canon. Si celui-ci ne revient pas complètement en batterie, ils en rendent compte immédiatement à leur chef de section.

---

1. Quand, en raison du trop grand défilement, le chef de section ne peut observer le tir en restant debout près de ses pièces, il doit monter sur un arrière-train de caisson.

Toutefois, s'ils constatent un manque de retour pendant l'exécution d'un tir d'efficacité, et, si le trait antérieur du manchon ne se trouve pas en arrière de celui du frein, ils peuvent terminer ce tir d'efficacité avant d'en rendre compte.

Pendant les interruptions du tir, ils vérifient que les lames des débouchoirs sont en bon état.

## ARTICLE II

### PRÉPARATION DU TIR

### Pointage collectif. — Pointage individuel.

**253.** Dans une batterie, on peut employer le pointage collectif ou le pointage individuel.

*Dans le pointage collectif*, tous les canons sont pointés sur un même point de pointage avec des dérives différentes, telles que le front de l'objectif se trouve régulièrement battu dans toute son étendue. A cet effet, le capitaine donne à la pièce de droite la dérive nécessaire pour que, cette pièce étant pointée sur le point de pointage, son plan de tir soit dirigé sur le point situé à 10 mètres à gauche de la droite de l'objectif. Il indique ensuite pour les autres pièces une correction de dérive appelée *échelonnement*, et représentant le nombre de divisions du tambour que chaque pièce doit ajouter à la dérive de sa voisine de droite pour être dirigée sur la partie du but qui lui correspond [1].

*Dans le pointage individuel*, les canons sont pointés directement sur les portions de l'objectif qui leur correspondent respectivement, avec une même dérive indiquée par le capitaine et égale à la dérive normale des tables de tir corrigées, s'il y a lieu, du vent et de l'inclinaison de l'essieu. Ce mode de pointage est toujours employé lorsqu'on commande : *But mobile*. Dans le tir sur but fixe, les canons sont toujours repérés avant le premier coup.

### Donner les éléments du tir.

**254.** Les éléments du tir peuvent être, soit indiqués par le capitaine aux chefs de section (et éventuellement aux pointeurs) réunis autour de lui, soit donnés par le capitaine au commandement.

**255.** Lorsque le capitaine veut recourir au premier moyen, qui est d'ailleurs toujours employé dans le cas du pointage collectif, après avoir commandé :

*En batterie* = Halte (n° 479),

il fait l'indication :

*Chefs de section* (éventuellement *et pointeurs*), *Sur moi.*

---

[1]. La manière de déterminer l'échelonnement est indiquée dans le chapitre suivant.

A cette indication, les chefs de section (et les pointeurs) se portent rapidement auprès du capitaine, ceux de la section de droite à sa droite, ceux de la section de gauche à sa gauche ; ils se placent à sa hauteur face à l'ennemi, chaque chef de section encadré par ses deux pointeurs.

Le capitaine donne les indications suivantes au personnel placé près de lui.

### 1° CAS DU POINTAGE COLLECTIF.

1° *Point de pointage : tel objet.*
2° *1re pièce : plateau tant, tambour tant.*
3° *Échelonnez de tant.*
4° *Angle de site : tant* [1].

*Pointeurs à vos postes* (éventuellement).

Aux indications 2, 3 et 4, les pointeurs, s'ils ont été appelés, les chefs de section, dans le cas contraire, énoncent les dérives de leurs pièces respectives et l'angle de site, de la droite à la gauche, sous le contrôle du capitaine.

Le capitaine désigne ensuite l'objectif aux chefs de section, dans des termes tels qu'il ne puisse pas y avoir d'indécision pour eux sur l'emplacement exact des deux extrémités du front à battre.

Cette désignation se fait le plus souvent sous la forme :

*A droite (gauche), à tant de travers de main (doigts ou millièmes) : tel objectif.*

*Front : tant de travers de main (doigts ou millièmes).*

### 2° CAS DU POINTAGE INDIVIDUEL.

1° *Tel objectif.*
2° *Plateau zéro, tambour tant.*
3° *Angle de site tant*, ou : *Au collimateur.*
4° *Chacun sa part.*

### DISPOSITIONS COMMUNES AUX DEUX CAS.

Si le capitaine veut faire tirer sans se servir du frein de roues, il fait l'indication : *Sans abattre.*

Dès qu'ils connaissent les éléments du tir, les chefs de section (et les pointeurs) reviennent à leurs postes.

Si les pointeurs n'ont pas été appelés auprès du capitaine, les chefs de section se placent entre leurs pièces, en un point convenable, pour pouvoir apercevoir le point de pointage et, s'il y a lieu, l'objectif, appellent à eux les chefs de pièce et les pointeurs et leur transmettent les indications du capitaine. Les pointeurs annoncent à haute voix les dérives de leurs pièces respectives et l'angle de site ; on se conforme alors, dans chaque pièce, à ce qui est prescrit n° 216.

---

1. On ne pointe jamais en hauteur au collimateur lorsqu'on emploie le pointage collectif.

Dans chaque pièce, dès que le pointeur a fait l'indication : *Prêt*, le chef de pièce lève le bras, et, si le canon n'est pas assis, commande :

*Pour le premier coup.*

Dans chaque section, dès qu'une pièce est prête, le chef de section contrôle, s'il est possible, le pointage en direction au moyen de la ligne de mire naturelle, en se portant en arrière du canon [1].

Dès que la section est prête, il lève le bras en se tournant vers le capitaine.

Les désignations qui précèdent le pointage initial sont supprimées, en totalité ou en partie, lorsque le personnel a eu connaissance des éléments initiaux du tir ou de certains d'entre eux avant la mise en batterie.

Dans ce cas, on commence, sans commandement, dès que les pièces sont en batterie, celles des opérations indiquées au numéro précédent qu'on peut entreprendre.

**256.** Si le capitaine juge que les éléments du tir peuvent être indiqués au commandement, aussitôt après le commandement : *En batterie* = HALTE, il commande :

| | |
|---|---|
| *Sur tel but.* | *Sur tel but.* |
| *Plateau zéro, Tambour tant.* | *Plateau zéro, Tambour tant.* |
| *Angle de site tant.* | *But mobile.* |
| ou : *Au collimateur.* | *Chacun sa part.* |
| *Chacun sa part.* | |
| et, s'il y a lieu : *Sans abattre.* | |

Les chefs de section répètent ces commandements, et le reste du mouvement s'exécute comme il est prescrit plus haut.

**257.** Lorsque, dans des circonstances exceptionnelles, le capitaine est obligé de diriger le tir de ses deux sections sur des objectifs nettement séparés, il conserve le commandement de l'une d'elles et donne le commandement de l'autre au chef de section. Il appelle auprès de lui cet officier et lui donne ses instructions.

Le chef de section, revenu à son poste, commande :

*Telle section à mon commandement.*

Lorsque le capitaine veut reprendre le commandement de la section, il commande :

*Telle section à mon commandement.*

Le chef de section commande immédiatement :

*Telle section au commandement du capitaine.*

---

[1]. Sur les champs de tir, le chef de section doit, dans tous les cas, s'assurer tout au moins que la direction donnée à ses pièces n'est pas dangereuse.

Le capitaine peut encore confier la direction du tir à ses deux chefs de section.

Lorsque le capitaine ne veut pas exécuter le tir avec toute la batterie, il commande d'abord :

*Pour telle section*, ou : *Pour telle pièce.*

Lorsque ensuite il veut reprendre le tir avec toute la batterie, il commande :

*Pour toute la batterie.*

## ARTICLE III

### OUVERTURE DU FEU ET CONDUITE DU TIR

#### I. — Définitions.

**258.** Le tir s'exécute habituellement avec toutes les pièces de la batterie. Cependant, dans certains cas, il peut aussi n'être exécuté qu'avec une section ou même avec une pièce.

On appelle *salve* la succession des coups d'une batterie tirés sur une même hausse, dans un ordre déterminé, à raison d'un coup par pièce.

On appelle *rafale* l'ensemble des coups d'une batterie tirés sur une même hausse, sans ordre déterminé, à raison d'un ou plusieurs coups par pièce.

Tout tir comporte en général un tir de réglage suivi d'un tir d'efficacité.

On emploie, suivant les cas, trois mécanismes différents pour le tir d'efficacité : le *tir progressif*, le *tir sur hausse unique* et le *tir par salves* ou *par rafales au commandement du capitaine.*

#### II. — Tir de réglage.

**259.** Le tir ayant été préparé comme il est dit article II, dès que les chefs de section ont levé le bras, le capitaine commande :

*Par la droite (gauche)*[1] *par batterie,*
*Correcteur tant*, ou : *Tir percutant.*

Les commandements sont répétés par les chefs de section ; les déboucheurs exécutent ce qui est prescrit n° 171.

Pour faire charger et tirer, le capitaine commande :

Telle distance, par exemple : 2 400.

---

1. Il y a avantage à commencer le feu du côté opposé à celui d'où vient le vent.

A ce commandement, répété par les chefs de section, chaque pièce se conforme à ce qui est prescrit nos 219 et 220.

Les chefs de pièce commandent successivement le feu de leur pièce, en commençant par la droite (gauche) et de manière que l'intervalle entre deux coups successifs de la salve soit de 2 à 3 secondes.

Dans le cas du tir indirect, c'est-à-dire quand le capitaine voit seul le but, il peut faire tirer les coups de 2 ou 3 salves à son commandement.

Il commande à cet effet :

*Par la droite (gauche), par pièce.*

*Correcteur tant.*

Après avoir commandé la distance, pour faire partir le coup d'une pièce, il commande : 1re ou 2e, etc., et la pièce désignée tire au commandement de son chef de pièce.

Pour reprendre le service par batterie, il commande :

*Par la droite (gauche), par batterie.*

**260.** Une salve ayant été tirée, pour faire tirer les suivantes, le capitaine commande :

| *Correcteur tant,* | ou seulement : |
| TELLE DISTANCE | TELLE DISTANCE, |

suivant qu'il y a une modification à apporter au correcteur ou non.

**261.** Si le tir de réglage s'exécute avec une seule pièce, cette pièce tire successivement deux coups sur chaque hausse; dans ce cas, le chef de section commande d'abord : *Par deux,* ce qui s'exécute comme il est prescrit no 226.

**262.** Pour passer du tir fusant au tir percutant, pour suspendre le tir ou le reprendre et pour faire cesser le feu, le capitaine se conforme à ce qui est prescrit à l'École de la pièce, nrs 221, 224 et 225.

**263.** REMARQUE I. — Si d'une salve à l'autre le capitaine a oublié le correcteur ou la distance, il demande le correcteur ou la distance du moment à la pièce la plus voisine sous la forme :

*Première (4e) pièce, correcteur ?*
*— distance ?*

et part de ces renseignements pour commander les nouveaux éléments du tir sous la forme ordinaire.

**264.** REMARQUE II. — Le capitaine, surtout après la première salve, a soin de marquer un temps d'arrêt entre l'observation du sens de la salve et l'énoncé du commandement en distance qui en résulte, de manière à laisser aux chefs de section le temps de corriger la direction. Il a soin de détacher toujours le commandement : TELLE DISTANCE, qui est le commandement d'exécution, et ne doit jamais faire un commandement sans avoir jeté un coup d'œil sur la batterie pour s'assurer qu'elle est prête.

### III. — Tirs d'efficacité.

**265.** TIR PROGRESSIF. — Chaque pièce exécute le tir progressif comme il est prescrit nos 227 et 228, sans s'occuper des pièces voisines. Le capitaine commande :

*Tir progressif.*
*Correcteur tant.*
TELLE DISTANCE,

ou

*Tir progressif. — Fauchez.*
*Correcteur tant.*
TELLE DISTANCE.

Le tir commence à ces commandements, répétés par les chefs de section ; les chefs de pièce commandent seulement les hausses successives.

**266.** TIR SUR HAUSSE UNIQUE. — Le capitaine commande :

*Par tant (1, 2 ou 4).*
*Correcteur tant.*
TELLE DISTANCE,

ou

*Par 3, — Fauchez.*
*Correcteur tant.*
TELLE DISTANCE,

ou enfin, dans le cas du tir percutant,

*Par tant.*
*Tir percutant.*
TELLE DISTANCE.

Les chefs de section répètent les commandements.
Les pièces exécutent ce qui est prescrit nos 226 et 229, sans se régler les unes sur les autres.

**267.** TIR PAR SALVES OU PAR RAFALES AU COMMANDEMENT DU CAPITAINE. — Le tir par salves ou par rafales, au commandement du capitaine, est en général fusant ; il est exécuté, pour le tir par rafales, au commandement et d'après les principes prescrits n° 266, ou, pour le tir par salves, comme il est prescrit n° 260, le capitaine ayant, d'ailleurs, la latitude de faire varier les hausses successives de 100 mètres en 100 mètres, ou de 50 mètres en 50 mètres.

La rafale sans fauchage est généralement de 2 coups par pièce.

Lorsque la zone doit être battue plusieurs fois de suite en tir rapide et continu, le commandement des hausses est fait par les chefs de pièce. Le capitaine donne alors au début du tir d'efficacité toutes les indications nécessaires, et fixe la vitesse du feu.

## ARTICLE IV

### CHANGEMENT D'OBJECTIF

**268.** Le capitaine fait l'indication :

*Changement d'objectif,*

ou, s'il est sûr qu'un nouvel abatage est nécessaire :

*Vers la droite (gauche), changement d'objectif.*

Les chefs de section répètent ce commandement et, dans le second cas, on exécute ce qui est prescrit à l'école de la pièce n° 231.

Dans les deux cas, le capitaine peut ensuite :

*a)* Ou ordonner une modification générale des dérives, et la faire suivre d'une désignation d'objectif aux chefs de section réunis, ou simplement faite au commandement ;

*b)* Ou donner de nouveaux éléments de tir, comme il est indiqué aux n°s 255 et 256.

Lorsque le capitaine veut faire diriger sur le nouvel objectif le feu d'une seule section ou d'une seule pièce, il fait précéder ses commandements de l'indication :

*Pour telle section (pièce).*

**269. Extension ou resserrement du front battu.** — Lorsque, dans le courant d'un tir, il est nécessaire d'augmenter ou de diminuer l'étendue du front battu, le capitaine commande :

*Extension (resserrement) du front.*
*4ᵉ (1ʳᵉ) pièce. — Augmentez (diminuez) de tant.*
*Répartissez le feu,*

ou :

*Extension (resserrement) du front.*
*1ʳᵉ pièce — Augmentez (diminuez) de tant.*
*4ᵉ pièce — Augmentez (diminuez) de tant.*
*Répartissez le feu.*

Les chefs de section répètent le commandement et font exécuter les modifications de dérive nécessaires pour répartir le feu sur le nouveau front.

Lorsque la modification de front doit se faire pendant une interruption du feu, le capitaine opère comme pour un changement d'objectif.

**270.** **Attaque rapprochée.** — Le tir sur attaque rapprochée se conduit comme à l'École de la pièce (n° 232). Les pièces exécutent le pointage individuel sur l'ensemble du front, chaque pointeur suivant le déplacement de son objectif particulier ; on continue le feu jusqu'à la dernière extrémité. Si la batterie est envahie, tout le personnel se place derrière les roues et se défend avec ses armes.

## ARTICLE V

### REMPLACEMENT DU PERSONNEL ET DES MUNITIONS

### Remplacement des hommes manquants.

**271.** La manœuvre ordinaire exige six servants. On peut tirer avec un nombre d'hommes beaucoup moindre ; quand il ne s'agit que de continuer le feu avec une pièce qui a déjà tiré, un seul servant pourrait à la rigueur suffire.

Mais, dans la pratique, il est de beaucoup préférable de laisser sans aucun servant une ou plusieurs pièces, afin de n'avoir jamais moins de quatre hommes (chef de pièce compris) aux pièces qui tirent. Même réduite à une pièce, une batterie peut et doit continuer son tir.

Le remplacement se fait d'après les principes suivants :

Lorsqu'un ou plusieurs servants viennent à manquer, le chef de pièce désigne nominativement ceux qui doivent les remplacer et fixe à chacun les nouvelles fonctions qu'il doit remplir en tenant compte de ses aptitudes et de son degré d'instruction.

Le chef de pièce, tout en conservant le commandement de sa pièce, prend au besoin lui-même un des postes vacants.

Dès que cela est nécessaire, les chefs de section font appel aux servants de remplacement qui sont aux caissons de premier ravitaillement.

En instruction, lorsque le capitaine veut faire exécuter le remplacement des hommes manquants pendant l'exécution d'un tir, il commande :

*Remplacement des hommes manquants.*

A ce commandement, les chefs de section commandent aussi souvent qu'il est nécessaire, dans les pièces placées sous leurs ordres :

*Telle pièce. — Tel servant : Manquez.*

Les canonniers désignés abandonnent immédiatement leur

poste et se retirent à deux mètres en dehors de leur pièce; le remplacement se fait d'après les principes indiqués ci-dessus et la charge continue.

Au commandement : CESSEZ LE FEU, tous reprennent leurs postes.

### Ravitaillement.

**272.** Au commandement :

*Ravitaillement,*

tous les servants de la batterie, les pointeurs exceptés, qui restent sur leurs sièges face à l'objectif, se portent aux caissons de premier ravitaillement, ceux de la 1<sup>re</sup> section au caisson de droite, ceux de la 2<sup>e</sup> section au caisson de gauche, et, dans chaque section, ceux de la pièce de droite au coffre de droite, et ceux de la pièce de gauche au coffre de gauche.

Les chefs de pièce retirent les cartouches et en donnent deux à chaque servant, jusqu'à concurrence du nombre nécessaire. Les servants portent les cartouches à leurs caissons respectifs.

### Abriter le personnel.

**273.** Pendant les interruptions du feu, il peut y avoir intérêt à prendre des dispositions pour que le personnel soit le moins vulnérable possible.

Au commandement :

*Abritez-vous,*

le pointeur et le tireur se rapprochent le plus possible des boucliers, le chargeur et le chef de pièce se blottissent derrière le caisson avec les pourvoyeurs et le déboucheur. Le chef de section se place derrière l'un des caissons de la section, le capitaine, le fourrier et le personnel de la 5<sup>e</sup> pièce derrière les caissons de 1<sup>er</sup> ravitaillement.

Au commandement :

*A vos postes,*

chacun reprend son poste.

## EXEMPLES DE COMMANDEMENT.

| CAPITAINE. | CHEF de LA 1re SECTION. | CHEF de LA 2e SECTION. | DÉBOUCHEURS. 1re, 2e, 3e, 4e PIÈCES. | POINTEURS DES 1re, 2e, 3e, 4e PIÈCES. | CHEF de LA 1re PIÈCE | CHEF de LA 2e PIÈCE | CHEF de LA 3e PIÈCE | CHEF de LA 4e PIÈCE |
|---|---|---|---|---|---|---|---|---|
| Le capitaine donne les éléments du tir. | » | » | » | Prêt. | Pour le 1er coup. | Pour le 1er coup. | Pour le 1er coup. | Pour le 1er coup. |
| Par la droite par batterie. Correcteur 18. | Par la droite par batterie. Correcteur 18. | Par la droite par batterie. Correcteur 18. | Correcteur 18. | | | | | |
| 3000. | 3000. | 3000. | 3000. | Prêt. | Feu. | Feu. | Feu. | Feu. |
| Correcteur 16. 2600. | Correcteur 16. 2600. | Correcteur 16. 2600. | Correcteur 16. 2600. | Prêt. | Feu. | Feu. | Feu. | Feu. |
| 2800. | 2800. | 2800. | 2800. | Prêt. | Feu. | Feu. | Feu. | Feu. |
| Correcteur 17. 2600. | Correcteur 17. 2600. | Correcteur 17. 2600. | Correcteur 17. 2600. | Prêt. | Feu. | Feu. | Feu. | Feu. |

| | | | CHEFS DES 1re, 2e, 3e ET 4e PIÈCES. | DÉBOUCHEURS DES 1re, 2e, 3e ET 4e PIÈCES. | POINTEURS DES 1re, 2e, 3e ET 4e PIÈCES. |
|---|---|---|---|---|---|
| Tir progressif. Fauchez. Correcteur 19. 2500. | Tir progressif. Fauchez. Correcteur 19. 2500. | Tir progressif. Fauchez. Correcteur 19. 2500. | 2500. | Correcteur 19. 2500. 1-2-3. | Prêt (3 fois). |
| | | | 2600. | 2600. 1-2-3. | Prêt (3 fois). |
| | | | 2700. | 2700. 1-2-3. | Prêt (3 fois). |
| | | | 2800. | 2800. 1-2-3. | Prêt (3 fois). |

# CHAPITRE V

## INSTRUCTION SUR LE TIR

---

### ARTICLE 1er

#### PRÉPARATION DU TIR

##### § 1er. — Définitions.

**274.** Une batterie est dite *en position de surveillance* lorsqu'elle est en batterie, à l'abri des vues de l'ennemi, et prête à ouvrir le feu. Il y a lieu de remarquer que, pendant le cours du combat, le tir étant intermittent, toute batterie qui ne tire pas reste en position de surveillance.

Une batterie est dite *en position d'attente* lorsqu'elle est sur avant-trains attelés, à l'abri des vues de l'ennemi, à proximité d'emplacements reconnus et qui seront vraisemblablement occupés, prête, dans tous les cas, à être portée sur tout emplacement favorable.

La configuration du terrain, l'importance présumée des directions dangereuses, l'éventualité des déplacements ultérieurs conduisent à adopter l'une ou l'autre des positions.

##### § 2. — Rôle des officiers dans la préparation du tir.

**275.** Le *commandant de l'artillerie divisionnaire* fixe la zone d'action de chacun de ses groupes, indique ceux qui se mettront en action, en position de surveillance ou en position d'attente, et désigne les objectifs.

Le *commandant de groupe* répartit l'objectif entre ses batteries et désigne, s'il y a lieu, celles qui se mettront en action, en position de surveillance ou en position d'attente et, dans les cas où cela serait nécessaire, fixe à chacune d'elles sa zone d'action.

Le *commandant d'une batterie appelée à ouvrir le feu* détermine les éléments initiaux du tir, savoir : la distance, l'angle de site, lorsque ces éléments n'ont pas été fixés par le commandant de groupe, le correcteur et, s'il y a lieu, la dérive. Il définit l'objectif et indique, lorsque le genre de tir le comporte, le point de pointage.

Le *commandant d'une batterie en position de surveillance* étudie la zone d'action dans laquelle doit agir le groupe auquel il appartient, ou seulement, s'il y a lieu, la zone qui lui est assignée; il détermine les éléments du tir correspondant aux emplacements les plus probables des objectifs, de façon à pouvoir ouvrir le feu sur eux le plus rapidement possible, lorsqu'ils se présenteront. En principe, les pièces ne sont pas abattues.

Le *commandant d'une batterie en position d'attente* reconnaît les positions qu'il pourra être appelé à occuper et étudie, dans la mesure du possible et dans les mêmes conditions que ci-dessus, la zone d'action qui pourra lui être dévolue.

## § 3. — Éléments initiaux du tir.

**276.** Les éléments initiaux du tir sont :
La *dérive*, d'où résulte la direction de chaque pièce ;
L'*angle de site*, d'où résulte l'inclinaison du berceau ;
Le *correcteur*, d'où résulte la hauteur d'éclatement ;
La *distance*, d'où résulte l'inclinaison du canon sur le berceau.

### Dérive.

**277.** RÉPARTITION DU FEU. — La direction de chaque pièce est déterminée de façon que le tir soit, autant que possible, réparti, dès le début du feu, sur tout l'ensemble du front de l'objectif.

A cet effet, lorsque celui-ci est un obstacle continu qu'on se propose de renverser par un tir percutant, il est partagé entre quatre tranches égales, une par pièce.

Avec le tir percutant, une batterie peut battre ainsi efficacement une largeur d'obstacle de 25 mètres, chaque pièce étant dirigée vers le milieu de la tranche qui lui correspond.

Avec le tir fusant, une batterie peut battre à toutes les distances un front de troupe de 100 mètres sans fauchage, et, à la distance de 2500 mètres, un front de troupe de 200 mètres avec fauchage[1]. Le tir de chaque pièce est initialement dirigé à 10 mètres environ à gauche de la droite de la tranche qui lui est affectée.

Si les largeurs d'obstacle ou de front à battre sont supérieures à celles qui sont indiquées ci-dessus, il faudra les battre par tranches successives[2].

**278.** MODES DE POINTAGE. — Le pointage individuel s'applique dans le cas où le front de l'objectif est nettement délimité à ses deux extrémités pour tous les pointeurs et lorsque la désignation de cet objectif est très facile ; on l'emploie généralement dans le cas où le but est mobile (nᵒ 253).

Le pointage collectif s'applique, en général, dans tous les autres cas.

---

1. Aux distances moyennes de combat (2500 mètres), une pièce bat efficacement, en tir fusant, avec une hauteur d'éclatement égale à la hauteur type, un front de 25 mètres environ, à raison de deux coups tirés sur la même hausse ; si l'on ne tire qu'un seul coup, le front battu est de 20 mètres environ.

2. A 2500 mètres, un front de 25 mètres correspond à 10 millièmes, un front de 100 mètres à 40 millièmes, un front de 200 mètres à 80 millièmes.

*a*) **Pointage individuel.** — Il comporte :

1° La désignation de l'objectif et des limites de son front;

2° La détermination pour chaque pièce de la dérive initiale.

La *désignation de l'objectif* se fait en général par de simples indications. Exemples :

> *Sur l'infanterie, En face (à droite, à gauche),*

ou bien :

> *Sur l'infanterie, De tel point à tel autre.*

La *dérive initiale* est destinée à tenir compte de la dérivation[1] correspondant à la distance du but, et, s'il y a lieu, de l'influence du vent[2], de celle de l'inclinaison de l'essieu[3] et de celle du mouvement transversal du but.

Il est rarement nécessaire de tenir compte des trois premières corrections.

Le capitaine corrige l'influence de la vitesse transversale du but en prescrivant une correction égale à 5 millièmes pour la vitesse transversale du pas. Cette correction est additive ou soustractive suivant que le but va vers la gauche ou vers la droite.

Lorsque la dérive initiale est donnée, chaque pièce est pointée en direction un peu à gauche de l'extrémité droite du quart de l'objectif qui lui correspond.

*b*) **Pointage collectif.** — Il comporte :

1° La désignation d'un point de pointage;

2° Dans le cas général, la désignation de l'objectif et de son front;

3° La détermination, pour chaque pièce, de la dérive initiale.

Le *point de pointage* est désigné soit directement, soit à l'aide d'un repère. Il doit avant tout être très visible et ne pas prêter à confusion avec les objets similaires voisins. Il doit, en outre, être situé autant que possible à une distance de la batterie supérieure à 1 500 mètres.

La *désignation de l'objectif* se fait, en général, par l'indication de l'écart angulaire de son aile droite par rapport à un repère qui sera, s'il est possible, le point de pointage lui-

---

1. La valeur de la correction de la *dérivation* est inscrite sur le tambour des dérives.

2. Le capitaine corrige l'influence de la composante latérale du *vent* en prescrivant une correction égale à 5 millièmes pour un vent moyen ou fort aux distances moyennes de combat, et de 10 millièmes pour un vent très fort ou aux grandes distances. Cette correction est additive ou soustractive suivant que le vent vient de gauche ou de droite.

3. Les chefs de section prescrivent une correction de dérive de 5 millièmes pour 15 centimètres de *différence de niveau entre les roues*. Cette correction est additive quand la roue droite est plus basse que la roue gauche, soustractive dans le cas contraire. Il y a d'ailleurs toujours le plus grand intérêt à éviter de placer une pièce dans ces conditions, qui influent défavorablement sur le réglage en direction, même lorsque la correction a été faite.

même et par celle de l'étendue de son front. Cet écart et ce front sont évalués à l'aide de la lunette de batterie, de la jumelle, d'une réglette tenue à bout de bras, ou enfin des doigts de la main. L'étendue du front à battre doit toujours être précisée en millièmes, même s'il est nettement visible ; cette évaluation précise facilite le réglage de la direction, et permet de décider s'il y a lieu à fauchage ou non.

La *dérive initiale* de chaque pièce se détermine comme il suit :

Le capitaine, placé près de la pièce de droite ou de l'emplacement qu'elle doit occuper, mesure en millièmes l'écart angulaire entre un point de l'objectif situé un peu à gauche de son extrémité droite et le point de pointage. Il mesure également la largeur du front de l'objectif en millièmes.

A l'aide du premier élément, il détermine la dérive[1] à donner à la première pièce, indique cette dérive aux chefs de section et prescrit aux trois autres pièces de prendre un échelonnement égal au quart de la largeur du front (*échelonnement de répartition*).

Cet échelonnement se fait toujours par augmentation et en partant de la dérive de la pièce de droite.

*Exemple : L'objectif est à droite du point de pointage ; l'écart angulaire entre le point sur lequel doit être dirigé le tir de la première pièce et le point de pointage est de 70 millièmes ; la largeur du front est de 40 millièmes ; le capitaine fait les indications suivantes :*

> *Point de pointage : Tel objet.*
> *1ʳᵉ pièce : plateau o, tambour 30.*
> *Échelonnez de 10.*
>
> *La 2ᵉ pièce prend plateau o, tambour 40.*
> *3ᵉ     —       —     o   —   50.*
> *4ᵉ     —       —     o   —   60.*

Lorsque la dérive initiale est donnée, chaque pièce est pointée en direction sur le point de pointage.

Si le capitaine est obligé de recourir à un point de pointage situé à une distance de la batterie inférieure à 1500 mètres, il doit faire intervenir, indépendamment de l'échelonnement de répartition, *un échelonnement de convergence,* qu'il calcule d'après les règles indiquées dans la 2ᵉ partie du Règlement.

### Angle de site.

**279.** Au début du tir contre un but fixe, on donne en

---

1. Quand le capitaine fait usage de la lunette de batterie modèle 1898 ou de la réglette de direction du canon de 75, il lit directement sur l'instrument la dérive à donner à la première pièce. Lorsqu'il se sert d'autres procédés, tels que l'emploi de la jumelle ou de la main, il ajoute l'écartement angulaire mesuré à : plateau o, tambour 100, ou l'en retranche suivant que le but est à gauche ou à droite du point de pointage.

général l'angle de site à l'aide du niveau. Il y a grand intérêt à ce que cet élément soit mesuré avec exactitude.

L'emploi de la lunette de batterie permet d'obtenir ce résultat. (Voir 2ᵉ partie, nᵒ 245.) A défaut de cet instrument ou de tout autre, on peut évaluer dans certains cas, approximativement, l'angle de site à l'aide de la carte. Les batteries voisines peuvent aussi fournir des renseignements utiles.

Lorsque l'angle mesuré est nul ou insignifiant, le capitaine indique l'angle de site : *zéro*.

On peut éviter d'avoir à déterminer l'angle de site en employant le pointage en hauteur au collimateur. Ce procédé est général dans le tir sur but mobile; dans le tir sur but fixe, il permet, dans quelques cas particuliers, en terrain accidenté par exemple, d'assurer à chaque pièce l'angle de site qui lui convient. Par contre, son emploi exige une désignation précise de l'objectif aux pointeurs et peut, en terrain ordinaire, entraîner, dans le pointage en hauteur des pièces de la batterie, des différences susceptibles de faire varier d'une pièce à l'autre les hauteurs d'éclatement et de compliquer ainsi le réglage du tir.

### Distance.

**280.** La distance peut se mesurer au moyen de la carte, du son ou du télémètre. Mais il est essentiel de remarquer que l'application de ces mesures, quelque précises qu'elles puissent être, est faussée par une évaluation inexacte de l'angle de site.

La distance peut aussi se déduire des renseignements fournis par les reconnaissances, par un tir antérieur ou par celui des batteries voisines placées dans des conditions semblables et ayant adopté le même angle de site ou ayant pointé en hauteur au collimateur.

A défaut de ces moyens, la distance est appréciée à simple vue.

### Correcteur.

**281.** On dit qu'un projectile éclate à la hauteur type lorsque son point d'éclatement est vu de la batterie sous l'angle de 3/1 000. Cette hauteur est celle qui permet d'atteindre le maximum d'efficacité du tir fusant. Le correcteur qui lui correspond normalement est le correcteur 20; mais diverses circonstances accidentelles (état atmosphérique, angle de site inexact, etc.) peuvent l'influencer. Il conviendra donc toujours d'utiliser le correcteur obtenu par un réglage de hauteur d'éclatement ayant eu lieu le même jour dans un tir précédent et dans des conditions de pointage initial comparables. En outre, lorsque le réglage du tir doit s'exécuter par l'observation des coups fusants, le correcteur initial qui donnerait des éclatements à hauteur type doit être diminué de 2 divisions, de façon à ramener la hauteur d'éclatement à 1/1 000.

## ARTICLE II

### EXÉCUTION DU TIR

#### § 1ᵉʳ. — Rôle des officiers pendant le tir.

**282.** Le *chef d'escadron* n'intervient généralement pas dans l'exécution du tir. Son rôle se borne à en contrôler les effets, à rectifier les erreurs manifestes de réglage signalées par l'observation du tir d'efficacité, et à s'assurer qu'il n'a pas été commis d'erreur d'objectif ou de répartition.

Le *capitaine* est chargé du réglage du tir de sa batterie. Il commande lui-même directement le réglage de la portée et de la hauteur d'éclatement. Il surveille le réglage en direction et ordonne, s'il y a lieu, les corrections d'ensemble nécessaires pour couvrir le front qu'il a pour mission de battre. Lorsque seul il peut voir le but, il est chargé du réglage en direction.

Les *chefs de section* assurent l'exécution des ordres du capitaine, maintiennent le calme et exigent l'exactitude dans le service de leurs pièces. Ils sont chargés de régler le tir en direction, c'est-à-dire d'assurer la répartition régulière des coups sur le front fixé par le capitaine.

#### § 2. — Principes généraux relatifs à l'exécution du tir.

**283.** Le *tir de réglage* sert à déterminer les éléments du tir d'efficacité dont le but est de produire ou d'achever la désorganisation ou la destruction de l'objectif.

Le *tir d'efficacité* est percutant et exécuté sur hausse unique lorsqu'il a pour but de détruire un obstacle ou du matériel; lorsqu'il est dirigé contre les troupes, il est presque toujours fusant; il est, de plus, exécuté sur une profondeur variable avec les circonstances.

Dans le tir percutant on emploie soit l'obus à balles, soit l'obus explosif[1]; ce dernier est principalement employé dans le tir à démolir le matériel et dans la préparation de l'attaque des bois et de certaines localités ou contre le personnel immédiatement abrité derrière des murs ou des palanques.

Dans le tir fusant on emploie l'obus à balles.

Le tir de réglage est exécuté en principe avec des projectiles du même modèle que le tir d'efficacité qui doit le suivre.

Les éléments du tir d'efficacité sont :

1º La dérive qui convient à chaque pièce;

2º Dans le tir fusant, le correcteur qui donne effectivement des éclatements à la hauteur type;

3º La hausse de départ.

On a donc à exécuter :

1º Le réglage en direction :

---

1. Pour les distances habituelles de tir, on emploie avec l'obus explosif les mêmes éléments qu'avec l'obus à balles.

2° Le réglage de la hauteur d'éclatement (dans le tir fusant);

3° Le réglage en portée.

Ce triple réglage s'obtient par *l'observation des coups.*

Le réglage en portée et le réglage en direction peuvent être exécutés à l'aide de coups percutants ou à l'aide de coups fusants. L'observation des coups fusants est généralement plus facile, parce qu'elle est indépendante des accidents, des formes et de l'état du sol ; en outre, lorsque le tir d'efficacité doit être fusant, on peut ainsi gagner du temps puisqu'on peut exécuter simultanément le réglage de la hauteur d'éclatement et celui des autres éléments.

A moins que l'accumulation de la fumée ne rende impossible l'observation des coups de certaines pièces, il y a toujours avantage à exécuter le réglage par salves de batterie réparties sur tout le front de l'objectif. On assure ainsi le réglage de la direction en même temps que celui de la portée et que celui de la hauteur d'éclatement.

En outre, lorsque le réglage se fait à l'aide de coups fusants, on rend le réglage de la hauteur d'éclatement plus rapide et plus sûr, et l'on peut obtenir sur l'objectif des effets plus ou moins considérables pendant l'exécution du tir de réglage.

## § 3. — Observation des coups.

**284.** OBSERVATION DES ÉCARTS EN DIRECTION. — Pour pouvoir apprécier avec exactitude le sens de l'écart en direction d'un coup, il faut que l'observateur soit dans le voisinage de la pièce qui l'a tiré. L'observation latérale des écarts en direction peut donner lieu à des erreurs notables, principalement lorsque les coups observés sont tirés avec des hausses différant sensiblement de celle du but.

La grandeur relative des écarts en direction peut être déterminée en millièmes de la distance, comme il est indiqué n° 278. On peut aussi l'évaluer par comparaison avec une base repère prise dans le voisinage de l'objectif ou dans l'objectif lui-même et préalablement mesurée en millièmes.

**285.** OBSERVATION DES HAUTEURS D'ÉCLATEMENT. — Les hauteurs d'éclatement sont comptées à partir du pied du but, si celui-ci n'est pas abrité dans des retranchements ou derrière une crête ; sinon, elles sont comptées à partir du sommet de la crête couvrante.

Un éclatement est dit *à hauteur* lorsque sa hauteur est égale à la hauteur type.

Un éclatement est dit *très haut* quand sa hauteur est supérieure à deux hauteurs types ; *haut* quand elle est supérieure à une hauteur type ; *bas* quand elle est inférieure à une hauteur type.

La hauteur d'une salve de coups fusants est appréciée d'après la hauteur moyenne des éclatements.

**286.** OBSERVATION DES ÉCARTS EN PORTÉE. — Le réglage

du tir en portée repose sur la connaissance du sens des écarts en portée des points de chute des projectiles percutants ou des points d'éclatement des projectiles fusants. Il est donc essentiel d'observer avec exactitude et, d'autre part, de ne tenir aucun compte des observations douteuses.

Lorsqu'on emploie le *tir fusant* pour le réglage en portée, il faut avoir égard aux considérations suivantes :

On ne peut considérer comme courte la hausse correspondant à un coup fusant dont le nuage d'éclatement a occulté l'objectif, que si la hauteur d'éclatement de ce coup a été inférieure à une demi-hauteur type.

Un coup fusant dont l'éclatement est vu long ou dont la gerbe est toute longue correspond toujours à une hausse longue, quelle que soit la hauteur d'éclatement.

Lorsqu'on emploie le *tir percutant*, il faut avoir égard aux considérations suivantes :

Si la fumée cache le but, le coup est court; si le but se détache sur la fumée, le coup est long.

A défaut de fumée, la poussière et les débris soulevés par la chute des projectiles peuvent fournir des renseignements.

Si le terrain sur lequel se trouve le but est incliné vers la batterie, le coup est court ou long, suivant que le point de chute est vu au-dessous ou au-dessus du but.

Enfin, on peut être amené, dans certains cas, à rechercher par le tir percutant la hausse qui convient à une crête du terrain. Dans ce cas, les coups qui tombent en avant de la crête et dont on aperçoit les points de chute sont déclarés courts; ceux dont le nuage de fumée paraît nettement coupé par la crête sont considérés comme longs.

Une salve est dite *courte* ou *longue* suivant que la majorité des coups observés est courte ou longue. Les coups au but sont comptés à volonté comme courts ou longs.

On appelle *salve encadrante* celle qui comprend deux coups courts et deux coups longs.

Une salve encadrante percutante doit être considérée comme correspondant à la hausse la plus probable du but.

Une salve encadrante fusante doit être considérée comme correspondant à une hausse longue; et, si cette salve est basse, la hausse qui l'a fournie est voisine de celle du but.

Dans tous les cas, il y a lieu de tenir compte de l'effet produit sur le but par une salve ou un coup, toutes les fois que cet effet a pu être observé avec certitude.

L'officier qui observe les coups doit s'astreindre, dès qu'il a pu se faire une opinion sur le sens d'une salve ou d'un coup, à la formuler par l'une des indications : *court, long, encadrante, douteux.* Toutefois, il convient de laisser au nuage le temps de se former.

## § 4. — Règles de tir.

**287.** DU RÉGLAGE EN DIRECTION. — Les chefs de section

règlent la direction du tir de chacune de leurs pièces en la corrigeant de la totalité de l'écart observé. Toutefois, dans le tir sur but fixe, lorsqu'après une correction dans un sens ils sont conduits à commander la même correction en sens inverse, ils réduisent la seconde de moitié.

Lorsque le capitaine constate, de sa place, qu'un coup ne lui paraît pas en direction, il peut appeler l'attention du chef de section par les indications :

$$\textit{Telle pièce (section)} \begin{cases} \textit{à droite (gauche).} \\ \text{ou } \textit{fortement à droite (gauche).} \end{cases}$$

Le chef de section intéressé, s'il n'a pas, de sa place, fait une observation différente, et, s'il n'a déjà lui-même prescrit une correction, fait augmenter (diminuer) la dérive de 5 dans le premier cas, de 10 dans le second.

Dans le cas du tir indirect, c'est-à-dire quand le capitaine seul voit l'objectif, les chefs de section se conforment à ses ordres.

**288.** DU RÉGLAGE DE LA HAUTEUR D'ÉCLATEMENT. — Le réglage de la hauteur d'éclatement a pour objet de déterminer le correcteur convenable pour que la hauteur de la salve soit égale à la hauteur type pour le tir d'efficacité, ou à $1/1000^e$ pour le réglage par coups fusants. Il se fait en modifiant le correcteur d'après la hauteur moyenne de la dernière salve observée.

Cette hauteur moyenne étant estimée en millièmes, le capitaine diminue ou augmente le correcteur du nombre de millièmes nécessaire pour la ramener à la hauteur cherchée. Lorsqu'une salve est percutante sans avoir été précédée d'aucune salve fusante, on augmente le correcteur de 4[1]. Lorsqu'une salve comprend des coups fusants et des coups percutants, ceux-ci sont considérés comme correspondant à des éclatements à la hauteur zéro.

Si, après une modification faite au correcteur, la salve tirée avec le nouveau correcteur conduit à une correction de sens contraire à la précédente et égale ou supérieure en valeur absolue, on adopte un correcteur intermédiaire.

Il ne doit pas être tenu compte des salves dans lesquelles la hauteur d'éclatement est très irrégulière. Ces irrégularités sont dues à des fautes de débouchage, de pointage ou à des erreurs d'angle de site qu'il y aura lieu de rechercher dans la batterie.

En particulier, lorsqu'au début du tir, le réglage de la hauteur exige des modifications très importantes au correcteur, ce qui provient généralement d'une erreur d'angle de site, il y a avantage à remplacer ces modifications par des modifications à l'angle de site.

Lorsqu'on a obtenu le réglage de la hauteur d'éclatement

---

1. Cette dernière correction a pour but d'obtenir le plus tôt possible des coups fusants. On peut, de même, au début d'un tir, remplacer les corrections de 4 ou 6 divisions du correcteur par une correction de 5 millièmes à l'angle de site.

à 1/1000ᵉ, il suffit, pour passer à la hauteur type, d'augmenter (relever) le correcteur de 2 divisions.

Lorsqu'on a réglé le tir par rapport à une crête, il peut être avantageux de ne pas relever le correcteur de 2 divisions.

**289.** DU RÉGLAGE EN PORTÉE. — Tout réglage en portée comporte, en principe, la recherche de deux hausses : l'une courte, l'autre longue, encadrant l'objectif.

Lorsque l'objectif est visible, l'observation des coups se fait par rapport à lui. Lorsqu'il ne l'est pas, le réglage a pour objet de l'encadrer en observant le tir par rapport à des objets visibles ou simplement à des reliefs du sol que des indices ou des renseignements *certains* ont fait reconnaître comme étant situés respectivement en avant et en arrière du but ; dans certains cas, la limite courte de cet encadrement peut seule être déterminée.

*En débutant par des coups longs,* on peut, dans certains cas, rendre l'observation plus aisée, par exemple si l'objectif ou le point sur lequel s'exécute le réglage se détache mal du fond du tableau, ou si le vent est tel que la fumée des coups gêne l'observation, ou enfin si l'on craint d'atteindre les troupes amies [1].

*En débutant par des coups courts,* si le réglage se fait sur l'objectif lui-même, on a des chances d'obtenir plus tôt une certaine efficacité.

Le capitaine commence, en conséquence, son tir de réglage, soit par une hausse supérieure, soit par une hausse inférieure à la distance qu'il a mesurée ou évaluée.

Lorsque l'observation du tir est possible par rapport à l'objectif lui-même, le capitaine, partant de la hausse ainsi choisie, procède par *bonds* successifs ayant tous la même amplitude, de façon à obtenir d'abord deux hausses encadrant le but.

Le bond et, par suite, le premier encadrement sont en général de 400 mètres. Ils peuvent être réduits à 200 mètres dans certains cas correspondant soit à une observation facile et sûre, soit à une indication fournie par un tir antérieur, par le tir d'une autre batterie ou par une mesure télémétrique.

Le capitaine resserre ensuite les limites du premier encadrement suivant la nature du tir d'efficacité qu'il se propose d'exécuter. L'encadrement définitif ainsi obtenu s'appelle *fourchette.*

Pour se prononcer sur le sens d'une hausse correspondant à une limite de fourchette, il est nécessaire que l'on ait observé avec cette hausse au moins deux coups dans la même salve ou dans deux salves de réglage, et que ces deux coups soient du sens voulu. Si le but est en mouvement ou est susceptible de se déplacer, l'encadrement n'est considéré comme effectif que si la dernière salve tirée correspond à la limite

---

1. Par exemple, dans le cas du tir contre un objectif sur lequel l'infanterie amie marche à l'assaut.

vers laquelle il marche ou, à défaut d'indications précises sur le sens de sa marche, à la limite courte.

Lorsque, dans le cours d'un réglage, on obtient une salve encadrante (2 C., 2 L.), le réglage doit être considéré comme terminé si la salve est percutante; et, si elle est fusante, on doit la considérer comme longue, près du but, et l'amplitude du bond peut toujours être réduite à 100 mètres.

Lorsque, par suite de l'invisibilité du but, on est obligé d'observer le tir par rapport à des objets ou des reliefs du sol situés en avant ou en arrière de lui, le capitaine opère, en principe, de la même manière par rapport à ces points de réglage auxiliaires en employant, suivant les conditions de l'observation, soit le tir fusant, soit le tir percutant. Le but à atteindre, dans ce cas, est, en principe, de se procurer une hausse aussi approchée que possible, courte s'il s'agit d'un point de réglage situé plus près que l'objectif, longue s'il s'agit d'un point plus éloigné que lui.

Le **tir progressif** comporte en général la recherche d'une fourchette de 200 mètres et la hausse de départ est alors celle de la limite courte diminuée de 100 mètres. Il ne doit pas être employé lorsqu'on a trouvé une fourchette plus étroite.

Le **tir sur hausse unique** comporte la recherche d'une fourchette de 50 mètres; la hausse de départ est la hausse courte lorsque la fourchette a été obtenue à l'aide de coups fusants bas. Lorsque la fourchette a été obtenue à l'aide de coups percutants, on adopte la hausse moyenne à moins qu'on n'ait obtenu une salve encadrante, auquel cas on conserve la hausse qui a donné cette salve.

Le **tir par salves ou par rafales au commandement du capi-taine** convient à toute fourchette supérieure à 50 mètres; la hausse de départ est celle de l'une des deux limites de la fourchette obtenue.

Lorsqu'on est obligé d'avoir recours *à des points de réglage auxiliaires*, l'étendue de la fourchette varie suivant les circonstances, mais elle ne doit jamais descendre au-dessous de 100 mètres. On peut même, si l'on est pressé par le temps, se contenter d'une seule hausse courte ou d'une seule hausse longue suivant que le point en question est situé en avant ou en arrière de l'objectif.

Si, en raison des circonstances du combat ou des conditions de l'observation, on n'a pu déterminer qu'une seule des limites de l'encadrement, cette limite est prise comme hausse de départ d'un tir par salves ou par rafales au commandement du capitaine, dont on limite l'amplitude en se fixant au préalable l'étendue de la zone suspecte, et, lorsque cela est possible, en observant soit le sens de certains coups bas, soit l'effet du tir sur l'objectif. On peut aussi exécuter un ou deux tirs progressifs en partant pour le premier de ces tirs de la limite ainsi déterminée.

**290.** **Salve de contrôle.** — On appelle salve de contrôle une salve tirée, lorsque le réglage est terminé, avec toutes les pièces qui doivent participer au tir d'efficacité. Elle a pour but de vérifier les éléments du tir d'efficacité et, en outre, dans le tir contre obstacle, d'améliorer la hausse s'il y a lieu.

La salve de contrôle est tirée en coups fusants bas ou en coups percutants, suivant que le tir d'efficacité doit être fusant ou percutant, et sur la hausse de départ de ce tir; toutefois, dans le cas du tir progressif, on prend la limite courte de la fourchette.

La salve de contrôle peut être renouvelée lorsqu'elle a entraîné des modifications importantes dans la direction ou la hauteur; lorsqu'elle est longue, on reprend le réglage en portée en réduisant au besoin l'amplitude du bond.

Dans le tir contre les troupes, la salve de contrôle ne doit être exécutée ni contre un but rapproché, ni lorsque la dernière salve de réglage, ayant été tirée sur la limite courte de la fourchette, a permis de constater que la hauteur et la direction sont réglées.

Dans le tir contre obstacle, la salve de contrôle est obligatoire; si elle comprend 2 ou 3 coups longs sur 4 observés, on conserve la hausse pour le tir d'efficacité; dans le cas contraire, on modifie la hausse de 25 mètres dans le sens convenable et l'on renouvelle la salve de contrôle jusqu'à ce qu'on ait obtenu cette proportion.

**291.** Tir contre un ballon. — Pour tirer contre un ballon, on emploie le tir progressif. Pendant le réglage, qui est fait à l'aide de coups fusants, on cherche à ramener les éclatements à hauteur du sommet du ballon, et, pour le tir d'efficacité, on relève le correcteur de 6 divisions, de façon à utiliser la plus grande largeur de la gerbe des projectiles [1].

## § 5. — Conduite du feu et emploi des mécanismes de tir.

**292.** Le capitaine a toute latitude pour conduire son réglage de la manière la mieux appropriée aux circonstances et pour choisir le mécanisme de tir d'efficacité qui convient le mieux au cas concret dans lequel il se trouve placé. Il ne perd jamais de vue la nécessité de paralyser l'adversaire avant que celui-ci ait eu le temps d'enlever à sa batterie sa liberté d'action.

Pour appliquer judicieusement les mécanismes de tir mis à sa disposition par le Règlement, il est nécessaire qu'il se rende bien compte de leurs propriétés.

Les tirs en profondeur exécutés sur fourchette large sont nécessaires pour battre des objectifs profonds; ils conviennent en outre lorsqu'il y a lieu d'enlever le plus tôt possible à l'ennemi sa liberté d'action, quitte à chercher à le frapper ensuite plus sérieusement, s'il y a lieu, par un tir précis; on

---

1. Il n'est pas nécessaire que les balles atteignant l'aérostat aient une grande vitesse restante, ni que la gerbe soit très dense.

les emploiera aussi avec avantage pour immobiliser l'ennemi dans une zone de terrain déterminée, ou encore pour l'arrêter dans un mouvement rapide lorsqu'on n'aura pas pu régler au préalable le tir sur un point de passage obligé. Enfin, un échelonnement important entre les deux extrémités d'un objectif fixe peut à lui seul motiver l'emploi du tir en profondeur.

Les procédés applicables au tir en profondeur sont le *tir progressif* et le *tir par salves ou par rafales au commandement du capitaine*. Le premier présente l'avantage d'utiliser le maximum de rapidité de tir du matériel, le second permet au capitaine de rester constamment maître de son feu et constitue un mécanisme essentiellement souple et susceptible de s'appliquer à une profondeur quelconque, depuis la fourchette de 100 mètres, en économisant les munitions et en faisant varier à volonté la vitesse du tir.

Le *tir sur hausse unique* suppose essentiellement une observation sûre dans le voisinage de l'objectif. Il exige un réglage plus long, plus minutieux et souvent plus difficile que le tir en profondeur ; mais, lorsque le réglage est acquis, le tir sur hausse unique permet le plus souvent d'atteindre avec un nombre moindre de munitions un effet égal à celui que fournirait le tir en profondeur.

Le tir sur hausse unique convient d'une part contre les obstacles ou le matériel, d'autre part toutes les fois qu'on voudra, soit chercher à produire la destruction d'un objectif particulièrement dangereux et tenace, soit contenir un ennemi déjà immobilisé, soit enfin arrêter un but mobile au moment de son passage en un point déterminé du terrain sur lequel il aura été possible de régler le tir à l'avance. Il peut être conduit avec une extrême rapidité, les éléments du tir ne variant pas pendant toute la durée de son exécution. Cependant, dans le tir contre obstacle, la rapidité passe au second plan, la précision et la possibilité de contrôler l'effet produit étant les conditions les plus importantes à réaliser.

Dans ce dernier cas, on ne devra donc pas faire usage du tir par rafales. En outre, s'il s'agit d'un tir à démolir le matériel, le tir devra être fait par pièces indépendantes à partir de l'obtention de la fourchette de 50 mètres[1].

**L'application des mécanismes de réglage et de tir d'efficacité comporte des variations au sujet desquelles le Règlement ne doit rien spécifier. Les exemples ci-après le font suffisamment ressortir.**

---

[1]. Pour tirer du matériel toute la précision qu'il est susceptible de donner, on peut achever le réglage en direction par demi-millième évalué à vue.

# EXEMPLE Nº 1.

*Tir en profondeur contre des troupes immobiles
ou en mouvement.*

⟶ Vent.

Par la droite, par batterie.
Correcteur 18.

| | HAUTEUR des SALVES. | SENS des SALVES. | OBSERVATIONS. |
|---|---|---|---|
| 2600 . . . . . . | 3/1000 | N. O. | |
| Correcteur 16. | | | |
| 2600 . . . . . | Percutante. | C. | |
| Correcteur 17. | | | |
| 3000 . . . . . | 1/1000 | L. | |
| 2800 . . . . . | *Idem.* | L. | 1. Salve de contrôle. |
| 2600[1] . . . . . | *Idem.* | C. | |

Tir progressif. — Correcteur 19. — 2500.

# EXEMPLE Nº 2.

*Tir en profondeur contre des troupes immobiles.*

⟵ Vent.

Par la gauche, par batterie.
Correcteur 18.

| | HAUTEUR des SALVES. | SENS des SALVES. | OBSERVATIONS. |
|---|---|---|---|
| 2200 . . . . . . | Percutante. | C. | 1. Cette salve, bien répartie, tient lieu de salve de contrôle. |
| Correcteur 22. | | | |
| 2600 . . . . . | 3/1000 | N. O. | |
| Correcteur 20. | | | |
| 2600 . . . . . | 1/1000 | Encadrante. | |
| 2500[1] . . . . . | *Idem.* | Courte. | |

Par deux. — Correcteur 22. — 2500.
Par deux. ___________ 2600.

# EXEMPLE N° 3.

*Tir en profondeur contre des troupes dont le front est supérieur à 100 mètres.*

➤➤➤————————————————➤ Vent.

Par la droite, par batterie.

Correcteur 18.

| | HAUTEUR des SALVES. | SENS des SALVES. | OBSERVATIONS. |
|---|---|---|---|
| 3200 . . . . . . | 5/1000 | L. | |
| Correcteur 14. | | | |
| 2800 . . . . . | 1/1000 | 3 L. — 1 C. | 1. Salve courte bien répartie. |
| 2600[1] . . . . . | Idem. | C. | |
| Tir progressif. — Fauchez. — Correcteur 16. — 2500. | | | |

# EXEMPLE N° 4.

*Tir en profondeur contre des troupes.*

➤➤➤————————————————➤ Vent.

Par la droite, par batterie.

Correcteur 18.

| | HAUTEUR des SALVES. | SENS des SALVES. | OBSERVATIONS. |
|---|---|---|---|
| 2600 . . . . . | 3/1000 | N. O. | |
| Correcteur 16. | | | 1. Intermédiaire entre 18 donnant des coups à hauteur et 16 donnant des coups percutants. |
| 2600 . . . . . | Percutante. | C. | |
| Correcteur 17[1] | | | |
| 3000 . . . . . | 1/1000 | L. | |
| 2800 . . . . . | Idem. | L. | |
| 2600 . . . . . | Idem. | L. | |
| 2400 . . . . . | Idem. | C. | |
| 2400[2] . . . . . | Idem. | C. | 2. Salve de contrôle. |
| Tir progressif. — Correcteur 19. — 2300. | | | |

# EXEMPLE N° 5.

*Tir contre des troupes
sur lesquelles l'observation est difficile.*

Par la droite (gauche), par batterie.
Correcteur 18.

| | HAUTEUR des SALVES. | SENS des SALVES. | OBSERVATIONS. |
|---|---|---|---|
| 3400 . . . . . | 1/1000 | C. | 1. Le capitaine aurait pu également battre l'encadrement de 400 mètres par salves ou rafales à son commandement. |
| 3800 . . . . . | Id. | L. | |
| 3600 . . . . | Id. | N. O. | Il adopte 3 500 mètres comme hausse de départ du 2ᵉ tir progressif afin d'éviter d'avoir deux salves perdues au delà de 3 800 mètres. |
| 3600 . . . . . | Id. | N. O. | |
| 3400 . . . . . | Id. | C. | |

Tir progressif. — Correcteur 20. — 3300.
Dès que ce tir progressif est fini, le commandant de batterie, pour achever de battre l'encadrement de 400 mètres, qu'il n'a pu réduire à 200, commande immédiatement :

Tir progressif. — Correcteur 20. — 3500 [1].

# EXEMPLE N° 6.

*Tir contre une batterie visible et en action.*

Par la droite (gauche), par batterie.
Correcteur 22.

| | HAUTEUR des SALVES. | SENS des SALVES. | OBSERVATIONS. |
|---|---|---|---|
| 2200 . . . . . | 5/1000 | L. | |
| Correcteur 18. | | | |
| 2200 . . . . . | 1/1000 | L. | |
| 1800 . . . . . | Id. | C. | |
| 2000 . . . . . | Id. | C. | |
| 2000 . . . . . | Id. | C. | |
| Tir progressif. — Correcteur 20. — 1900. L'ennemi cesse son feu, le capitaine cherche à resserrer la fourchette. | | | |
| Correcteur 18. | | | |
| 2100 . . . . . | » | L. | 1. Considéré comme limite longue de la fourchette de 50 mètres. |
| 2050 . . . . . | » | Encadrante [1]. | |
| 2000 . . . . . | » | C. | |

La batterie reprend son feu : Par deux. — Correcteur 20. — 2000.

# EXEMPLE N° 7.

*Tir contre une batterie.*

Par la gauche, par batterie.
Correcteur 20.

|  | HAUTEUR des SALVES. | SENS des SALVES. | OBSERVATIONS. |
|---|---|---|---|
| 3000 . . . . . . | 2/1000 | L. | |
| Correcteur 19. | | | 1. La salve étant mixte, sans que ce fait puisse être attribué au déréglage ou à une erreur de hausse de l'un des canons, le capitaine réduit l'amplitude du bond ultérieur. |
| 600 . . . . . . | 1/1000 | 3 L. — 1 C[1]. | |
| 2400 . . . . . . | Id. | C[2]. | |

Tir progressif. — Correcteur 21. — 2400[3].

|  | | | |
|---|---|---|---|
| » | » | » | |

2. Cette salve, bien en direction et de bonne hauteur peut servir de salve de contrôle.

Sous l'action des rafales du tir progressif, l'ennemi a cessé le feu et s'est abrité. Le capitaine commandant profite de l'inaction de l'adversaire pour resserrer l'encadrement.

Par batterie. — Correcteur 19.

| 2500 . . . . . | 1/1000 | C. | |
|---|---|---|---|

3. Le capitaine, étant sûr du sens du coup court de la 2ᵉ salve, peut exceptionnellement commencer le tir d'efficacité sur la hausse de la salve de contrôle.

A ce moment, si l'ennemi reprend son feu, le capitaine commande :

Par deux. — Correcteur 21.

| 2500 . . . . . . | » | » | |
|---|---|---|---|
| 2550 . . . . . | » | » | |

L'ennemi cesse de nouveau de tirer, le capitaine poursuit son réglage :

Par la gauche, par batterie. — Correcteur 19.

| 2550 . . . . . | 2/1000 | Encadrant. | |
|---|---|---|---|
| Correcteur 18. | | | |
| 2550 . . . . . | 1/1000 | Encadrant. | |
| 2500 . . . . . | Id. | C. | |

Si ultérieurement l'ennemi reprend son feu, le capitaine tirera 2 coups par pièce avec le correcteur 20 et la hausse 2500.

# EXEMPLE N° 8.

*Tir sur une portion de ligne d'artillerie*
*de plus de 100 mètres de front*
*et dans le cas où le capitaine seul voit l'objectif.*

Par la gauche, par pièce [1].
Correcteur 18.

| | HAUTEUR des SALVES. | SENS des SALVES. |
|---|---|---|
| 2500. . . . . . . . . . . . . . Correcteur 22. | Percutant. | C. |
| 2900. . . . . . . . . . . . . . Correcteur 26. | Percutant. | C. |
| 3300. . . . . . . . . . . . . . Correcteur 34 [2]. | Percutant. | Non observé. |
| 3300. . . . . . . . . . . . . . Augmentez l'angle de site de 20/1000 [4]. Par la gauche, par batterie. Correcteur 22. | Percutant. | L [3]. |
| 2900 [5] . . . . . . . . . . . Correcteur 18. | 5/1000 | » |
| 2900. . . . . . . . . . . . . . | 1/1000 | C. |
| 3100. . . . . . . . . . . . . . | Id. | C. |
| 3100 [6] . . . . . . . . . . . | Id. | C. |
| Tir progressif. — Fauchez. — Correcteur 22. — 3000. Le capitaine cherche ensuite à resserrer sa fourchette. Correcteur 18. | | |
| 3200. . . . . . . . . . . . . . | 1/1000 | C. |
| 3250. . . . . . . . . . . . . . | Id. | 2 C. — 2 L [7]. |

1. Le capitaine commande par la gauche par pièce afin de pouvoir faire tirer successivement toutes les pièces à l'indication 4°, 3°, etc., et de pouvoir régler lui-même la direction.

Le détail des commandements concernant la 1re salve sera, par exemple :
4° (la pièce désignée tire) augmentez de 15 ;
3° (la pièce désignée tire) diminuez de 10 ;
2° (la pièce désignée tire) en direction ;
1re (la pièce désignée tire) erreur de pointage.
Augmentez de 200.

2. Deux corrections successives n'ayant pas réussi à rendre les salves fusantes, le capitaine, craignant une erreur grave sur l'angle de site, se décide à doubler l'amplitude des corrections.

3. A partir de ce moment on suppose la direction assurée. La batterie va reprendre le régime normal de tir.

4. Il y a eu évidemment une erreur dans l'angle de site apprécié ; craignant de ne plus pouvoir se servir du correcteur, le capitaine se décide à augmenter l'angle de site. Cette augmentation entraîne une diminution égale dans le correcteur, qui tombe à 14 et qui doit être augmenté de 8, soit 22, afin d'arriver à des coups fusants.

5. L'angle de site étant changé, on ne peut retenir qu'une chose du réglage antérieur, c'est que la hausse 3300 est *à fortiori* longue avec le nouvel angle de tir.

6. Salve de contrôle, il est inutile de tirer 3300 qui a été vu long avec un angle de tir inférieur.

7. La recherche de la fourchette de 50 mètres conduisant à une hausse encadrante, le capitaine considère que ce fait peut être la conséquence d'un échelonnement de l'objectif ; il se résout à tirer sur les deux hausses 3200 et 3250 si la batterie reprend son feu.

# EXEMPLE N° 9.

*Tir contre des troupes très peu visibles.*

Par la droite (gauche), par batterie.
Correcteur 18.

| | HAUTEUR des SALVES. | SENS des SALVES. | OBSERVATIONS. |
|---|---|---|---|
| 3200 . . . . . | 1/1000 | C. | |
| 3600 . . . . . | Id. | N. O. | |
| 3600 . . . . . | Id. | N. O. | |
| 3400 . . . . . | Id. | N. O. | |
| 4000 . . . . . | Id. | N. O. | |

Le capitaine, n'ayant pu déterminer l'encadrement, se décide à battre la zone suspecte par un tir par salves à son commandement :

Correcteur 20.

| | | | |
|---|---|---|---|
| 3200 . . . . . | 3/1000 | N. O. | |
| 3300 . . . . . | Id. | N. O. | |
| 3400 . . . . : | Id. | N. O. | |
| 3500 . . . . . | Id. | N. O. | |
| 3600 . . . . . | Id. | L. | |
| 3500 . . . . . | Id. | N. O. | |
| 3400 . . . . . | Id. | L. | |

Le capitaine a pu obtenir la fourchette de 200 mètres entre 3200 C et 3400 L.

Correcteur 18.

| | | | |
|---|---|---|---|
| 3200[1] . . . . . | 1/1000 | C. | 1. Salve de contrôle. |

*Tir par rafales au commandement du capitaine :*

Par deux. — Correcteur 20.

3200.
3300.
3400.

# EXEMPLE N° 10.

*Tir contre une ligne de tirailleurs faisant feu, masqués par une haie sans obliquité ni échelonnement, très visible, et les circonstances tactiques laissant le temps nécessaire à la recherche de la fourchette de 50 mètres[1].*

Par la droite (gauche), par batterie.
Correcteur 18.

| | HAUTEUR des SALVES. | SENS des SALVES. | OBSERVATIONS. |
|---|---|---|---|
| 2400 . . . . . | 1/1000 | L. | |
| 2000 . . . . . | Id. | C. | 1. Si ces conditions n'é- |
| 2200 . . . . . | Id. | L. | taient pas remplies, il y au- |
| 2100 . . . . . | Id. | C. | rait lieu de se contenter de |
| 2150 . . . . . | Id. | Encadrante. | la fourchette de 200 mètres |
| 2100 . . . . . | Id. | C. | et de faire un tir progressif. |

Par deux. — Correcteur 20. — 2100.

# EXEMPLE N° 11.

*Tir contre une ligne d'artillerie masquée par une haie et révélée par son feu. (On observe par rapport à la haie.)*

Par la droite (gauche), par batterie.
Correcteur 18.

| | HAUTEUR des SALVES. | SENS des SALVES. | OBSERVATIONS. |
|---|---|---|---|
| 2400 . . . . . | 1/1000 | L. | 1. 2100 est sûrement court, |
| 2000 . . . . . | Id. | C. | on adopte donc cette hausse |
| 2200 . . . . . | Id. | Encadrante. | comme hausse de départ du |
| 2100 . . . . . | Id. | C. | tir progressif. |

Tir progressif. — Correcteur 20. — 2100[1].

Si ce tir progressif n'éteint pas le feu de la batterie ennemie, le capitaine bat le terrain au delà par des salves au commandement ou par un 2e tir progressif, suivant les circonstances.

# EXEMPLE N° 12.

*Une batterie fait partie d'une artillerie chargée de la préparation de l'attaque. L'objectif qui lui est dévolu dans cette préparation est une fraction d'une tranchée-abri.*

*Le commandant de cette batterie a, par un tir antérieur, déterminé la distance 1850 et le correcteur 20 convenant à cet objectif.*

*Le signal de la préparation de l'attaque est donné.*

*Quelques rares coups de fusil partent de la tranchée, de points espacés et peu nombreux.*

Par la droite (gauche), par batterie.
Correcteur 20.

| | HAUTEUR des SALVES. | SENS des SALVES. | OBSERVATIONS. |
|---|---|---|---|
| 1850[1] . . . . . | 3/1000 | » | 1. Salves au commandement du capitaine et tirées lentement. |
| 1850[1] . . . . . | Id. | » | |

De tous les points de la tranchée part un feu violent et nourri.
Par quatre. — 1850.

| | | | |
|---|---|---|---|
| 1850 . . . . . | » | » | |
| 1850 . . . . . | » | » | |

L'infanterie amie s'est rapprochée de la tranchée à une distance telle qu'il devient impossible de continuer le tir fusant ; mais il est nécessaire de continuer le feu.

Tir percutant[2].

| | | | |
|---|---|---|---|
| 1850 . . . . . | » | Encadrante. | 2. Ce tir est destiné à tenir les défenseurs de la tranchée sous le feu un peu plus longtemps qu'il n'est possible avec le tir fusant. |
| 1850 . . . . . | » | Encadrante. | |

L'infanterie amie se rapprochant encore, il devient impossible de continuer le tir percutant sur la tranchée. Le capitaine allonge son tir percutant par plusieurs bonds de 100 mètres au delà de la tranchée.

| | | | |
|---|---|---|---|
| 1900 . . . . . | » | L. | |
| 2000 . . . . . | » | L. | |
| 2100 . . . . . | » | L. | |

Puis il peut battre le terrain au delà de la tranchée par un tir fusant plus efficace.

Tir progressif. — Correcteur 20. — 2200.

# EXEMPLE N° 13.

*Tir contre la cavalerie s'avançant au trot.*

| Correcteur 18. | | |
|---|---|---|
| 1200. . . . . . . | 1/1000 | Court. |
| | | Le capitaine se contente de cette indication et se décide à entamer immédiatement un tir par salves à son commandement en partant de cette distance sûrement courte et en allant au-devant de l'objectif jusqu'à ce qu'il observe un effet sur l'ennemi. |
| Correcteur 20. | | |
| 1200. . . . . . . | 3/1000 | N. O. |
| 1300. . . . . . . | » | N. O. |
| 1400. . . . . . . | » | N. O. |
| 1500. . . . . . . | » | Désordre apparent ; la cavalerie avance encore. |
| 1300. . . . . . . | » | Court. |
| 1300. . . . . . . | » | Désordre ; la cavalerie fait demi-tour. |
| 1400. . . . . . . | » | Désordre apparent. |
| 1500. . . . . . . | » | N. O. |
| 1700. . . . . . . | » | La cavalerie disparaît. |

# EXEMPLE N° 14.

*Tir contre la cavalerie s'avançant au trot.*

| Correcteur 18. | | |
|---|---|---|
| 1600. . . . . . . | 1/1000 | Long. |
| 1200. . . . . . . | Id. | Court. |

Tir progressif. — Correcteur 20. — 1100.

# EXEMPLE N° 15.

*Tir sur de l'infanterie formée par petites fractions.*

(Chaque section tire, comme batterie de deux pièces,
sur un élément de la troupe ennemie.)

| 1re SECTION. | | 2e SECTION. | |
|---|---|---|---|
| Correcteur 18. | | Correcteur 18. | |
| 1800 . . . . . . | 1/1000 court. | 1800 . . . . . . | 1/1000 court. |
| 2200 . . . . . . | 1/1000 long. | 2200 . . . . . . | 1/1000 long. |
| 2000 . . . . . . | Désordre apparent. | 2000 . . . . . . | 1/1000 long. |
| | | 1800 . . . . . . | Court. |
| Par quatre. | | | |
| Correcteur 20. | | Tir progressif. | |
| 2000. | | Correcteur 20. | |
| L'ennemi avance. | | 1700. | |
| Correcteur 18. | | | |
| 1800 . . . . . . | 1/1000 court. | | |
| 1800 . . . . . . | Désordre apparent. | | |
| Par quatre. | | | |
| Correcteur 20. | | | |
| 1800. | | | |

# EXEMPLE N° 16.

*Tir contre l'infanterie apparaissant sur un glacis repéré.*

*La batterie doit surveiller une zone de 100 mètres de largeur environ. Les pièces sont abattues sur cette zone avec un éventail convenable, ou bien sur le centre de la zone, parallèles entre elles (2ᵉ partie nᵒˢ 273 et 274).*

*Le tir précédent n'a donné comme indication que la hausse et le correcteur bas convenant à un mur placé au sommet du glacis (2100 court, 2200 long, correcteur 17).*

*La différence d'angle de site entre le sommet du glacis et sa partie inférieure, mesurée, par exemple, à l'aide de la jumelle, est de 5 millièmes.*

Pour la 1ʳᵉ pièce  
ou : Par la droite par batterie, } Suivant les circonstances.

*Tir percutant.*

| | |
|---|---|
| 1900 . . . | Le coup est tombé aux 2 tiers du glacis à partir de la base. |
| 1700 . . . | Le coup est tombé à un tiers environ du glacis à partir de la base. |

*Le capitaine refait en conséquence l'échelle ci-après pour les hausses et les correcteurs.*

| | | |
|---|---|---|
| Base du glacis . . . . . . | 1500 . . . | Correcteur bas 12. |
| 1ᵉʳ tiers à partir de la base . | 1700 . . . | — 14. |
| 2ᵉ tiers à partir de la base. . | 1900 . . . | — 15. |
| Sommet . . . . . . . . . | 2000 . . . | — 17. |

*Un objectif de 12 millièmes de front vient à apparaître dans la partie gauche de la zone et entre les 1ᵉʳ et 2ᵉ tiers à partir du bas.*

Pour la 2ᵉ section. — Correcteur 14 — 1700.

*Le chef de section commande à la pièce dont le plan de tir est le plus éloigné de l'objectif une diminution de dérive appropriée, puis immédiatement :*

Par un — Correcteur 14.

1700 — Les deux coups sont courts.  
1800 — La salve est longue.

*Le but disparaît, etc., et.....*

# EXEMPLE N° 17.

*Une batterie sur laquelle il tirait ayant interrompu son feu, le capitaine fait repérer la distance d'un certain nombre de points remarquables du terrain au moyen du tir d'une pièce. — Ultérieurement, une batterie ennemie vient s'établir à une distance assez rapprochée de l'un de ces points remarquables.*

---

**1° RECHERCHE DE LA DISTANCE D'UN POINT REMARQUABLE.**

(Le tir précédent a fourni le correcteur.)

Correcteur 18.

2300 court.
2500 long.
2400 court.

**2° RÉGLAGE SUR LA BATTERIE.**

Augmentez de 120 — Par la gauche par batterie.

Correcteur 18.

2400 court.
2500 long.
2400 court.

Tir progressif. — Correcteur 20 — 2300.

---

# EXEMPLE N° 18.

*Tir sur une batterie ne révélant sa présence que par ses lueurs en arrière d'une crête peu saillante, sans repère ni en avant ni en arrière.*

(Le correcteur a été fourni par un tir antérieur.)

---

**TIR PERCUTANT.**

(Le réglage est fait par rapport à la crête.)

2200 . . . . . . . . . . . . . . . . . . . court (un seul coup observé).
2600 . . . . . . . . . . . . . . . . . . . long.
2400 . . . . . . . . . . . . . . . . . . . long.
2200 . . . . . . . . . . . . . . . . . . . court.

Correcteur 18.

2200 (salve de contrôle) . . . . . . . . 1/1000 et bien répartie.

Tir progressif. — Correcteur 20. — 2200[1].

---

1. 2200 étant sûrement court, on peut l'adopter pour hausse de départ du tir progressif. Si on n'a aucun renseignement sur la distance de la batterie objectif à la crête, il est souvent prudent de faire un nouveau tir progressif à partir de la hausse longue du premier.

# EXEMPLE N° 19.

*Tir sur une batterie révélant sa présence par ses lueurs en arrière d'une crête à pente faible en avant (cimes de peupliers en arrière, aucun repère en avant).*

(On cherche une hausse courte par rapport à la crête et une hausse longue par rapport aux peupliers.)

TIR PERCUTANT.

| | |
|---|---|
| 2000. . . . . . . . . . . . . . . . . | court par rapport à la crête. |
| 2400 . . . . . . . . . . . . . . . . | long par rapport à la crête. |
| 2200. . . . . . . . . . . . . . . . | court par rapport à la crête. |
| 2300. . . . . . . . . . . . . . . . . | *Idem.* |
| Correcteur 18. | |
| 2600. . . . . . . . . . . . . . . . | 1/1000 par rapport à la crête, long par rapport aux peupliers. |
| 2400. . . . . . . . . . . . . . . . | court par rapport aux peupliers. |
| 2500. . . . . . . . . . . . . . . . | long par rapport aux peupliers. |
| 2300 (salve de contrôle). . . . . . . . | 1/1000 par rapport à la crête. |

Par deux. — Correcteur 20. — 2300.
2400.
2500.

# EXEMPLE N° 20.

*Tir sur une batterie révélant sa présence par ses lueurs en arrière d'un couvert un peu en avant duquel se trouve un repère.*

1° RÉGLAGE PAR RAPPORT AU REPÈRE.

Pour la 1re pièce.

Correcteur 18.

| | |
|---|---|
| 2300. . . . | C. |
| 2700. . . . | L. |
| 2500. . . . | C. |
| 2600. . . . | L. |

Par la gauche par batterie.

| | | |
|---|---|---|
| 2500[1] . . . | C. | 1. Salve de contrôle destinée à vérifier la répartition préalable. |

2° LA BATTERIE ENNEMIE A OUVERT LE FEU.

Diminuez de 80. — Par la gauche par batterie.

Correcteur 18.

| | | |
|---|---|---|
| 2500. . . . | C[2] par rapport au couvert. | 2. La salve n'est pas en direction. |
| 2500. . . . | C. | |

Tir progressif. — Correcteur 20. — 2500.

# EXEMPLE N° 21.

*Tir de démolition dirigé sur une batterie d'artillerie.*

*Une batterie ennemie s'établit à découvert ; en raison de sa position dangereuse pour l'infanterie amie, on reçoit l'ordre de la détruire. Après l'avoir immobilisée par un tir progressif, on exécute un tir à démolir.*

| | | |
|---|---|---|
| Tir progressif. — Correcteur 20. — 2200. | | |
| A obus explosifs ou tir percutant (chaque pièce prend une pièce ennemie pour objectif). | | |
| 2400 . . . . . . . . . . . | L. | 1. Il est nécessaire de tirer cette hausse qui a été antérieurement observée courte, parce qu'elle peut être longue avec le tir percutant. |
| 2300[1] . . . . . . . . . | C. | |
| 2350 . . . . . . . . . . | L. | |
| Tir individuel par pièce : | | |
| *Exemple de tir d'une pièce.* | | |
| 2325 . . . . . . . . . | C. | Augmentez d'un millième. |
| 2325 . . . . . . . . . | C. | |
| 2325 . . . . . . . . . | L. | |
| 2325 . . . . . . . . . | C. | |
| 2350 . . . . . . . . . | L. | Augmentez d'un-demi millième. |
| 2350 . . . . . . . . . | C. | |
| 2350 . . . . . . . . . | L. | |
| 2350 . . . . . . . . . | L. | |

# EXEMPLE N° 22.

*Tir contre une troupe placée sur une pente descendant vers la batterie.*

Par la droite, par batterie.
Correcteur 18.

| | HAUTEUR des SALVES. | SENS des SALVES. | OBSERVATIONS. |
|---|---|---|---|
| 2600 . . . . . | 3/1000 | N. O. | 1. Cette salve percutante étant visiblement due au relèvement du terrain au delà de l'objectif, et étant très facile, par suite, à observer en portée, le capitaine la considère comme douteuse en hauteur *observée au-dessus du pied du but* et attend, pour modifier le correcteur, le renseignement qui lui sera donné par la prochaine salve courte. |
| Correcteur 16. | | | |
| 2600 . . . . . | 1/1000 | C. | |
| 3000 . . . . . | percutante[1]. | L. | |
| 2300 . . . . . | 1/1000[2] | C. | |
| Tir progressif. Correcteur 18. — 2700. | | | 2. Cette salve étant courte, basse et bien répartie, le capitaine la prend comme salve de contrôle. |

# EXEMPLE N° 23.

*Tir contre obstacle.*

Par la droite (gauche), par batterie.
Tir percutant.

| | SENS des SALVES. | OBSERVATIONS. |
|---|---|---|
| 2000. . . . . . . . . . | C. | |
| 2400. . . . . . . . . . | L. | |
| 2200. . . . . . . . . . | L. | |
| 2100. . . . . . . . . . | C. | |
| 2150. . . . . . . . . . | C. | |
| 2175. . . . . . . . . . | 3 C. — 1 L. | |
| 2200. . . . . . . . . . | 3 L. — 1 C. | |
| 2200. . . . . . . . . . | 2 C. — 2 L. | |
| 2200. . . . . . . . . . | 3 C. — 1 L. | |
| 2200. . . . . . . . . . | 3 C. — 1 L[1]. | 1. 2200 étant devenu nettement court, le capitaine essaie la hausse de 2225. |
| 2225. . . . . . . . . . | 3 L. — 1 C. | |
| 2225. . . . . . . . . . | 3 L. — 1 C. | |
| . . . . . . . . . . | etc.... | |

# EXEMPLE N° 24.

*Tir sur un mur dont le pied n'est pas vu.*

Par la droite par batterie. — Correcteur 16.

| | HAUTEUR des SALVES. | SENS DES SALVES. |
|---|---|---|
| 2000. . . . . . . . . . . . . | 1/1000 | Court. |
| 2400. . . . . . . . . . . . . | Percutant. | Long. |
| 2200. . . . . . . . . . . . . | 1/1000 | Court. |
| 2300. . . . . . . . . . . . . | 1/1000 | Court. |
| 2350. . . . . . . . . . . . . | 1/1000 | Encadrante. |
| Tir percutant. | | |
| 2300 (Salve de contrôle) . . . . . | » | 1 long. — 3 courts. |
| 2325. . . . . . . . . . . . . | » | 2 — 2 — |
| 2325. . . . . . . . . . . . . | » | 3 — 1 — |
| 2325. . . . . . . . . . . . . | » | 2 — 2 — |
| etc. . . . . . . . . . . . . | | |

# EXEMPLE N° 25.

---

*Tir sur un ballon.*

---

Sur le sommet du ballon.
But mobile.
Par la droite (gauche), par batterie.
Correcteur 18.

| | HAUTEUR des SALVES. | SENS des SALVES. | OBSERVATIONS. |
|---|---|---|---|
| 4000 . . . . . | au-dessous du but. | ? | 1. On cherche un éclatement à hauteur du sommet du ballon. |
| Correcteur 20. | | | |
| 4000 . . . . . | observable. | C. | |
| 4400 . . . . . | au-dessus du sommet du ballon, mais observable. | L. | |
| Correcteur 19 [1] | | | |
| 4200 . . . . . | à hauteur du sommet du ballon. | C. | |
| Tir progressif. — Correcteur 25. — 4100. | | | |

# TITRE IV
# INSTRUCTION A CHEVAL

---

## CHAPITRE Ier

### INSTRUCTION POUR HARNACHER LES CHEVAUX

---

### Attelage monté.

**293.** Chaque canonnier conducteur est chargé de conduire deux chevaux : celui de gauche, sur lequel il monte, est appelé *porteur* et l'autre *sous-verge ;* ils sont appelés *chevaux de devant*[1], *du milieu* ou *de derrière*, selon qu'ils sont à la tête ou au milieu de l'attelage, ou bien attelés immédiatement à la voiture.

Avant d'être harnachés, les chevaux sont attachés; la selle est mise debout sur les sacoches, en arrière des chevaux, le siège du côté des chevaux. La couverture, pliée en quatre et doublée, est placée sur les pointes de la selle.

Les harnais déployés sont placés en arrière de la selle, celui du porteur en dessus, la partie antérieure de la bricole du côté de la selle.

### Plier la couverture et la placer sur le cheval.

**294. Porteur.** — Plier la couverture en deux, liteaux contre liteaux, puis en deux dans l'autre sens, et la placer sur le dos du cheval, les liteaux du côté gauche, les gros plis sur le garrot; la glisser une ou deux fois d'avant en arrière pour unir le poil, en la soulevant pour la reporter en avant sans rebrousser le poil. La couverture doit être placée de manière qu'elle dépasse les bords de la selle de la même quantité à l'avant qu'à l'arrière.

**Sous-verge.** — Plier la couverture en quatre, comme ci-dessus; la replier une nouvelle fois sur elle-même et la placer sur le dos du cheval, comme pour le porteur.

### Seller.

**295.** Relever sur le siège la sangle[2] de la selle ainsi que la croupière que l'on maintient de la main gauche; prendre la selle de

---

1. Les chevaux de devant sont généralement munis d'un harnais sans avaloire.

Les chevaux du milieu sont harnachés avec des harnais de derrière.

2. En principe, la sangle est fixée aux deux contre-sanglons simples.

cette main à l'arcade et de la main droite sous le troussequin ; s'approcher du côté gauche du cheval ; poser doucement la selle sur le dos du cheval en la passant par-dessus la croupe, et la placer la partie antérieure un peu en arrière des épaules. S'assurer que la couverture ne forme aucun pli ; la soulever avec la main sur le garrot et sur le rognon et dégager les crins ; abattre la sangle et la croupière ; serrer la sangle avec modération et sans brusquerie [1].

Se placer à gauche de la croupe du cheval, engager le culeron sous la queue et raccourcir la croupière ; passer à droite du cheval, achever de serrer la sangle ; abattre les étriers.

## Desseller.

**296.** Déboucler la sangle du côté gauche, desserrer la croupière et dégager la queue du culeron, rabattre la croupière sur la selle.

Passer à la droite du cheval, relever la sangle sur la selle, relever ensuite l'étrier droit en le faisant glisser le long de l'étrivière et en passant ensuite l'étrivière dans l'étrier, entre celui-ci et la selle. Revenir à la gauche du cheval, relever l'étrier de ce côté, puis enlever la selle avec les deux mains et la placer à terre debout sur les sacoches. Retirer la couverture, la placer sur la selle, la partie mouillée en dessus.

**297.** Le poitrail de cheval de selle est fixé à la selle par les montants de poitrail et les boucleteaux de support de poitrail ; la maille de trait est engagée dans la courroie trousse-étriers.

## Harnacher l'attelage de derrière.

**298.** Le *porteur* étant sellé, saisir la bricole des deux mains près des boucleteaux de dessus de cou, la partie antérieure en dessus, le dessus de cou près du corps ; élever le harnais, se porter à la tête du cheval du côté gauche, passer le harnais par-dessus la tête du cheval, le dessus de cou en dessous ; détacher le cheval et le rattacher ; faire tourner le harnais de manière que la bricole prenne sa place et que l'avaloire se trouve sur la croupe, dégager la dernière maille de la chaîne de bout de trait du crochet de tête de trait du côté gauche et placer ce trait en arrière de la selle. Placer l'avaloire, en mettant toutes les parties sur leur plat ; déboucler la croupière ; engager le contre-sanglon de bras du haut dans la chape de la courroie trousse-traits et dans le passant de la boucle de croupière ; engager l'ardillon dans un des trous de ce contre-sanglon et reboucler la croupière.

Passer à la droite du cheval ; dégager la dernière maille de la chaîne de bout de trait du crochet de tête de trait et placer ce trait en arrière de la selle.

Dégager l'étrier et boucler le porte-trait de droite au contre-sanglon double de dessus de la selle. Fixer les traits avec la courroie trousse-traits, comme il est dit plus loin.

Dégager l'étrier gauche ; boucler le porte-trait au contre-sanglon double de dessus de la selle ; boucler la sous-ventrière ; boucler le culeron.

Le *sous-verge* est harnaché d'une manière analogue. Placer la sellette sur le dos du cheval et boucler la sangle de la sellette.

---

1. Il faut s'assurer que la selle porte également des deux côtés du cheval, et que les boucles des sangles sont à peu près à la même hauteur sur chaque faux quartier.

### Fixer les traits des chevaux de derrière.

**299.** Déboucler la courroie trousse-traits, tendre les traits pour amener le crochet de tête de trait près de l'anneau double de longe de trait.

Les traits étant tendus, faire un demi-nœud avec les rallonges et le placer sur la courroie trousse-traits ; engager cette courroie dans la ganse de chaque rallonge en corde, près de l'anneau à piton, puis dans la dernière maille des chaînes de bout de trait, en commençant par celle qu'on tient dans la main gauche, et boucler la courroie en la serrant fortement.

### Harnacher l'attelage de devant.

**300.** Procéder comme il est dit pour harnacher l'attelage de derrière. Mettre le surdos en arrière de la selle (ou de la sellette), engager de droite à gauche sa chape dans la passe de surdos de la croupière, engager le contre-sanglon libre de surdos entre les deux cuirs du contre-sanglon de croupière et le passer dans la chape de dessus en dessous, le boucler au boucleteau [1].

### Fixer les traits des chevaux de devant et du milieu.

**301.** Déboucler la courroie trousse-traits, tendre les traits pour amener le crochet de tête de trait près de l'anneau double de longe de trait.

Les traits étant tendus, faire un demi-nœud avec les rallonges et le placer sur la courroie trousse-traits, engager la courroie dans la dernière maille des chaînes de bout de trait, en commençant par celle qu'on tient dans la main gauche, replier en deux la partie doublée de chaque rallonge sur la courroie trousse-traits, en commençant par celle de gauche. Boucler la courroie en la serrant fortement.

### Brider le porteur et le débrider.

**302. Brider.** — Prendre la bride (modèle 1874) [ou le bridon-licol et la bride modèle 1861], la placer la têtière sur l'avant-bras gauche, près du poignet, le frontal du côté du coude, les rênes relevées sur la têtière ; se porter à la gauche du cheval et le détacher ; passer avec la main droite les rênes par-dessus l'encolure, saisir le cheval au toupet avec la main gauche, prendre la bride à la têtière avec la main droite, l'élever à la hauteur et en avant de la tête du cheval, prendre le toupet avec la main droite, engager avec la main gauche les mors de bride et de filet dans la bouche, le mors de filet au-dessus de celui de bride, passer alors les oreilles entre le frontal et le dessus de tête, dégager le toupet, boucler la sous-gorge et accrocher la gourmette.

Placer le collier d'attache (bride modèle 1874) au cou du cheval, le réunir à la bride en passant de dessous en dessus le contre-sanglon du collier dans la chape de dessus de tête et boucler.

La longe en chaîne étant attachée au collier (bride modèle 1874) ou à l'anneau d'alliance (bride modèle 1861), par l'une de ses extré-

---

1. Les boucleteaux de surdos peuvent être passés dans les tourets de traits.

mités, engager le té de la partie libre de la chaîne de dessous en dessus dans le dé de longe de la selle et le passer dans le premier, puis dans le deuxième anneau rond de son côté.

**303. Débrider.** — Dégager la longe du dé de la selle et, si le cheval porte la garniture de tête modèle 1874, enlever le collier.

Déboucler la sous-gorge, avancer les rênes de la bride et du filet sur le dessus de tête, les passer par-dessus les oreilles, les laisser tomber dans le pli du bras gauche, ôter la bride en commençant par dégager l'oreille droite, maintenir le cheval au toupet avec la main gauche et le rattacher avec le bridon ; faire deux tours au-dessous du frontal avec les rênes de la bride et les passer entre le frontal et le dessus de tête.

## Brider le sous-verge et le débrider.

**304. Brider.** — Brider le sous-verge comme il est prescrit pour le porteur. Déboucler la rêne, engager les côtés dans les anneaux de dessus de cou, les reboucler en les fixant à la boucle-rênoir de la sellette. Passer le bout libre de la longe bouclée dans l'anneau gauche du mors, la chair du cuir contre la barbe du cheval, et le relever sur l'encolure.

La longe en chaîne étant attachée au collier (bride modèle 1874) ou à l'anneau d'alliance (bride modèle 1861), passer la partie libre dans l'anneau de rêne de droite du dessus de cou, engager le té dans la courroie de charge de droite de la sellette, puis dans le premier anneau rond de son côté.

**305. Débrider.** — Déboucler la rêne, la dégager des anneaux du dessus de cou, la reboucler ; dégager la longe en chaîne de la courroie de charge de la sellette et de l'anneau du dessus de cou et enlever le collier. Dégager la longe bouclée de l'anneau gauche du mors.

Le reste comme pour le porteur.

**Nota.** — Lorsque les chevaux sont attachés avec le collier (modèle 1874), ils sont bridés et débridés comme il vient d'être prescrit, sans qu'il soit besoin de les détacher.

## Fixer le sabre à la selle, et le retirer.

**306.** Si le sabre doit être mis à la selle :

Engager la courroie du porte-sabre dans l'anneau du fourreau, la garde en avant, et boucler. On enlève le sabre avant de desseller ou de déharnacher.

## Déharnacher.

**307.** Déboucler le colleron, la sous-ventrière et le porte-trait, dégager les traits de la courroie trousse-traits, les croiser sur le dos du cheval et reboucler la courroie trousse-traits.

Déboucler la croupière, dégager le contre-sanglon du bras du haut, reboucler la croupière, relever l'avaloire sur la croupe, le bras du bas à plat sur le bras du haut.

Passer à droite du cheval, engager la dernière maille de la chaîne de bout de trait dans le crochet de tête de trait.

Déboucler le porte-trait, revenir à gauche du cheval, engager la dernière maille dans le crochet de tête de trait. Porter l'avaloire (et pour le sous-verge, la sellette) sur le dessus de cou, détacher le cheval; soulever la bricole et rattacher le cheval; faire tourner le harnais à gauche et saisir la bricole avec les deux mains près des boucleteaux de dessus de cou; passer le corps de bricole par-dessus la tête du cheval et placer le harnais en arrière du cheval.

## Placer le fouet.

**308.** Engager le manche du fouet par le gros bout, dans l'anneau gauche de dessus de cou du porteur et le laisser glisser jusqu'à la virole.

## Allonger et raccourcir les traits.

**309.** *Transformer un trait de derrière en trait de devant.* — Desserrer les deux ganses qui forment une sorte de nœud droit vers le milieu du cordage; dégager la chaîne de bout de trait de celle de ces deux ganses qui s'en trouve le plus rapprochée et tirer sur la chaîne de bout de trait.

*Transformer un trait de devant en trait de derrière* [1]. — Faire glisser la rallonge dans la ganse à son extrémité vers l'anneau du touret, de manière à former une boucle A, en ayant soin que la ganse reste rapprochée le plus possible de l'anneau du touret. Faire glisser la ganse à l'extrémité de la rallonge vers l'anneau à piton, de manière à former une boucle B.

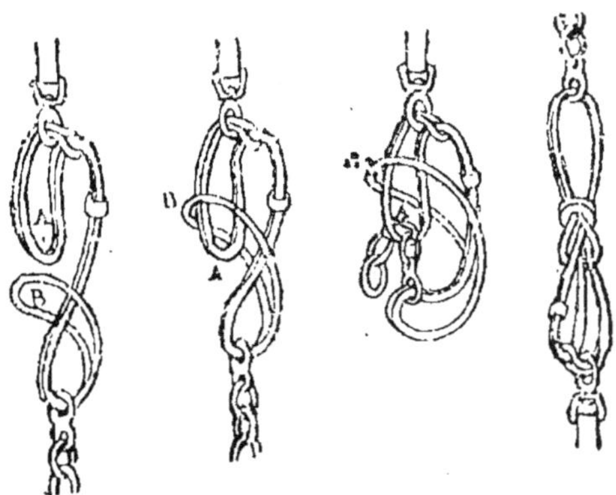

Engager la boucle A dans la boucle B. Passer ensuite dans la boucle A la chaîne de bout de trait. Tirer sur la chaîne pour serrer le cordage, de manière que le nœud se trouve à peu près au milieu de la rallonge ainsi raccourcie.

**310.** *Raccourcir les traits d'un cheval de selle pour l'atteler à côté d'un cheval de trait dans un attelage de devant.* — Dérouler

---

1. Exceptionnellement, on peut employer le procédé suivant : ramener les ganses des extrémités vers le milieu de la longueur du cordage, passer la ganse antérieure dans la ganse postérieure et ensuite la chaîne de bout de trait dans la première de ces ganses; on forme ainsi une sorte de nœud droit dans lequel sont pris les deux brins du cordage, ce qui empêche le nœud de se serrer.

les traits, ramener la première ganse à 6o centimètres environ du dé et l'y maintenir en passant de nouveau dans cette ganse l'extrémité du trait garnie de la maille.

**311.** *Transformer un trait de cheval de selle en rallonge de trait pour les harnais de devant.* — Enlever le trait du poitrail; engager la ganse libre dans le touret du trait de la bricole et tirer dessus pour ramener l'autre ganse vers le milieu de la longueur du cordage; faire un nœud coulant avec la ganse libre et ramener celle-ci près de la ganse qui porte la maille; engager la maille et sa ganse dans la ganse libre; passer la partie doublée de l'arrière dans la ganse qui porte la maille et tirer sur cette partie; les deux ganses forment ainsi, au milieu du cordage, une sorte de nœud droit dans lequel se trouve pris le brin.

**312.** *Rouler les traits d'un cheval de selle.* — Prendre environ 5o centimètres à partir du dé, plier le trait en cet endroit; prendre environ 3o centimètres sur le bout de la maille à partir du pli, le replier de nouveau à cette longueur et rouler le reste sur la partie doublée dans laquelle on engagera la maille pour arrêter les tours.

# CHAPITRE II

## ÉCOLE DU CANONNIER A CHEVAL

### Instruction élémentaire.

**313.** Cette instruction a pour objet de mettre les canonniers en état de conduire convenablement un cheval et de suivre avec profit l'École du canonnier conducteur.

L'instruction à cheval comporte une revision constante des exercices déjà exécutés. Chacun d'eux exige de la part des canonniers une habileté dans l'emploi des aides qui ne s'acquiert que très progressivement et qu'une longue pratique peut seule donner.

Le travail est commencé et terminé au pas; les canonniers doivent fréquemment changer de chevaux. Les éperons sont munis d'un cache-éperon, jusqu'à ce qu'on juge que les canonniers ont acquis une assiette suffisante. Les étriers et les étrivières sont enlevés jusqu'au moment où l'on commence la leçon de l'étrier. On doit d'ailleurs, pendant toute la durée de l'instruction, faire travailler fréquemment les hommes sans étriers.

L'instruction est donnée sans sacoches; le crampon de dragonne est, s'il y a lieu, recouvert d'un coussinet pour éviter les accidents. (Les sacoches sont replacées sur les selles pour l'École du canonnier conducteur.)

L'instructeur n'a pas de place fixe; il peut mettre pied à terre, s'il le juge nécessaire, pour donner certaines leçons ou pour mieux expliquer un mouvement.

Dès le début de l'instruction à cheval, l'instructeur veille à ce que les canonniers observent les prescriptions du décret sur le service intérieur (nos 386 et 387) concernant les soins à donner aux chevaux.


# ARTICLE 1er

## TRAVAIL PRÉPARATOIRE

**314.** Le travail préparatoire embrasse l'ensemble des exercices nécessaires pour assouplir l'homme de recrue, le mettre en confiance, le placer à cheval, assurer quelque peu son assiette et lui donner une première notion des allures.

Ces exercices s'exécutent, soit en disposant les canonniers sur la piste, soit en tenant le cheval à la longe, soit même en faisant tenir le cheval de chaque canonnier par un deuxième qui alterne avec lui dans le courant de la séance.

Les premières séances du travail préparatoire s'exécutent, autant que possible, dans le manège ou dans une carrière fermée ; les canonniers y conduisent leurs chevaux en main et les ramènent de même au quartier.

Lorsqu'ils ont acquis de la confiance, ils se rendent au manège et en reviennent à cheval.

Les chevaux sont sellés et en bridon.

### Amener son cheval sur le terrain.

**315.** Le canonnier amène son cheval sur le terrain, les rênes passées sur l'encolure ; il tient les rênes avec la main droite à 15 centimètres de la bouche du cheval, les ongles en dessous, la main haute et ferme, si le cheval saute.

En entrant dans le manège, l'instructeur dispose les canonniers sur la ligne du milieu, à 3 mètres d'intervalle environ, les chevaux droits, disposés perpendiculairement à cette ligne.

Un cheval est *droit*, lorsqu'il pose d'aplomb sur les quatre membres, en ayant la tête, l'encolure et le corps dans une même direction.

Chaque canonnier se place du côté gauche, le flanc droit à hauteur de la ganache, dans la position du canonnier à pied, en tenant les rênes avec la main droite (comme il vient d'être prescrit).

### Sauter à cheval et à terre.

**316.** Au commandement :

SAUTEZ A CHEVAL,

se placer face à l'épaule gauche du cheval, glisser en même

temps la main droite le long de la rêne gauche et ajuster les rênes dans la main gauche, leur extrémité sortant du côté du petit doigt, saisir avec cette main une poignée de crins vers le haut de l'encolure, leur extrémité sortant également du côté du petit doigt. Placer la main droite sur le pommeau, s'élancer vivement en s'enlevant sur les poignets, rester un instant dans cette position et se mettre légèrement en selle.

Prendre une rêne de bridon dans chaque main, les doigts fermés, les poignets à hauteur du coude, soutenus et séparés à 15 centimètres l'un de l'autre, les doigts se faisant face, l'extrémité supérieure des rênes sortant du côté du pouce.

**317.** Au commandement :

Sautez a terre,

ajuster les rênes dans la main gauche, l'extrémité des rênes sortant du côté du petit doigt; saisir avec cette main une poignée de crins vers le haut de l'encolure; placer la main droite sur le pommeau, s'enlever sur les poignets, rapporter la cuisse droite à côté de la gauche.

Rester un instant dans cette position et arriver légèrement à terre. Reprendre la position du canonnier avant de monter à cheval.

**318.** Au commandement :

Sautez a terre et a cheval,

sauter à terre et à cheval sans temps d'arrêt.

Les canonniers devant être exercés à sauter à terre et à cheval des deux côtés également, l'instructeur fait répéter ces mouvements du côté droit.

### Position du canonnier à cheval.

**319.** La position détaillée ci-dessous doit être considérée comme un type dont les instructeurs doivent se pénétrer et dont ils ne doivent pas cesser de poursuivre la réalisation aussi parfaite que possible chez leurs hommes pendant toute la durée de l'instruction. Lorsque le cheval est en marche, ce résultat ne peut être obtenu que graduellement, au fur et à mesure que le canonnier s'assouplit et que son assiette s'améliore.

L'instructeur doit donc proportionner ses exigences aux moyens de chaque canonnier, mais il ne doit, en aucun cas, laisser contracter à ses hommes de mauvaises habitudes.

Les fesses portant également sur la selle et le plus en avant possible ;

Les cuisses, tournées sans effort sur leur plat, embrassant également le cheval, ne s'allongeant que par leur propre poids et par celui des jambes ;

Le pli des genoux liant ;

Les jambes libres tombant naturellement ; la pointe des pieds tombant de même ;

Les reins soutenus sans raideur;

Le haut du corps aisé, libre et droit;

Les épaules également effacées;

Les bras libres, les coudes tombant naturellement;

La tête droite, aisée et dégagée des épaules. Une rêne de bridon dans chaque main, comme il est prescrit n° 316.

## Tenue et maniement des rênes du bridon.

**320.** La tenue des rênes décrite au n° 316 est toujours prise au commandement :

GARDE A VOUS.

Au commandement :

PRENEZ VOS RÊNES DANS LA MAIN GAUCHE (DROITE),

amener la main gauche vis-à-vis du milieu du corps, y passer la partie de la rêne qui est dans la main droite et laisser tomber cette main sur le côté.

Au commandement :

SÉPAREZ VOS RÊNES,

saisir avec la main droite la partie de la rêne droite qui est dans la main gauche et replacer les poignets à 15 centimètres l'un de l'autre.

Au commandement :

ABANDONNEZ VOS RÊNES,

laisser tomber les rênes derrière le pommeau et placer les mains sur le côté.

Les rênes sont reprises au commandement :

GARDE A VOUS.

Pour *ajuster ses rênes*, le canonnier rapproche les poignets l'un de l'autre et saisit avec le pouce et le premier doigt d'une main, au-dessus et près du pouce opposé, la rêne qu'il veut raccourcir.

## Assouplissements de pied ferme.

**321.** Les assouplissements ont pour but de donner aux différentes parties du corps la souplesse nécessaire pour que le canonnier puisse les mettre en jeu à volonté, indépendamment les unes des autres, de manière à exécuter correctement les mouvements nécessaires à la conduite de son cheval.

L'instructeur fait exécuter les assouplissements d'abord

séparément, puis en les combinant entre eux, les canonniers étant de pied ferme ou en marche.

Dans les assouplissements, les canonniers prennent les rênes dans une main, les séparent, les abandonnent et les reprennent suivant le besoin.

Le détail des assouplissements spéciaux à l'instruction à cheval est seul donné ci-dessous. Pour la manière de commander les assouplissements et pour le détail des mouvements des bras, se reporter au titre II, article 1er (gymnastique d'assouplissement).

**Nota.** — Les assouplissements ne doivent pas être considérés comme un exercice ne s'exécutant qu'au travail préparatoire ; il est indispensable d'y revenir fréquemment pendant toute la durée de l'instruction à cheval.

### Flexion du rein en avant ou en arrière.

**322.** Incliner lentement et le plus possible le haut du corps en avant sans appuyer la main sur la selle et sans déranger l'assiette ; ou en arrière en évitant de remonter les genoux.

### Élévation des cuisses.

**323.** Élever les cuisses, les soutenir horizontalement et à la même hauteur, les jambes et les pieds tombant naturellement, les épaules effacées.

L'instructeur profite de l'élévation des cuisses pour prescrire aux canonniers de saisir le pommeau avec les deux mains et de chasser les fesses en avant le plus possible.

### Rotation de la cuisse droite (gauche).

**324.** Écarter le genou, le porter en arrière en étendant la jambe, mais sans déranger l'assiette, tourner le genou et le pied en dedans le plus possible et replacer la cuisse à plat sur la selle.

### Flexion des jambes.

**325.** Ployer les jambes le plus possible sans déranger les cuisses ni toucher le cheval, le haut du corps restant droit, et laisser aussitôt retomber les jambes.

### Rotation des pieds.

**326.** Faire décrire à chaque pied, par un mouvement lent et uniforme, un cercle de dedans en dehors et de dehors en dedans, sans déranger la position.

## Déplacement de l'assiette.

**327.** Simuler une perte d'équilibre à droite et à gauche, et se rétablir sans le concours des mains.

Se tourner en arrière à droite ou en arrière à gauche et se remettre face en tête sans l'aide des mains.

## Assouplissements en marchant.

**328.** L'instructeur dispose les canonniers sur la piste. Il place en tête de reprise un gradé ou un canonnier instruit.

Chaque canonnier se borne à laisser son cheval suivre celui qui le précède.

Lorsque les canonniers commencent à s'habituer aux mouvements du cheval, l'instructeur leur fait répéter en marchant les assouplissements exécutés de pied ferme, et porte toute son attention sur la position de chaque canonnier.

Quand les canonniers ne manifestent plus d'appréhension en marchant au pas, l'instructeur prescrit au conducteur de reprise de prendre le trot, et il fait répéter les assouplissements en marchant à cette allure, excepté la rotation des cuisses.

Le trot doit être pris d'abord à une vitesse très modérée qu'on augmente quand les canonniers ont acquis assez d'assiette pour conserver à cette allure une position régulière.

Les assouplissements au galop ne s'exécutent, au travail préparatoire, que si le cheval est tenu à la longe.

On fait souvent abandonner les rênes et trotter avec les bras pendants, en recommandant aux canonniers de bien s'asseoir.

L'instructeur fait aussi sauter à terre et à cheval en marchant, ce qui contribue à donner de l'assurance aux jeunes canonniers.

Il fait enfin exécuter des assouplissements *à volonté*, en indiquant aux canonniers les assouplissements que chacun d'eux doit particulièrement répéter pour corriger ses défauts de position.

## Voltige.

**329.** La voltige est une gymnastique spéciale; elle développe la souplesse et la hardiesse de l'homme de recrue et entretient chez le canonnier instruit ces qualités acquises.

Les exercices de voltige complètent avantageusement le travail à la longe, et s'exécutent concurremment avec le travail sur les pistes.

## Travail de pied ferme.

**330.** Ce travail s'exécute d'abord sans prendre d'élan, puis avec élan.

Un homme est à la tête du cheval, qui est nu et en bridon. L'instructeur exécute, démontre et fait exécuter chaque mouvement sur de simples avertissements.

Un aide, placé du côté opposé, suit tous les mouvements du canonnier et se tient prêt à prévenir les chutes.

### Travail sans élan.

**331.** On commence le travail de pied ferme, sans élan, en faisant sauter à cheval et à terre, ce qui s'exécute comme il est prescrit aux n<sup>os</sup> 316, 317 et 318, le canonnier plaçant la main droite à plat en arrière du garrot.

**332.** *Étant à cheval, passer la jambe pour faire face à gauche (ou en arrière).* — Passer la jambe droite par-dessus le garrot pour faire face à gauche.

Étant assis, pour faire face en arrière, pivoter sur les fesses en passant la jambe gauche par-dessus la croupe, avec ou sans l'aide des mains.

**333.** *Sauter à cheval de côté.* — Comme pour sauter à cheval, mais en s'asseyant du côté gauche.

**334.** *Étant assis de côté, se remettre à cheval ou franchir le cheval.* — Placer la main droite sur le garrot et saisir les crins de la main gauche; s'enlever sur les poignets, en baissant la tête et le haut du corps; étendre les jambes réunies par-dessus la croupe du cheval, soit pour l'enfourcher, soit pour sauter à terre à droite.

**335.** *Franchir le cheval.* — Se placer comme pour sauter à cheval, s'enlever sur les poignets en inclinant le corps sur l'encolure; jeter les jambes réunies et allongées par-dessus la croupe, le corps soutenu sur les bras tendus; arriver à terre à l'épaule droite, les talons joints.

**336.** *Sauter à cheval avec une seule main.* — Saisir les crins de la main gauche, se placer en avant de l'épaule gauche du cheval, l'avant-bras gauche appuyé sur l'encolure, le pied gauche en avant, l'épaule droite effacée; s'élancer vivement en avançant l'épaule droite et écartant la jambe droite, pour arriver à cheval.

**337.** Les mouvements qui précèdent, après avoir été exécutés à gauche, sont répétés à droite, puis avec le surfaix de voltige.

**338.** *Les ciseaux.* — Étant à cheval, saisir les crampons; s'enlever sur les poignets en balançant les jambes, portant le haut du corps en avant et baissant la tête; croiser les jambes en se retournant; abandonner les crampons à l'instant où le corps se relève et se mettre face en arrière.

*Pour se remettre face en avant.* — Appuyer les mains sur la croupe et se conformer à ce qui vient d'être prescrit pour faire face en arrière.

### Travail avec élan.

**339.** *Sauter à cheval par le côté.* — Prendre de l'élan, faire une battue pour s'enlever, la main gauche sur le garrot, la main droite sur le dos, et se mettre à cheval.

**340.** *Franchir le cheval par le côté.* — Même mouvement que précédemment, en observant que le canonnier passe les jambes à droite et arrive à terre à hauteur de l'épaule.

**341.** Les mouvements qui précèdent, après avoir été exécutés à gauche, sont répétés à droite.

**342.** *Sauter à cheval par la croupe.* — Prendre de l'élan, faire une battue, appliquer les mains sur la croupe, s'enlever et arriver à cheval la ceinture en avant.

**343.** *Sauter en croupe et arriver à terre à l'épaule du cheval.* — Sauter comme il est prescrit précédemment en passant la jambe droite (gauche) par-dessus la croupe, pour la réunir à l'autre, et arriver à terre du côté gauche (droit).

**344.** *Sauter en croupe faisant face en arrière.* — S'élancer comme il est prescrit précédemment; pirouetter sur les poignets, en croisant les jambes pour s'asseoir face en arrière.

**345.** *Sauter à genoux (ou debout) sur la croupe.* — Même mouvement que pour sauter à cheval, en levant davantage les jambes.

### Travail au galop.

**346.** Ce travail s'exécute avec le surfaix de voltige; le cheval est bridé et enrêné.

**347.** *Sauter à cheval et à terre.* — Saisir le crampon de la main gauche, le pommeau ou l'autre crampon de la main droite; suivre le cheval en mesure, en se réglant sur le pied antérieur gauche, sans laisser l'épaule droite en arrière, et s'élancer à cheval en battant la foulée en avant de l'épaule; s'enlever sur les poignets et sauter à terre, à hauteur de l'épaule.

L'instructeur exerce les canonniers à sauter à terre et à s'enlever à cheval de la même battue.

**348.** *Étant à cheval, sauter à terre en passant la jambe par-dessus l'encolure et sauter à cheval sans temps d'arrêt.* — Abandonner les crampons pour passer la jambe droite; les ressaisir tout de suite et sauter à terre et à cheval. L'instructeur varie le mouvement ci-dessus en faisant sauter à terre et assis à gauche ou à droite.

Les mouvements qui précèdent s'exécutent également du côté droit.

**349.** *Franchir le cheval.* — S'asseoir à gauche, saisir les crampons ; sauter à terre, franchir le cheval de gauche à droite sans temps d'arrêt et se remettre à cheval.

Ce mouvement s'exécute également en partant de la position à cheval, ou le canonnier étant assis à droite.

Ces mouvements sont répétés du côté droit, et enfin le canonnier est exercé à franchir le cheval de gauche à droite et de droite à gauche sans temps d'arrêt.

**350.** *Remplacement.* — Un canonnier étant à cheval, un deuxième canonnier le saisit à la ceinture ou au ceinturon, prend en même temps le crampon gauche du surfaix et saute en croupe, tandis que le premier passe la jambe par-dessus l'encolure pour sauter à terre.

## ARTICLE II

### TRAVAIL EN BRIDON

**351.** Le travail en bridon se divise en *travail de manège,* qui a pour objet d'apprendre au canonnier à se servir de ses aides et qui constitue un enseignement individuel, et *travail de carrière,* destiné surtout à développer la solidité et la résistance des canonniers.

Les allures employées dans l'artillerie sont, sauf indication contraire, les suivantes :

Le pas, de 100 mètres à la minute ;

Le trot, de 200 mètres à la minute ;

Le galop, de 340 mètres à la minute, mais qui, au travail de manège, peut être ralenti en proportion de l'habileté des canonniers et de la qualité des chevaux.

### § 1er. — TRAVAIL DE MANÈGE.

**352.** Le travail de manège s'exécute partout où le sol est suffisamment meuble et résistant pour que le cheval puisse s'y mouvoir aux trois allures, sans danger pour lui et pour son cavalier. On peut donc employer à cet effet, soit un manège, soit un terrain ameubli, enclos d'une levée de terre ou d'un mur, soit des parties bien choisies du terrain de manœuvre, sur lesquelles on installe des rectangles[1] dont les angles sont marqués par des fanions ou tout autre signe apparent.

**353.** Le travail de manège comporte des *exercices à distances indéterminées,* et des *exercices à distances fixes.*

Les premiers donnent à l'instructeur le moyen d'instruire ses hommes comme s'ils étaient isolés. Leur caractère con-

---

1. La portion délimitée de terrain sur laquelle travaillent les canonniers doit avoir en moyenne 90 mètres de long sur 30 mètres de large. L'instructeur doit déplacer son carré toutes les fois que les pistes sont assez marquées pour que le cheval les suive machinalement. On évitera de placer plusieurs classes parallèlement les unes aux autres, afin de ne point laisser au canonnier des repères qui pourraient l'amener à se diriger autrement qu'en visant les points désignés.

siste dans l'indépendance absolue des canonniers les uns par rapport aux autres, et dans l'obligation constante pour chacun d'eux de maintenir son cheval à une allure égale pendant la marche sur la piste comme pendant l'exécution de tout mouvement.

Ces mouvements, peu nombreux d'ailleurs, et toujours individuels, n'impliquent même pas, pour les canonniers, l'obligation de répondre au commandement par une exécution immédiate ; celle-ci ne doit avoir lieu, tout au contraire, que lorsque la position du canonnier sur la piste et l'état de préparation de son cheval le mettent dans des conditions lui permettant d'exécuter régulièrement le mouvement commandé.

Toutes les fois que le canonnier est trop rapproché des canonniers qui le précèdent, il doit se diriger par un doubler régulier sur la partie de la piste la moins occupée.

Au début de l'instruction, il n'exécute un doubler que sur les indications de l'instructeur ; mais il doit arriver peu à peu à faire ce mouvement de lui-même, quand cela est nécessaire.

Les exercices à distances fixes, qui ne doivent être entrepris que lorsque l'instruction individuelle est assez avancée, donnent le moyen de préparer les canonniers au travail d'ensemble et de constater les résultats obtenus à l'instruction individuelle.

Leur caractère consiste dans l'obligation constante pour chaque canonnier de conserver une distance déterminée derrière un conducteur de reprise et de lier ses mouvements à ceux de ce dernier. La conservation des distances par rapport au guide permet à l'instructeur de contrôler la régularité de l'allure de chacun des canonniers.

Les mouvements individuels que les canonniers peuvent exécuter simultanément pendant le travail en reprise, offrent une difficulté d'autant plus grande que la distance entre les canonniers est plus faible.

### Emploi des jambes et des rênes.

**354.** Les jambes servent à déterminer le cheval en avant, à le soutenir et à l'aider à tourner à droite et à gauche ; elles agissent par pression en arrière des sangles. Quand la pression ne suffit pas, le canonnier a recours aux battements du mollet et du bas de la jambe et enfin à l'éperon, jusqu'à ce que le cheval ait obéi. L'emploi de l'éperon est réservé jusqu'à ce que les canonniers aient acquis l'habitude du galop.

Les rênes servent à diriger le cheval et à l'arrêter ; leur action doit être progressive et d'accord avec celle des jambes.

Pour bien faire comprendre aux canonniers le mécanisme de l'emploi des jambes et des rênes, l'instructeur commence par les leur faire employer isolément ; il leur apprend en particulier à ouvrir une rêne et à appuyer la rêne opposée contre l'encolure.

*Ouvrir une rêne*, c'est porter franchement soit la main droite à droite, soit la main gauche à gauche. Quand on porte la main droite à droite, la tête et l'encolure sont attirées vers la droite ; quand on porte la main gauche à gauche, la tête et l'encolure sont attirées à gauche.

*Appuyer la rêne opposée contre l'encolure*, c'est : soit porter la main gauche à droite, pour obtenir un déplacement de la masse de l'encolure vers la droite ; soit porter la main droite à gauche pour obtenir un déplacement de la masse de l'encolure vers la gauche.

*Fermer une jambe*, c'est exercer progressivement avec le haut du mollet une pression en arrière de la sangle, pression à laquelle le cheval cède en déplaçant ses hanches du côté opposé.

Dès que ce mécanisme est bien compris, l'instructeur fait faire aux canonniers une première application de l'emploi simultané des jambes et des rênes en les exerçant aux mouvements élémentaires : marcher, tourner, arrêter.

L'instructeur veille à ce que l'action des jambes, qui doivent donner au cheval l'impulsion nécessaire à l'exécution de tout mouvement, précède toujours celle des rênes. Celles-ci doivent être modérément tendues et ne jamais servir de soutien au canonnier.

Les explications que l'instructeur est amené à donner par la progression même du travail suffisent pour donner peu à peu au canonnier le sentiment du judicieux emploi de ses moyens de conduite qui constitue *l'accord des aides*.


### Avertir son cheval.

**355.** Avant de commencer un mouvement, le canonnier doit toujours avertir son cheval. A cet effet, il doit rapprocher les jambes, en évitant de mettre le cheval en mouvement, et soutenir les poignets, les rênes ajustées.


### Marcher et arrêter.

**356.** Le cheval étant de pied ferme, au commandement :

Marchez,

fermer les jambes par degrés, plus ou moins en arrière des sangles, suivant la sensibilité du cheval, en ayant soin de ne point ouvrir ni remonter les genoux, et baisser un peu les poignets, ce qui s'appelle *rendre la main*.

Au commandement :

Arrêtez,

s'asseoir en se grandissant du haut du corps, élever en même temps les poignets par degrés pour ralentir, puis éteindre l'allure ; tenir les jambes près pour empêcher le cheval de reculer ou de se traverser.

### Changer de direction.

**357.** Le canonnier étant en marche, au commandement :

TOURNEZ A DROITE (OU A GAUCHE),

actionner le cheval avec les jambes et ouvrir franchement la rêne droite (gauche) en appuyant la rêne gauche (droite) sur l'encolure pour régulariser l'effet de la rêne droite (gauche). Fermer la jambe droite (gauche), en contenant les hanches avec la jambe gauche (droite).

L'instructeur veille à ce que le canonnier décrive un arc de cercle de 2 mètres de rayon et se porte droit devant lui en terminant l'à-droite (l'à-gauche).

On exécute un *demi-tour* en réunissant deux à-droite ou deux à-gauche.

L'*oblique* représente la moitié d'un à-droite ou d'un à-gauche.

Ces mouvements s'exécutent, le canonnier étant en marche, aux commandements :

DEMI-TOUR A DROITE (A GAUCHE).

OBLIQUE A DROITE (A GAUCHE).

### Rassembler les canonniers.

**358.** Pour disposer les canonniers sur un rang, l'instructeur commande :

RASSEMBLEMENT (ou : A tant de MÈTRES, RASSEMBLEMENT).

A ce commandement, les canonniers se dirigent vers l'instructeur, placent leurs chevaux parallèlement au sien, à 75 centimètres d'intervalle (ou à l'intervalle indiqué), de façon à se former sur un rang, le centre à 3 mètres de l'instructeur et lui faisant face. Les canonniers se dirigent en arrière de l'emplacement que doit occuper le rang, de manière à y entrer perpendiculairement au front, leurs chevaux restant calmes.

A moins que l'instructeur ne prescrive une allure déterminée, ce mouvement s'exécute sans changer d'allure, si les canonniers étaient précédemment en marche, au pas si les canonniers étaient arrêtés.

### Disposer les canonniers sur la piste.

**359.** Le canonnier marche à main droite ou à main gauche, selon qu'il a le côté droit ou le côté gauche en dedans du manège.

L'instructeur fait l'indication :

MARCHEZ A MAIN DROITE (GAUCHE),

puis désigne successivement les canonniers qui doivent sortir du rang.

Le canonnier désigné détermine son cheval en avant, en évitant de le surprendre et de le brusquer, et se dirige perpendiculairement à la piste ; en y arrivant, il tourne du côté indiqué.

L'instructeur règle le mouvement de manière à répartir les canonniers sur tout le pourtour de la piste.

Les canonniers, travaillant à main droite ou à main gauche, doivent s'attacher à marcher droit, en prenant comme point de direction les signaux qui limitent les pistes, à conserver une allure bien égale et à se maintenir à la vitesse réglementaire.

Il importe, pour entretenir la franchise et la docilité du cheval, que les canonniers soient très fréquemment exercés à quitter le rang. Ce mouvement s'exécute à toutes les allures.

## Variations d'allure au pas et au trot.

**360.** Le passage d'une allure à une autre, ainsi que les allongements et les ralentissements d'allure, doivent être obtenus sans à-coup par l'emploi gradué des aides.

Le cheval doit passer rapidement par les allures intermédiaires entre l'allure primitive (ou l'arrêt) et l'allure demandée (ou l'immobilité).

**361.** Ces principes sont applicables aux mouvements dont la progression est donnée ci-dessous :

1° Passer du pas au trot et du trot au pas ;
2° Allonger et ralentir le pas et le trot ;
3° Passer de l'arrêt au trot et du trot à l'arrêt.

Ces mouvements s'exécutent aux commandements :

MARCHEZ AU TROT ; MARCHEZ AU PAS.

ALLONGEZ ; RALENTISSEZ.

MARCHEZ AU TROT ; ARRÊTEZ.

**362.** Les allongements et les ralentissements doivent être suivis, autant que possible, d'un retour à l'allure normale ; à cet effet, l'instructeur commande, suivant le cas :

MARCHEZ AU PAS ; MARCHEZ AU TROT.

**363.** Les mouvements qui suivent sont destinés à fournir à l'instructeur le moyen de confirmer les canonniers dans les principes de la conduite du cheval et de l'emploi des aides ; ils sont exécutés individuellement par tous les canonniers.

## Doubler.

**364.** Au commandement :

*Individuellement* = Doublez,

quitter la piste en exécutant un à-droite (ou un à-gauche); se diriger droit sur la piste opposée et exécuter un nouvel à-droite (ou un à-gauche) pour rentrer sur la piste [1].

## Changer de main.

**365.** Au commandement :

*Individuellement* = Changez de main,

exécuter un doubler à droite (ou à gauche) et rentrer sur la piste par un à-gauche (ou un à-droite).

Les canonniers qui n'ont pas commencé leur mouvement lorsque d'autres rentrent déjà sur la piste, dégagent le terrain en traçant une piste intérieure [2].

## Volte. — Demi-volte.

**366.** Au commandement :

*Individuellement* = Volte,

décrire un cercle [3] et se porter droit devant soi dans la direction primitive. Maintenir son cheval sur le cercle en faisant usage des moyens prescrits pour le tourner.

Au commandement :

*Individuellement* = Demi-volte,

décrire un demi-cercle et prendre une direction oblique pour rentrer sur la piste à l'autre main.

## Reculer et cesser de reculer.

**367.** Le cheval étant de pied ferme, au commandement :

Reculez,

avertir le cheval, élever les poignets par degrés en assurant le corps, tenir en même temps les jambes près pour main-

---

1. Le canonnier n'exécute le commandement : *Individuellement* = Doublez que lorsqu'il est sur le grand côté du manège.
2. Le canonnier n'exécute le commandement : *Individuellement* = Changez de main que lorsqu'il est sur le grand côté du manège.
3. Le diamètre est, au début, de la moitié du petit côté du manège; ce
diamètre est réduit en raison des progrés des cavaliers.

tenir le cheval droit; dès que le cheval obéit, baisser les poignets et continuer ainsi alternativement jusqu'au commandement :

ARRÊTEZ.

A ce commandement, cesser l'action des rênes.

Si l'instructeur veut faire suivre le reculer de la marche au pas ou au trot, il commande :

MARCHEZ,

ou : MARCHEZ AU TROT.

## Du galop.

**368.** Les canonniers ayant acquis une première notion de l'allure du galop au moyen du travail à la longe ou de la voltige, l'instructeur leur apprend à marcher au galop. La leçon doit être donnée individuellement.

Les canonniers étant au trot, au commandement :

MARCHEZ AU GALOP,

augmenter l'action des jambes jusqu'à ce que le cheval prenne le galop.

**369.** Les canonniers étant au galop, au commandement :

MARCHEZ AU TROT,

augmenter progressivement la tension des rênes ; le canonnier diminue ainsi la vitesse et laisse le cheval reprendre de lui-même l'allure du trot.

L'instructeur montre aux canonniers dont les chevaux tirent à la main, à les maîtriser en sciant du bridon.

## De l'étrier.

**370.** L'instructeur fait répéter avec les étriers les mouvements précédents et exerce les canonniers à se servir de leurs jambes avec ce nouveau moyen de tenue, sans déranger leur position.

La position du pied dans l'étrier est la suivante :

L'étrier chaussé jusqu'au tiers, ne portant que le poids de la jambe ;

Le pied posé à plat sur le plancher de l'étrier, le gros orteil touchant la branche interne, la semelle légèrement tournée en dehors, le talon plus bas que la pointe du pied.

Les étriers sont convenablement ajustés lorsque, les canonniers étant régulièrement placés à cheval, la semelle de l'étrier correspond au haut du talon de la botte.

Les canonniers sont exercés à abandonner les étriers et à les reprendre aux indications :

Abandonnez vos étriers.

Reprenez vos étriers.

Dans ces mouvements, ils ne doivent ni baisser la tête ni se servir des mains ; ils sont également exercés, pendant le repos, à ajuster les étriers, pied à terre, en comparant la longueur des étrivières à celle du bras.

### Monter à cheval et mettre pied à terre.

**371.** A cheval. — Les canonniers étant placés sur une ligne à trois mètres d'intervalle, au commandement :

A cheval,

faire un à-droite, puis un pas en demi-à-droite, pour se placer près de l'épaule du cheval et face à la selle ; saisir en même temps les rênes et les crins dans la main gauche, comme il est prescrit pour sauter à cheval.

Mettre le pied gauche dans l'étrier (en se servant au besoin de la main droite), en évitant de toucher le cheval avec la pointe du pied, et placer la main droite sur le troussequin.

S'élancer du pied droit, en tirant les crins fortement à soi, le genou gauche fléchi et fixé contre la selle, le haut du corps un peu en avant, pour empêcher la selle de tourner ; rapporter le pied droit à côté du gauche, et rester un instant dans cette position, en plaçant la main droite sur le pommeau.

Passer la jambe par-dessus la croupe, en pliant un peu le genou de manière que l'éperon ne touche pas le cheval ; se mettre légèrement en selle, prendre une rêne dans chaque main et chausser l'étrier droit.

**372.** Pied à terre. — Au commandement :

Pied a terre,

saisir les rênes et les crins comme il est prescrit pour sauter à terre. Déchausser l'étrier droit et placer la main droite sur le pommeau. S'enlever sur l'étrier gauche ; passer la jambe droite par-dessus la croupe, sans toucher le cheval, en pliant un peu le genou ; rapporter le pied droit près du gauche, le genou gauche fixé à la selle, le haut du corps un peu penché en avant ; placer en même temps la main droite sur le troussequin, et rester un instant dans cette position. Descendre légèrement à terre, les talons sur la même ligne ; abandonner de la main gauche les rênes et les crins, faire un pas vers la gauche en saisissant la rêne gauche avec la main droite, et se replacer à la position du canonnier avant de monter à cheval.

### Passer du trot enlevé au trot assis et réciproquement.

**373.** Le canonnier est au *trot enlevé* lorsqu'il évite une réaction sur deux en prenant un léger point d'appui sur les étriers sans cesser de conserver l'adhérence des genoux et des jambes. La bonne exécution du trot enlevé exige que le canonnier penche sans exagération le haut du corps en avant et maintienne le talon plus bas que la pointe du pied.

Le canonnier passe au trot enlevé au commandement :

TROT ENLEVÉ.

Il reprend le trot assis au commandement :

TROT ASSIS.

### Préparation aux sauts d'obstacles.

**374.** Pour préparer les canonniers aux sauts d'obstacles qu'ils exécuteront ensuite dans le travail de carrière, disposer une barre dans le manège et la faire franchir isolément par chaque canonnier en la laissant d'abord reposer à terre, puis en la relevant progressivement.

### Exercices à distances fixes.

**375.** Pour faire passer les canonniers marchant sur tout le pourtour de la piste au travail à distances fixes, ou pour changer la distance entre les canonniers, l'instructeur commande :

*Sur le canonnier (un tel) à tant de mètres,*

EN REPRISE.

Le canonnier désigné s'arrête s'il n'est pas spécifié d'allure, ou prend l'allure indiquée par l'instructeur ; les autres canonniers se portent à la distance indiquée derrière le canonnier qui les précède ; ils ne changent pas d'allure, à moins que l'instructeur ne l'ordonne.

Quand l'instructeur veut revenir au travail à distances indéterminées, il commande :

TRAVAIL A DISTANCES INDÉTERMINÉES.

Les canonniers se répartissent d'eux-mêmes sur la piste en exécutant les doublers nécessaires, sans changer d'allure.

**376.** Les canonniers étant en reprise, au commandement :

EN CERCLE,

décrire, à la suite du conducteur de reprise, un cercle d'un diamètre égal au petit côté du manège. Maintenir son cheval sur le cercle en faisant usage des moyens prescrits pour le faire tourner (n° 357), continuer la marche circulaire jusqu'à ce que l'instructeur commande : MARCHEZ LARGE.

Au commandement :

MARCHEZ LARGE,

le conducteur de reprise redresse son cheval et reprend la piste. Les autres canonniers exécutent successivement le même mouvement.

Les canonniers marchant en cercle à main droite (gauche), pour leur faire tracer un nouveau cercle en changeant de main, l'instructeur commande :

CHANGEZ DE CERCLE.

A ce commandement, le conducteur marche quelques pas droit devant lui et décrit un nouveau cercle à gauche (ou à droite) entre les deux pistes ; tous les autres canonniers suivent le conducteur.

**377.** L'instructeur fait exécuter en reprise tous les mouvements individuels du travail en bridon en remplaçant le commandement préparatoire : *Individuellement* par le commandement : *Successivement*.


## § 2. — TRAVAIL DE CARRIÈRE.

**378.** Le travail de carrière s'exécute au champ de manœuvre et, au besoin, sur les routes. Les canonniers sont disposés soit en colonne par un, par deux ou par quatre, soit sur plusieurs lignes, soit en reprise sur de grands rectangles [1].

Les distances sont augmentées en raison des progrès des canonniers ; il en est de même des intervalles, lorsque les canonniers sont disposés sur plusieurs lignes. On place ainsi les canonniers dans l'obligation constante de régler l'allure de leur cheval dans des conditions de plus en plus difficiles.

Le travail par deux ou par quatre oblige les canonniers à conserver une allure réglée ainsi que des distances et des

---

1. Lorsque les canonniers sont disposés sur plusieurs lignes, ils peuvent être soit en file, soit en quinconces. Un instructeur adroit peut tirer un très bon parti de cette dernière disposition, qui a l'avantage de mettre immédiatement sous ses yeux l'ensemble des canonniers et dont l'emploi permet, par suite, de surveiller fructueusement un très grand nombre de canonniers à la fois. Quand on dispose les canonniers sur plusieurs lignes, l'intervalle doit toujours être supérieur d'une longueur de cheval (3 mètres) à la distance entre les lignes, afin que la formation reste toujours la même après un tourner. Lorsque l'instruction se donne sur des rectangles, ces rectangles doivent avoir au moins 200 mètres de longueur sur 100 mètres de largeur.

intervalles invariables (même le botte à botte) sans que les chevaux s'animent ni qu'ils tirent sur les rênes.

Outre la répétition des mouvements enseignés au travail de manège, le travail de carrière comporte des exercices de réglage d'allure exécutés d'abord à distances fixes derrière un guide, puis par deux ou par quatre le long d'une piste jalonnée ou sur une route kilométrée, ainsi que les exercices décrits ci-après.

**379.** L'instruction est, autant que possible, continuée en terrain varié, afin de montrer aux canonniers comment ils doivent conduire leurs chevaux dans les différentes circonstances qui peuvent se présenter. Enfin, il est bon de leur faire exécuter de longs parcours sur routes ; on applique alors, pour la conduite des colonnes, les prescriptions du service en campagne. Au travail de carrière, on emploie surtout le trot enlevé.

### Emploi de l'éperon.

**380.** Pour donner le coup d'éperon :
Tourner légèrement la pointe du pied en dehors, appliquer franchement l'éperon un peu en arrière des sangles en se liant des cuisses et des jambes, et rendre un peu la main.

### Sauts d'obstacles.

**381.** L'instructeur suit la progression suivante :
Saut sans étriers, puis avec étriers :
1º Isolément, en abandonnant les rênes, le cheval étant tenu à la longe par l'instructeur ;
2º Isolément, en tenant les rênes de bridon.

**382.** Pour le saut, l'instructeur peut disposer les canonniers de la manière suivante :
Les former sur un cercle au pas ou au trot et les envoyer successivement sauter par un, deux ou quatre.
Après le saut, former un nouveau cercle dans les mêmes conditions.
La position de ces deux cercles doit être suffisamment éloignée de la ligne des obstacles pour donner au canonnier le temps de préparer son cheval avant le saut et pour empêcher que les chevaux ne se jettent dans le cercle après l'obstacle.

### Travail individuel.

**383.** Les canonniers, étant formés sur un rang, sortent du rang d'après les principes prescrits au nº 359 et exécutent un parcours déterminé dont l'instructeur fixe les conditions d'après l'état de leur instruction.

L'instructeur leur fait, par exemple :

Parcourir une ligne droite à une allure donnée en se donnant un point de direction ; exécuter des mouvements donnés en un point déterminé (changer de direction, mettre pied à terre, sauter un obstacle, changer d'allure).

Le parcours achevé, les canonniers viennent reprendre leur place dans le rang, et reçoivent les observations de l'instructeur.

### Travail par quatre (ou par deux).

**384.** Les mouvements suivants ont pour but de donner à l'instructeur les moyens de former les canonniers en colonne et de les reformer en bataille pendant le travail de carrière.

Dans la formation en bataille sur deux rangs et dans la colonne par quatre[1] ou par deux, la distance entre les rangs est de 1 mètre, à moins que l'instructeur n'indique une distance plus grande par son commandement ; les chevaux du même rang sont à 75 centimètres l'un de l'autre.

L'instructeur désigne un guide et choisit à cet effet un canonnier montant un cheval calme et d'allures réglées.

Les canonniers sont formés sur un ou sur deux rangs, le guide à 1$^m$,50 devant le centre ; ils se comptent comme il est prescrit à l'instruction à pied.

**385.** Au commandement :

Par quatre,

le guide se porte à 1$^m$,50 devant les quatre canonniers de droite.

Au commandement :

Marche,

le guide se met en marche dans la direction et à l'allure indiquées ; il est suivi par la première fraction de quatre, qui marche à 1$^m$,50 derrière lui ; toutes les autres fractions de quatre se mettent successivement en marche, de manière à se trouver à 1 mètre de distance les unes des autres ou à la distance indiquée.

**386.** Les canonniers étant en colonne par quatre ou par deux, au commandement :

*En bataille* = Marche,

le guide se porte dans la direction indiquée ; il est suivi par la première fraction de quatre (deux) ; chacune des autres fractions de quatre (deux) oblique à gauche ou con-

---

1. Afin d'éviter les répétitions, ces mouvements sont expliqués par quatre. L'instructeur les fait exécuter par deux d'après les mêmes principes.

verse, de manière à venir s'établir à gauche de la fraction qui
la précède.

Au commandement :

HALTE,

le guide et la première fraction de quatre (deux) s'arrêtent ;
les autres fractions de quatre (deux) arrivent successivement
à hauteur de la première.

Les canonniers s'alignent à droite en maintenant leurs
chevaux droits et en conservant leurs intervalles de ce côté.
Le guide reprend sa place devant le centre du rang pendant
l'exécution du mouvement.

Si l'instructeur veut former les canonniers en bataille sur
un rang, il fait prendre, au préalable, à chacun des rangs de
quatre (deux) les distances nécessaires à la bonne exécution
du mouvement. S'il ne fait pas prendre de distances, la formation en bataille se fait toujours sur deux rangs.

## ARTICLE III

### TRAVAIL EN BRIDE

**387.** Le travail en bride se divise en *travail de manège*
et *travail de carrière*.

Les chevaux sont sellés et en bride.

### § 1<sup>er</sup>. — TRAVAIL DE MANÈGE.

**388.** Le canonnier amène son cheval sur le terrain en
tenant les rênes de filet comme il est prescrit pour celles du
bridon.

Il monte à cheval et met pied à terre en appliquant aux
rênes de bride ce qui a été dit pour celles du bridon ; dès
qu'il est à cheval, il prend les rênes et les tient comme il est
prescrit n° 389.

Après avoir mis pied à terre, et avant de conduire son
cheval à l'écurie, il décroche la gourmette.

### Tenue des rênes de bride et de filet.

**389.** Le canonnier tient les rênes de bride et de filet dans
la main gauche, les rênes de bride ajustées et séparées par
l'annulaire, les rênes de filet en dehors des rênes de bride, la
rêne gauche à pleine main, la rêne droite sous l'index, l'extrémité des rênes de bride et de filet sortant entre l'index et
le pouce, le pouce fermé sur la seconde jointure pour empêcher les rênes de glisser, le coude tombant naturellement,
la main gauche à hauteur du coude et dans le prolongement
de l'avant-bras, le pouce en dessus, le petit doigt un peu plus
près du corps que le pouce, la main droite tombant naturellement sur le côté.

**390.** Chaque fois que le canonnier a le libre usage de sa main droite, il doit toujours tenir les rênes dans les deux mains.

A cet effet, tenant les rênes dans la main gauche, ajuster les rênes du filet, saisir la rêne droite de filet à pleine main avec la main droite, l'extrémité sortant du côté du pouce, et la laisser glisser sous l'index de la main gauche, sans l'abandonner.

Placer les deux mains vis-à-vis l'une de l'autre et soutenues à hauteur des coudes, les ongles se faisant face.

Au commandement :

GARDE A VOUS,

le canonnier prend l'une ou l'autre des tenues de rênes décrites ci-dessus, suivant qu'il a ou qu'il n'a pas le libre usage de sa main droite.

**391.** Exceptionnellement, lorsque, pour la conduite du cheval, le canonnier a besoin d'agir avec plus de puissance, l'instructeur lui fait séparer les rênes. A cet effet :

Prendre une rêne de bride et une rêne de filet dans chaque main, les rênes de bride avec les trois premiers doigts, les rênes de filet à pleine main, les deux rênes sortant du côté du pouce, comme il est prescrit pour les rênes de bridon (no 316), les poignets à 15 centimètres l'un de l'autre.

**392.** L'instructeur peut aussi faire abandonner momentanément les rênes de bride ou de filet.

**393.** Les canonniers sont exercés à ces différentes tenues de rênes au moyen des indications :

PRENEZ VOS RÈNES DANS LA MAIN GAUCHE,

SÉPAREZ VOS RÈNES,

ABANDONNEZ VOS RÈNES DE BRIDE (OU DE FILET).

Lorsque le canonnier conduit son cheval avec le filet seul, il tient les rênes de filet comme il est prescrit pour les rênes de bridon ; les rênes de bride sont abandonnées sur l'encolure.

## Ajuster les rênes.

**394.** Le canonnier ajuste les rênes en montant à cheval et toutes les fois qu'il est nécessaire.

Pour ajuster les rênes, saisir les rênes de bride et de filet avec le pouce et le premier doigt de la main droite en arrière de la main gauche, les élever, entr'ouvrir les doigts de la main gauche, avancer un peu cette main vers l'encolure, puis la ramener vers le corps à la position prescrite, en sentant légèrement l'appui des mors de bride et de filet, et en ayant soin de tenir les jambes près pour contenir le cheval ; resserrer les doigts, fermer la main gauche et lâcher les rênes de la main droite. Le canonnier opère de la même manière pour raccourcir isolément l'une ou l'autre rêne, pour abandonner ou reprendre les rênes de bride ou de filet, et lorsque, ayant les quatre rênes dans la main gauche seule, il reprend la rêne droite de filet dans la main droite et inversement.

Ces mouvements doivent s'exécuter en déplaçant les mains le moins possible ; ils doivent être exécutés fréquemment, de manière que le canonnier devienne habile dans le maniement des rênes.

### De l'usage et de l'effet de la bride et du filet.

**395.** L'instructeur, pour enseigner au canonnier l'emploi des rênes de bride et de filet, lui montre successivement :

1º L'effet d'une rêne de bride et d'une rêne de filet ;

2º Les effets combinés des rênes de bride et de filet lorsqu'on tient la rêne droite de filet dans la main droite et lorsqu'on tient une rêne de bride ou de filet dans chaque main, en augmentant progressivement l'action des rênes de bride, jusqu'à la rendre prédominante ;

3º L'effet des rênes de bride seules, les quatre rênes étant tenues dans la main gauche seule.

### Répétition avec la bride du travail en bridon.

**396.** Le travail en bride comporte la répétition de tous les exercices exécutés par les canonniers pendant le travail en bridon.

L'instructeur se conforme aux mêmes règles pour donner la leçon, en tenant compte toutefois de la différence entre la puissance du mors de bride et celle du mors de bridon.

Les effets de la bride étant beaucoup plus accentués que ceux du bridon, l'instructeur doit amener graduellement les canonniers à faire usage de la bride seule, les quatre rênes étant tenues dans la main gauche seule (ce qui est le but du travail en bride), et leur prescrit, dans les premières leçons du travail en bride, de conduire leurs chevaux presque exclusivement sur le filet.

### § 2. — TRAVAIL DE CARRIÈRE.

**397.** Mêmes exercices que dans le travail de carrière en bridon.

## ARTICLE IV

### TRAVAIL EN ARMES

**398.** Le canonnier amène son cheval sur le terrain, le sabre placé à la selle.

L'instructeur fait répéter aux canonniers munis de leurs armes les différents exercices du travail en bride ; il veille à ce que le maniement des armes ne leur fasse pas perdre la régularité de la position.

Pour exécuter le maniement des armes de pied ferme, l'instructeur forme les canonniers sur un rang à 3 mètres l'un de l'autre.

Pour exécuter l'exercice du sabre en marchant, l'instructeur prend les dispositions prescrites au n° 378 et fait tracer une piste à 2 mètres du mur lorsque le travail s'exécute dans un manège. Les canonniers tiennent les jambes près et prennent un appui sur les étriers; leurs mouvements ne doivent modifier ni l'allure ni la direction du cheval.

### MANIEMENT ET EMPLOI DU SABRE

## Sabre à la main.

### (2 temps.)

**399.** Passer la main droite par-dessus les rênes; exécuter ce qui est prescrit à l'École du canonnier à pied, et reposer le poignet droit sur le haut de la cuisse :

> SABRE,
>
> MAIN.

## Remettre le sabre.

### (2 temps.)

**400.** Comme il est prescrit à l'École du canonnier à pied, en appuyant le dos de la lame à l'avant-bras gauche jusqu'à ce que la pointe soit engagée dans le fourreau :

> REMETTEZ,
>
> SABRE.

**401.** L'instructeur fait mettre le sabre à la main aux trois allures et remettre le sabre en marchant au pas seulement.

Il veille à ce que les canonniers, en exécutant ces mouvements, dérangent le moins possible la position de la main de la bride.

L'instructeur fait répéter, le sabre à la main, les exercices du travail en bride, en exigeant toujours la même régularité et en veillant à ce que les canonniers ne refusent point l'épaule droite.

Le canonnier qui a le sabre à la main peut momentanément s'aider de la main droite pour conduire son cheval, en ayant l'attention toutefois de maintenir la pointe du sabre élevée, afin de ne pas blesser ses voisins.

Les coups de pointe et les coups de sabre indiqués à l'École du canonnier à pied s'exécutent d'abord de pied ferme, puis en marchant aux trois allures.

A l'indication :

*Contre l'infanterie,*

les canonniers dirigent leurs coups de haut en bas.

L'instructeur s'assure que les canonniers ne tournent ou n'inclinent le corps qu'autant qu'il est nécessaire et qu'ils conservent toujours la main gauche au-dessus du pommeau de la selle.

### MANIEMENT DU REVOLVER

### Haut le revolver.

**402.** A l'indication :

*Haut le revolver,*

exécuter ce qui est prescrit à l'École du canonnier à pied, sauf qu'après avoir saisi l'arme, le canonnier allonge le bras droit en avant d'un mouvement brusque pour dérouler la lanière.

### Replacer le revolver.

**403.** A l'indication :

*Replacez le revolver,*

exécuter ce qui est prescrit à l'École du canonnier à pied, en laissant la lanière pendre en dehors de l'étui.

Ces mouvements sont d'abord exécutés de pied ferme, puis à toutes les allures.

Le chargement et le déchargement de l'arme s'exécutent de pied ferme, comme il est prescrit à l'instruction à pied. Le tir n'est exécuté à cheval qu'à une distance maximum de 3 mètres. Le mouvement du cheval ne permettant pas d'ajuster comme dans le tir à pied, le canonnier se contente de placer son revolver dans la direction de l'ennemi.

# CHAPITRE III

## ÉCOLE DU CANONNIER CONDUCTEUR

**404.** L'École du canonnier conducteur a pour objet :

1° D'habituer les conducteurs d'une même voiture à faire concorder les efforts de leurs attelages de manière à assurer, à toutes les allures, la traction régulière de la voiture dans une direction déterminée ;

2° D'enseigner aux canonniers conducteurs les mouvements individuels que les voitures ou les avant-trains peuvent avoir à exécuter dans la batterie.

L'instruction sur la traction des voitures est la partie la plus importante de l'École du canonnier conducteur. On ne doit passer aux mouvements que lorsque les canonniers connaissent et appliquent bien les principes du tirage en ligne droite, l'instructeur ne cessant d'ailleurs jamais de perfectionner leur instruction sur ce point.

Lorsqu'il est possible de confirmer l'instruction en terrain varié, on ne doit pas hésiter à le faire ; lorsque cela ne sera pas possible, on y remédiera dans une certaine mesure en établissant, sur les terrains de manœuvre, des pistes comprenant un certain nombre de fossés de divers profils et tracés dans différentes directions, ainsi que des levées de terre à pentes plus ou moins raides, analogues, par exemple, comme profil, à une route en remblai plus ou moins élevée par rapport au sol naturel.

Pendant les repos, l'instructeur interroge les canonniers pour s'assurer qu'ils se sont bien assimilé les principes de conduite des attelages et qu'ils ont bien compris l'exécution des mouvements.

L'instructeur doit toujours exiger que le harnachement soit parfaitement ajusté.

Il profite des repos pour faire replacer les parties qui se seraient dérangées pendant le travail et interroger les canonniers sur l'ajustage du harnachement.

## ARTICLE 1er

### INSTRUCTION PRÉPARATOIRE

***

### Amener les chevaux sur le terrain et les accoupler.

**405.** Le canonnier, placé entre ses deux chevaux, les fait sortir de l'écurie, les rênes du porteur passées sur l'encolure. Il tient les rênes du porteur de la main gauche, et de la main droite la longe du sous-verge repliée vers son milieu.

Si la porte de l'écurie est étroite, le canonnier met d'abord son porteur en mouvement et continue de tenir la longe du sous-verge avec la main droite, en la portant en arrière, afin de faire passer le sous-verge après le porteur.

Lorsqu'ils sont arrivés sur la place de rassemblement, les canonniers s'établissent sur un rang, en ayant soin de conserver 75 centimètres d'intervalle entre leur sous-verge et le porteur de leur voisin de droite.

Lorsqu'il a pris sa place dans le rang, chaque canonnier accouple ses chevaux ; à cet effet, il leur fait face, passe le bras droit entre les rênes du porteur, double la longe du sous-verge à 1 mètre environ du mors, engage de dessous en dessus, avec la main gauche, cette partie doublée dans la ganse d'accouple fixée à la selle, passe avec la main droite, dans la boucle ainsi formée, le bout libre ployé en ganse, et serre en tirant de la main gauche.

Puis il ajuste la rêne du sous-verge de façon que, le cheval ayant sa tête et son encolure dans la position normale permise par sa conformation, la rêne soit modérément tendue.

Il vérifie ensuite et rectifie au besoin l'ajustage du harnachement et se place à gauche de son porteur, comme il est prescrit à l'instruction à cheval.

**Nota.** — La règle donnée ci-dessus pour l'enrênement n'est pas absolue; l'encolure du sous-verge doit être maintenue si l'on veut pouvoir lui faire exécuter des mouvements précis; mais, si l'on veut que le cheval soit en mesure de développer toute sa force dans le tirage de la voiture, il faut laisser plus de liberté à l'encolure.

La règle indiquée concilie ces deux conditions d'une façon suffisante pour les manœuvres et les revues; mais en route et en terrain varié il faut diminuer l'enrênement.

### Monter à cheval.

**406.** Au commandement :

A CHEVAL,

le mouvement s'exécute comme il est prescrit à l'Ecole du canonnier à cheval.

Saisir le fouet de la main droite, engager le poignet droit dans le cordon, serrer le bouton coulant; saisir la longe du sous-verge avec la main droite, les ongles en dessous, les doigts fermés, le pouce allongé sur la longe, le bras allongé et légèrement détaché du corps, le manche du fouet dirigé en avant et à gauche, l'extrémité de la mèche dans la main droite. La longe doit être tenue à une distance du mors telle que le sous-verge puisse se tenir à hauteur du porteur, l'encolure et la tête directes, la longe très légèrement tendue.

Pour *ajuster les rênes*, abandonner la longe du sous-verge, ajuster les rênes comme il est prescrit à l'Ecole du canonnier à cheval, refermer la main gauche et ressaisir la longe avec la main droite.

### Mettre pied à terre.

**407.** Au commandement :

PIED A TERRE,

abandonner la longe du sous-verge, engager le manche du fouet dans l'anneau gauche du dessus de cou du porteur, le laisser glisser jusqu'à la virole, et mettre pied à terre, comme il est prescrit à l'Ecole du canonnier à cheval.

### Conduite de l'attelage.

**408.** Cette partie de l'instruction ne comporte que le nombre de séances nécessaire pour donner au canonnier une notion exacte des moyens de conduite de l'attelage.

La leçon est donnée individuellement; on peut se servir

pour cela des dispositions et des commandements en usage à l'École du canonnier à cheval.

Les principes de conduite du porteur sont les mêmes qu'à l'École du canonnier à cheval.

Pour la conduite du sous-verge, on se conforme aux principes ci-après :

La longe doit toujours être maniée sans brusquerie, de façon à ne pas affoler le cheval et à l'entretenir dans sa franchise.

Pour *se servir du fouet*, passer sans à-coup la longe dans la main gauche par-dessus les rênes, l'extrémité sortant du côté du petit doigt, en ayant soin de l'allonger suffisamment pour que le sous-verge puisse conserver l'encolure et la tête directes ; diriger sans brusquerie le fouet, par un large mouvement de bras, en arrière de la sellette, de façon à ne pas effrayer le sous-verge[1].

Pour *avertir le sous-verge*, exécuter ce qui est prescrit ci-dessus et lui faire au besoin sentir légèrement le fouet en arrière de la sellette pour le placer à hauteur du porteur.

Pour *faire marcher le sous-verge*, l'avertir, puis l'activer au besoin avec le fouet pour le porter en avant ; reprendre ensuite la longe dans la main droite.

Si le sous-verge tire trop fort, le calmer au besoin avec la longe par de légers temps d'arrêt, en rapprochant la main droite de l'encolure ; s'il reste en arrière, lui faire sentir légèrement le fouet sur la hanche droite ; s'il jette les épaules en dedans, lui faire sentir légèrement le manche du fouet sur la joue gauche, sans abandonner la longe ; s'il jette les hanches en dehors, opposer les épaules aux hanches en employant le même moyen ; si ce moyen ne suffit pas, lui faire sentir légèrement le fouet sur la hanche droite.

Pour *arrêter le sous-verge*, élever la main droite par degrés en la rapprochant le plus possible de l'encolure pour forcer le cheval à s'arrêter droit.

Pour *faire reculer le sous-verge*, appliquer les mêmes principes que pour l'arrêter, en observant, dès qu'il a obéi, de baisser et d'élever successivement la main pour rendre et arrêter.

Pour *tourner à gauche*, acheminer le porteur sur un quart de cercle de 4<sup>m</sup>,50 de rayon ; dans ce mouvement, la tête du sous-verge est attirée à gauche par la longe. Le sous-verge doit allonger l'allure ; s'il ne le fait pas de lui-même, se servir du fouet (le sous-verge parcourt ainsi un quart de cercle de 5<sup>m</sup>,50 de rayon).

Pour *tourner à droite*, acheminer le porteur sur un quart de cercle de 5<sup>m</sup>,50 de rayon en allongeant l'allure de façon que le sous-verge tourne en conservant le même degré de vitesse (le sous-verge converse alors sur un quart de cercle de 4<sup>m</sup>,50 de rayon).

---

1. Le canonnier doit, en principe, conserver la mèche du fouet dans la main droite.

### Disposition des attelages.

**409.** Au sortir de l'écurie, les canonniers se forment à pied, sur un rang, à 75 centimètres d'intervalle. Dans le groupe d'attelages destinés à une même voiture, l'attelage de devant est à droite.

L'instructeur ayant fait monter à cheval et fait, au besoin, avancer l'attelage de droite, au commandement :

*A droite* = ALIGNEMENT,

s'aligner d'après les principes prescrits à l'instruction à pied, les canonniers ayant soin de maintenir leurs chevaux droits et à leur intervalle, et replaçant la tête directe après s'être alignés.

### Rompre en colonne par attelage.

**410.** Au commandement :

*Par attelage* = MARCHE,

le canonnier placé à la droite du rang se porte en avant et prend la direction indiquée par l'instructeur ; les autres canonniers tournent successivement à droite, de manière à se placer à 1 mètre de tête à croupe.

### Entrer au parc.

**411.** L'instructeur dirige la colonne vers la gauche du parc ; lorsque la tête de colonne arrive à hauteur de la voiture de gauche, il commande :

*Pour atteler* = MARCHE.

Au commandement :

MARCHE,

le conducteur de devant du premier attelage se dirige de manière à longer les timons parallèlement à la ligne des voitures ; il est suivi de tous les autres canonniers. Arrivé à la distance convenable de la voiture qu'il doit atteler, il tourne à gauche et se prolonge dans la direction du timon. Les conducteurs du milieu et de derrière de sa voiture le suivent. Dès que l'attelage de derrière est redressé dans la direction du timon, les trois conducteurs s'arrêtent.

Les attelages des autres voitures continuent de marcher et chacun d'eux, par un mouvement semblable, se place dans le prolongement du timon de la voiture qu'il doit atteler.

## Atteler.

**412.** Au commandement :

ATTELEZ,

les conducteurs mettent pied à terre, puis font face à leurs chevaux. Chacun d'eux saisit de la main droite les rênes du porteur et de la main gauche la longe du sous-verge, près de l'anneau gauche du mors.

Le conducteur de derrière fait reculer ses chevaux de manière à pouvoir atteler aisément, déploie les branches de support, fixe les courroies d'agrafe du colleron aux anneaux coulants, en commençant par le porteur, et accroche les chaînes de bout de timon aux crochets de plate-longe, en suivant le même ordre ; il se porte ensuite derrière le sous-verge, détache les traits, les accroche par la première maille aux crochets d'attelage, en commençant par celui du dedans, reboucle la courroie trousse-traits, passe au pas de course derrière la voiture, relève la servante, détache les traits du porteur, les accroche par la dernière maille, en commençant par celui du dedans ; reboucle la courroie trousse-traits et se place à la gauche de son porteur.

Le conducteur du milieu fait reculer ses chevaux dès que les chaînes de bout de timon sont accrochées, se porte derrière le sous-verge, détache les traits, et, quand le sous-verge de derrière est attelé, il accroche les traits de son sous-verge aux crochets de tête de trait du sous-verge de derrière, en commençant par celui du dehors et en ayant soin de faire passer le trait intérieur par-dessus la chaîne de bout de timon ; il reboucle la courroie trousse-traits, détache les traits du porteur, les accroche aux crochets de tête de trait du porteur de derrière, en commençant par celui du dedans, qu'il a soin de faire passer par-dessus la chaîne de bout de timon, reboucle la courroie trousse-traits et se place à la gauche de son porteur.

Le conducteur de devant, dès que les chevaux du milieu sont attelés, attelle les siens en se conformant à ce qui vient d'être prescrit pour le conducteur du milieu.

Les voitures étant attelées et le moment étant venu de rompre le parc, on fait monter à cheval s'il y a lieu. L'instructeur examine si les traits ont la longueur prescrite, si toutes les parties du harnachement sont régulièrement placées et convenablement ajustées ; il fait rectifier tout ce qui est défectueux[1].

## Dételer.

**413.** Au commandement :

DÉTELEZ,

les conducteurs mettent pied à terre.

---

1. Cette prescription s'applique à tous les chefs de voitures ou commandants de corvée.

Le conducteur de devant se porte en avant de ses chevaux, leur faisant face, les fait reculer pour pouvoir dételer facilement, passe à la gauche de son porteur, décroche les traits en commençant par celui du dehors, les replie et les fixe ; il agit de la même manière pour dételer le sous-verge, en terminant toutefois par le trait du dehors, et revient, en passant derrière ses chevaux, se placer à la gauche de son porteur.

Le conducteur du milieu dételle en se conformant à ce qui vient d'être prescrit pour celui de devant.

Le conducteur de derrière se porte à la volée, abat la servante, décroche, replie et fixe les traits du porteur, passe au pas de course derrière la voiture, décroche, replie et fixe les traits du sous-verge, se porte en avant de ses chevaux, décroche les chaînes de bout de timon, en commençant par le sous-verge, déboucle les courroies d'agrafe en suivant le même ordre, réunit les branches de support en avant, les enveloppe d'un tour avec les chaînes de bout de timon et se place à la gauche de son porteur.

Les voitures étant dételées et le moment étant venu de sortir du parc, on fait monter à cheval s'il y a lieu.

### Sortir du parc.

**414.** Au commandement :

*Par attelage* = MARCHE,

les attelages de la voiture de droite se portent en avant pour dégager le timon. Le conducteur de devant prend ensuite la direction qui lui est indiquée. Il est suivi par les attelages du milieu et de derrière. Les attelages des autres voitures rompent successivement et prennent place dans la colonne.

### Former les attelages en bataille.

**415.** Les attelages étant en colonne, au commandement :

*En bataille* = MARCHE,

le premier conducteur tourne du côté indiqué par la place de l'instructeur, se porte droit devant lui, puis s'arrête au commandement :

HALTE.

Les autres conducteurs tournent successivement lorsqu'ils sont près d'arriver vis-à-vis de la place qu'ils doivent occuper dans le rang, à la gauche de l'attelage précédent.

En arrivant à hauteur de ce rang, ils s'arrêtent et s'alignent.

### Défiler.

**416.** L'instructeur ayant fait mettre pied à terre, au commandement :

*Par la droite (gauche)*
ou
*Par la droite et par la gauche*   } = DÉFILEZ,

décrocher la gourmette du porteur, faire face à ses chevaux, découpler et se placer entre ses chevaux comme pour les amener sur le terrain.

Au commandement :

MARCHE,

le conducteur de droite (gauche) ou les conducteurs de droite et de gauche déterminent leurs chevaux en avant, marchent quatre pas droit devant eux, tournent à droite ou à gauche, et se portent ensuite droit devant eux en tenant les mains hautes et fermes pour empêcher les chevaux de sauter. Chaque conducteur exécute successivement le même mouvement au moment où celui qui le précède commence à tourner.

## ARTICLE II

### PRINCIPES DE LA TRACTION DES VOITURES

**117.** Avant toute mise en mouvement d'une voiture, on *avertit* les chevaux et l'on fait tendre les traits, de manière que, pour chaque cheval, les anneaux doubles de longe de trait soient en contact avec les crochets de tête de trait, les longes de trait étant tendues et les chevaux dans la bricole. On opère ainsi à tout commandement préparatoire.

Le *travail de traction* de la voiture doit être également réparti entre les porteurs et les sous-verge, excepté dans les terrains très roulants, où l'on doit faire prédominer l'action des sous-verges et où les traits des porteurs peuvent être même complètement détendus.

Dans les descentes, les conducteurs du milieu et de devant, sans ralentir l'allure, font détendre légèrement les traits de façon que leurs chevaux cessent de tirer.

Le conducteur de derrière tient ses chevaux en main et retient la voiture, de façon à voir devant lui les traits flotter.

Lorsque la voiture est enrayée, l'enrayage doit être réglé de façon que tous les chevaux tirent modérément.

La *régularité de l'allure* est une condition indispensable pour assurer la bonne traction de la voiture et la conservation des chevaux, aussi bien que la bonne exécution des manœuvres.

Les vitesses réglementaires du pas, du trot et du galop sont celles qui sont indiquées à l'École du canonnier à cheval.

L'habitude de faire tirer les chevaux régulièrement et aux allures réglementaires ne peut être donnée aux conducteurs que par de longs parcours exécutés au pas et au trot sur des lignes droites. A cet effet, les voitures sont formées en colonne à 1 mètre au moins de distance ; un gradé se tient à côté et à gauche du conducteur de devant de la première voiture pour régler l'allure.

Lorsque les canonniers ont acquis l'habitude de faire tirer

leurs chevaux correctement et à une allure réglée on place les voitures de front, pour donner auxconducteurs l'habitu op de marcher droit dans une direction quelconque.

Cette instruction est combinée avec l'enseignement des mouvements et l'on s'attache en même temps à varier les points de direction de la marche.

Lorsque les voitures sont placées de front, l'intervalle entre deux voitures voisines doit être au moins de 13 mètres de moyeu à moyeu.

Tous les mouvements de l'article II, à l'exception de ceux qui se font au galop et de ceux qui comportent des passages d'obstacles, sont d'abord exécutés la voiture attelée à deux chevaux ; ils sont ensuite répétés la voiture attelée à six chevaux. Chaque conducteur est alors exercé à conduire de devant et du milieu.

### Marcher.

**418.** Au commandement :

*En avant* = MARCHE,

les conducteurs portent leurs chevaux en avant ensemble et en évitant les à-coups.

### Arrêter.

**419.** Au commandement :

*Canon (caisson)* = HALTE,

les conducteurs arrêtent progressivement leurs attelages ; le conducteur de derrière doit employer plus de force que les autres pour r'sister à l'impulsion de la voiture. Le mouvement terminé, les conducteurs font tendre les traits et les longes de trait.

### Changements d'allure.

**420.** Les changements d'allure sont exécutés aux commandements :

*Au trot,*
*Au galo p,*  } = MARCHE.
*Au pas,*

Pour partir au trot de pied ferme, on commande :

*En avant* = *Au trot* = MARCHE.

On peut également arrêter étant au trot.

Les changements d'allure doivent toujours être obtenus sans à-coup. Pour passer d'une allure lente à une allure rapide, le canonnier doit activer progressivement ses chevaux ; pour ralentir ou arrêter, il doit éteindre progressivement l'allure et persévérer dans l'emploi des aides jusqu'à ce que ses chevaux aient passé successivement par toutes les allures intermédiaires entre l'allure prescrite et l'immobilité.

Il résulte de là que l'espace qu'une voiture lancée à une allure rapide doit parcourir pour passer à une allure plus lente ou pour arrêter est d'autant plus grand que la vitesse à éteindre est plus considérable.

### Passer un fossé.

**421.** Autant que possible, on doit passer un fossé perpendiculairement à sa direction, de façon à y engager ensemble les deux roues d'un même train et conduire les chevaux de manière qu'ils franchissent l'obstacle sans le sauter.

Cependant, si les attelages sont trop faibles et le fossé trop profond, il est bon de couper l'obstacle obliquement en n'y faisant entrer les roues du même train que successivement.

### Passer une levée de terre.

**422.** Pour passer une levée de terre qui n'a pas plus de 2 à 3 mètres de hauteur et dont les pentes sont de raideur moyenne, il faut l'aborder franchement au trot et dans une direction perpendiculaire.

Il est indispensable, pour éviter les à-coups et les ruptures de traits, que chaque attelage conserve une allure régulière.

Les conducteurs de devant et du milieu doivent, en particulier, éviter de ralentir lorsqu'ils sont arrivés à la partie supérieure de la levée et d'allonger lorsqu'ils sont parvenus au bas de la pente.

### Mettre pied à terre en marchant.

**423.** Le conducteur abandonne les rênes, passe son fouet dans la main gauche et saute à terre en marchant comme il est prescrit à l'École du canonnier à cheval ; toutefois, il ne déchausse l'étrier gauche que lorsqu'il a passé la jambe droite par-dessus la croupe ; il marche ensuite à hauteur de son porteur qu'il tient par les rênes.

Lorsque l'ordre est donné de remonter à cheval, les conducteurs sautent ou montent à cheval en évitant de déplacer la selle.

Dans les montées longues et peu rapides, si l'on ordonne aux conducteurs de mettre pied à terre, le conducteur du milieu passe du côté droit de la voiture et active les sousverge du fouet.

On ne met jamais pied à terre dans les descentes, sauf dans le cas où il n'y a pas de servants auprès de la voiture et où le conducteur du milieu doit enrayer. Dans ce cas, le conducteur du milieu seul met pied à terre.

## ARTICLE III

### MOUVEMENTS DES VOITURES

**424.** Cette instruction, au moins dans les débuts, doit être donnée au plus petit nombre possible de voitures à la fois et, si on le peut, par voitures isolées.

Pour bien faire comprendre aux conducteurs l'exécution des mouvements, il est utile de leur en faire figurer le tracé à pied.

### A-gauche. — A-droite.

**425.** La voiture étant de pied ferme ou en marche, au commandement :

*A gauché (droite)* = MARCHE,

le conducteur de devant exécute un à-gauche et se porte ensuite droit devant lui dans la nouvelle direction. Les conducteurs du milieu et de derrière se portent droit devant eux et viennent tourner successivement sur le terrain où le conducteur de devant a tourné ; le conducteur de derrière active ses chevaux, principalement celui du dedans, de manière à réster maître du timon et à voir devant lui les traits légèrement détendus.

Les conducteurs de devant et du milieu ne font de nouveau tendre leurs traits que lorsque le conducteur de derrière est dans la nouvelle direction.

Si l'instructeur veut arrêter la voiture après le mouvement, il commande : HALTE, au moment où elle est redressée dans la nouvelle direction.

Lorsque l'on veut, dans les tournants, utiliser l'effort de six chevaux (montées, terrains mous), le conducteur de devant porte son attelage en avant et dépasse le terrain sur lequel doit tourner la voiture d'une quantité suffisante pour qu'en ramenant ensuite ses chevaux du côté voulu il entraîne l'attelage de derrière sur le chemin que doit parcourir ce dernier pendant la conversion.

### Oblique à gauche (droite).

**426.** Au commandement :

*Oblique à gauche (droite)* = MARCHE,

la voiture exécute la moitié d'un à-gauche (droite).

Au commandement :

En avant,

la voiture exécute le mouvement inverse et marche ensuite droit devant elle dans la direction primitive.

### Changement de direction.

**427.** Lorsque plusieurs voitures marchent en colonne, au commandement :

*Tournez à gauche (droite)* = Marche,

la première voiture tourne à gauche (droite) pour se porter dans la nouvelle direction.

Au commandement :

En avant,

elle marche droit devant elle ; les autres voitures viennent passer successivement sur le même terrain que la première.

Pour que ce mouvement soit possible, il est nécessaire que les chevaux de chaque voiture débordent en dehors de l'arrière-train de la voiture qui est devant eux au moment où ils commencent à tourner.

### Demi-tour à gauche (droite).

**428.** Au commandement :

*Demi-tour à gauche (droite)* = Marche,

la voiture exécute successivement deux à-gauche (droite).

### Reculer.

**429.** Les mouvements de *reculer* sont exécutés sur de simples indications.

Pour *reculer*, les conducteurs de devant et du milieu font détendre légèrement leurs traits ; le conducteur de derrière met ses chevaux dans les avaloires, puis les conducteurs font reculer leurs chevaux, le conducteur de derrière ayant soin d'employer plus de force que les deux autres et de jeter à chaque pas un coup d'œil en arrière pour voir si la voiture recule droit.

Si la voiture ne recule pas droit, le conducteur de derrière fait appuyer le timon du côté opposé à celui où la voiture recule.

Les conducteurs de devant et du milieu se conforment aux mouvements du conducteur de derrière de manière à ne le gêner en rien. Le mouvement terminé, les conducteurs font tendre les traits.

Pour *reculer à droite (gauche)*, le conducteur de derrière porte d'abord le timon du côté où doit reculer la voiture, sans avancer ni reculer ; il fixe les yeux sur la roue droite (gauche) de l'avant-train et fait ensuite reculer ses chevaux en ayant soin de reporter le timon à gauche (droite) après chaque pas, de manière que la roue de l'avant-train de ce côté reste toujours à la même distance de la flèche. Les conducteurs de devant et du milieu font détendre leurs traits ; ils s'attachent à ne gêner en rien le conducteur de derrière et se conforment à ses mouvements.

**430.** Le mouvement de reculer à droite ou à gauche peut être employé lorsqu'une voiture se trouve dans la nécessité de faire demi-tour dans un espace qui manque de largeur, par exemple dans une rue étroite.

Dans ce cas, après avoir obliqué à droite (gauche) jusqu'à ce qu'on soit à 2 mètres environ du mur, on recule à droite (gauche) jusqu'à ce que le derrière de la voiture touche le mur ; il devient alors facile de faire face en arrière.

### Amener l'avant-train face en avant.

**431.** L'instructeur fait séparer les trains et placer l'avant-train dans le prolongement et à 35 mètres de son arrière-train, lui faisant face du côté opposé à la flèche.

Au commandement :

*Face en avant, — Amenez l'avant-train* = MARCHE,

l'avant-train part au trot, oblique immédiatement à gauche, marche dans cette direction et se redresse comme s'il voulait dépasser l'arrière-train en le laissant à 6 mètres à sa droite. Il exécute ensuite en temps opportun un oblique à droite de façon que la roue droite vienne raser la crosse.

Lorsque cette roue a dépassé la crosse de 75 centimètres, le conducteur de derrière s'arrête et redresse l'avant-train en le faisant pivoter autour de la roue droite, de manière que la cheville-ouvrière soit près de la lunette. A cet effet, il fixe les yeux sur la roue droite et fait appuyer ses chevaux à gauche, en maintenant tendus les traits du sous-verge et en faisant reculer le porteur. Les conducteurs de devant et du milieu s'arrêtent en même temps que le conducteur de derrière et font détendre leurs traits ; ils se redressent ensuite et ne font tendre leurs traits de nouveau que lorsque le mouvement est terminé.

### Amener l'avant-train face en arrière.

**432.** L'instructeur fait séparer les deux trains et placer l'avant-train à 35 mètres dans le prolongement de son arrière-train, lui faisant face du côté de la flèche.

Au commandement :

*Face en arrière, — Amenez l'avant-train* = MARCHE,

l'avant-train part au trot, oblique immédiatement à droite, marche dans cette direction, puis se redresse comme s'il voulait passer à 6 mètres à droite de l'arrière-train. Le conducteur de devant exécute en temps opportun un à-gauche, de manière à venir raser la crosse, puis, après l'avoir dépassée d'environ 5 mètres, il exécute un deuxième à-gauche ; le conducteur du milieu et le conducteur de derrière passent sur le même terrain, ce dernier ayant soin de soutenir fortement ses chevaux à droite à la fin du mouvement, de façon que la roue droite vienne raser la crosse.

Lorsque la roue a dépassé la crosse d'environ 75 centimètres, le conducteur de derrière s'arrête et redresse l'avant-train en le faisant pivoter autour de la roue droite, de manière que la cheville-ouvrière soit près de la lunette. A cet effet, il fixe les yeux sur la roue droite et fait appuyer ses chevaux à gauche en maintenant tendus les traits du sous-verge et en faisant reculer le porteur.

Les conducteurs de devant et du milieu font détendre leurs traits au moment où ils commencent à tourner.

Ils s'arrêtent, puis se redressent en même temps que le conducteur de derrière et ne font tendre leurs traits à nouveau que lorsque le mouvement est terminé.

### Conduire un cheval en main.

**433.** Lorsque les conducteurs commencent à être confirmés dans l'exécution des mouvements d'avant-train, l'instructeur leur explique que, dans la mise en batterie de la batterie, les conducteurs du milieu et de devant des avant-trains sont, dans certains cas, chargés de conduire des chevaux de selle.

Il les exerce à prendre leur place de batterie et à amener les avant-trains face en avant ou face en arrière en tenant un cheval en main.

Le cheval est placé du côté du porteur, le conducteur le tient par la rêne droite du filet passée dans la main gauche sous les rênes du porteur, l'extrémité sortant du côté du pouce.

A cet effet, prendre momentanément les rênes du porteur dans la main droite, saisir la rêne droite du filet du cheval de selle à 40 centimètres de la bouche du cheval et reprendre les rênes du porteur.

En conduisant un cheval en main, le canonnier doit éviter toute action brusque de la main gauche, afin de ne pas le surprendre et de ne pas donner d'à-coup au porteur.

### Formation et rupture du parc.

**434.** Au début de l'instruction, le parc est rompu et formé sur de simples indications de l'instructeur. Ce n'est que lorsque les canonniers commencent à savoir conduire leurs voitures qu'on leur fait exécuter régulièrement les mouvements de rupture et de formation du parc. Le parc est formé sur une ou deux lignes.

## Rompre le parc.

**135.** Au commandement :

*Par pièce (par la gauche par pièce)* = Marche,

la voiture de droite (gauche) se porte droit devant elle et prend ensuite la direction indiquée par l'instructeur.

Elle est suivie par celle qui est immédiatement à sa gauche (droite) ; celle-ci tourne à droite (gauche) et marche dans cette nouvelle direction jusqu'à ce qu'elle rencontre la colonne, où elle prend place en tournant à gauche (droite). Elle règle son mouvement de façon à se placer à 1 mètre derrière la première voiture. Le même mouvement est exécuté successivement par toutes les voitures.

Lorsque le parc est formé sur deux lignes, les voitures de la deuxième ligne rompent pour prendre place dans la colonne suivant les indications de l'instructeur.

## Former le parc.

**136.** L'instructeur se porte de sa personne en avant du point où doit arriver la première voiture, place son cheval perpendiculairement à la direction dans laquelle il veut établir le front du parc et indique du geste la direction de ce front.

Au commandement :

*A tant de mètres, formez le parc* = Marche,

la première voiture se dirige vers l'instructeur en s'établissant dans la direction de son cheval. Les autres voitures se portent dans la direction indiquée par le geste de l'instructeur, de façon à gagner l'intervalle prescrit et à se redresser dans la direction voulue.

Au commandement :

Halte,

la première voiture s'arrête, les autres viennent se former successivement sur l'alignement des voitures déjà parquées.

Lorsque le parc doit être formé sur deux lignes, les voitures qui doivent se former en deuxième ligne viennent s'établir en file derrière les voitures du premier rang et s'arrêtent, la tête des chevaux de devant à 4 mètres de distance du derrière des voitures de la première ligne.

L'instructeur dirige le mouvement et fait arrêter la première voiture de la deuxième ligne en temps utile.

## Dispositions particulières.

**137.** Difficultés de terrain. — Si le terrain présente au départ des difficultés telles que sillons, marécages, ornières, etc., il faut diriger les chevaux obliquement afin de faciliter le mouvement des roues de devant et ensuite obliquer dans le sens opposé pour prendre la direction convenable.

Les conducteurs ne doivent pas s'arrêter si un trait vient à casser.

**438. Tournants difficiles.** — Dans un tournant difficile à gauche, il faut obliquer à droite le plus possible puis tourner à gauche de manière à passer le plus près possible de l'obstacle sans le toucher, et se prolonger ensuite vers la droite autant que le permet la largeur du chemin. Si ce mouvement est impossible, il faut séparer les deux trains et faire tourner à bras l'arrière-train.

**439. Changer une roue.** — a) *Enlever les roues du canon.* — Le canon étant en batterie, faire exécuter l'abatage, après avoir eu soin d'engager une cale entre la fourche et le manchon à coupelle du côté de la roue qu'on veut enlever.

En plaçant deux cales, une de chaque côté, on peut enlever les deux roues à la fois.

b) *Enlever les roues du caisson.* — Le caisson étant en batterie, le faire pivoter autour des butées de renversement jusqu'à ce que les roues soient soulevées et le maintenir dans cette position, en rapprochant la flèche du caisson; opérer avec beaucoup de précaution, pour ne pas provoquer un renversement complet du caisson.

c) *Changer une roue à toute voiture, autre que les canons et caissons du matériel de 75.* — Employer le cric porté par l'avant-train de la forge. A cet effet, soulever avec le cric l'essieu du côté de la roue à enlever, en interposant une cale en bois, s'il est nécessaire.

**440. Changer un timon.** — a) *Timon à douilles métalliques.* — Pour démonter un timon, enlever la clavette et introduire de champ entre les deux ergots en saillie une clef ou le fer d'un outil; faire effort pour séparer le corps de timon et le bout du timon.

Pour employer le timon de rechange, réunir entre elles ses deux pièces et y ajuster le bout du timon à remplacer.

b) *Timon en bois.* — Pour changer un timon, retirer la chevillette-clef et tirer sur le timon en maintenant la volée. Si le têtard, gonflé par l'humidité, se détache difficilement, essayer de le faire sortir en l'ébranlant et en le tirant à soi avec de petits mouvements latéraux. Si ce moyen ne suffit pas, desserrer avec la tête de la chevillette-clef de timon les écrous des boulons qui réunissent les brides à la fourchette.

Pour mettre le nouveau timon, l'enfoncer franchement d'un seul coup jusqu'à l'arrêtoir. Si le têtard, gonflé par l'humidité, est trop gros, enlever un peu de bois sur les côtés. S'il est au contraire trop petit, le renforcer avec une petite bande de bois, pour supprimer le jeu, qui amènerait sa rupture.

# TITRE V

## MANŒUVRE DES BATTERIES ATTELÉES

---

### CHAPITRE 1er

#### DISPOSITIONS GÉNÉRALES

---

### ARTICLE 1er

#### RÈGLES DU COMMANDEMENT DANS LES BATTERIES ATTELÉES

**441.** En principe, dans le groupe et dans la batterie, le chef est *guide de la troupe*. Chaque chef de sous-unité est guide de cette sous-unité.

Les guides des sous-unités sont liés au guide commun ; sous cette réserve, chaque sous-unité manœuvre comme si elle était isolée, en se réglant exclusivement sur son guide. La correction d'ensemble résulte de la régularité avec laquelle chaque sous-unité conserve son allure et sa direction et exécute ses mouvements.

**442.** La liaison du guide d'une sous-unité avec le guide commun disparaît momentanément lorsqu'un obstacle se présente devant le front de cette sous-unité. Son guide prend alors de sa propre initiative les dispositions nécessaires pour lui faire contourner ou passer l'obstacle et lui faire reprendre ensuite sa place le plus rapidement possible.

La liaison d'une troupe avec son guide disparaît aussi momentanément lorsque ce dernier juge utile de recouvrer l'indépendance de ses mouvements. Le soin de diriger la troupe incombe alors à l'un de ses subordonnés. Pour reprendre son indépendance, le guide lève le bras ou le sabre la pointe en l'air.

Pour confier momentanément la direction de la marche à l'un de ses subordonnés, il commande : *Dirigez*, et lui fait connaître au besoin le point de direction, soit du geste, soit par l'indication : *Direction : Tel objet*. Pour reprendre ses fonctions de guide, il reprend sa place, met son cheval dans la direction et à l'allure de la marche, lève le bras et commande : *Sur moi*.

Le subordonné qui peut être appelé à devenir guide a soin

de repérer soigneusement la direction de sa marche afin d'être toujours prêt à guider la troupe.

**443.** En principe, pour passer d'une formation à une autre, le guide reprend en temps opportun son indépendance, va se placer de manière à indiquer par sa direction et la position de son cheval l'emplacement et la direction de l'élément, base de la formation, et fait ses commandements. Il peut modifier au besoin, sans commandement, sa position et la direction de son cheval pendant l'exécution d'un mouvement.

Comme conséquence de ce principe, dans les ruptures, le guide d'une unité ou d'une sous-unité dirige l'élément qui prend la tête de colonne de sa troupe; dans les formations, il indique d'abord à la tête de sa colonne la direction à suivre, puis il va se placer.

**444.** *Les fonctions de guide et d'instructeur de détails sont incompatibles.* — Quand l'instruction n'est pas assez avancée pour que le chef de l'unité puisse se consacrer exclusivement à ses fonctions de guide, il se fait remplacer dans ses fonctions, soit en permanence, soit temporairement, par un de ses subordonnés auquel il donne ses instructions et auquel il prescrit les mouvements à commander; il peut alors s'occuper exclusivement de l'ensemble et des détails de la manœuvre.

## ARTICLE II

### MOYENS DE COMMANDEMENT

**445.** Les commandements se font au geste, à la voix, au moyen de sonneries, ou enfin par l'intermédiaire d'agents de liaison.

Ces divers moyens s'emploient, soit isolément, soit combinés les uns avec les autres. Avec une troupe instruite, le geste est employé de préférence à la voix; dans tous les cas, il accompagne les commandements à la voix.

Lorsqu'on emploie les sonneries, les commandements préparatoires sont remplacés par les sonneries correspondantes, le commandement d'exécution par la sonnerie : *Exécution*. Si l'on sonne trois fois : *Halte*, chacun s'arrête et garde l'immobilité quelle que soit sa position ; cette sonnerie est employée lorsque le commandant de la manœuvre juge nécessaire d'en suspendre l'exécution (par exemple, pour montrer une erreur commise).

A la sonnerie : *En avant*, on reprend l'exécution du mouvement.

### § 1ᵉʳ. — GESTES.

**446.** Les gestes sont, en général, combinés avec la direction et l'allure du cheval ; ils comprennent des gestes préparatoires et des gestes d'exécution. Les uns et les autres sont toujours précédés du geste : *Attention,* qui consiste à élever le bras verticalement.

### Gestes préparatoires.

*En avant.* — Placer son cheval dans la direction à suivre et indiquer le point de direction avec le bras étendu horizontalement.

*Arrêter.* — Le bras étant étendu verticalement, l'abaisser.

*Conversions.* — Étendre le bras horizontalement du côté de l'aile marchante et le ramener par un mouvement circulaire vers le nouveau point de direction.

*Demi-tour à droite (gauche).* — Le bras tendu verticalement, exécuter un moulinet du poignet. Étendre le bras horizontalement du côté du mouvement.

*Contre-marche.* — Exécuter un large moulinet de l'avant-bras, au-dessus de la tête.

*Serrer ou reprendre l'intervalle.* — Étendre le bras horizontalement en avant et l'agiter plusieurs fois de droite à gauche et réciproquement.

*En colonne par pièce doublée.* — Étendre le bras horizontalement à droite, ramener le poignet à l'épaule ; répéter plusieurs fois ce mouvement.

Pour former la colonne à gauche, faire les mouvements analogues avec le bras gauche.

*En bataille.* — Élever le bras tendu verticalement, l'incliner successivement plusieurs fois à droite et à gauche.

*Prendre le trot.* — Le bras demi-tendu, le poignet à hauteur de l'épaule, élever et abaisser plusieurs fois la main verticalement.

*Prendre le galop.* — Exécuter la rotation du bras d'avant en arrière.

*Passer au pas.* — Donner au bras tendu latéralement à hauteur de l'épaule un mouvement lent et alternatif de haut en bas et de bas en haut.

*En batterie.* — Placer l'avant-bras horizontalement au-dessus de la tête, la main à gauche.

### Gestes d'exécution.

*Marche.* — Le bras étant levé comme pour le geste : *Attention,* abaisser vivement le poignet à hauteur de l'épaule, le bras tendu horizontalement, et dans la direction de la marche ; mettre, quand il y a lieu, son cheval en mouvement dans la direction et à l'allure de la marche.

*Halte.* — Le bras étant tendu verticalement, l'abaisser la main en bas; arrêter son cheval.

Quand le commandant de la troupe a le sabre à la main, il imite avec le sabre les mouvements indiqués ci-dessus pour le bras.

Les chefs des unités subordonnées font, en temps utile, les gestes correspondant aux mouvements que doit exécuter leur unité.

## § 2. — LIAISONS.

**447.** Les liaisons à établir et les conditions dans lesquelles elles doivent être établies sont fixées par le Règlement; chacune d'elles est assurée par un officier ou par un gradé, suivant le cas. Les règles en sont exposées plus loin (Titre V, chapitre III).

## ARTICLE III

### ALLURES.

**448.** Les allures réglementaires indiquées à l'instruction à cheval sont seules employées pour les manœuvres des batteries attelées. Il n'est fait d'exception à cette règle que pour les conversions, comme il est prescrit nos 476 et 498.

Dans l'exécution de tout mouvement ne comportant pas de changement de formation, lorsque le commandement n'indique pas d'allures, le mouvement se fait au pas, si la troupe était de pied ferme; à l'allure de la marche, si elle était en marche.

Quand le mouvement doit se faire au trot en partant de pied ferme, ou en doublant l'allure en partant du pas ou du trot, on fait suivre le commandement préparatoire du commandement : *Au trot* ou *Au galop.*

Dans les déploiements, les ruptures et les modifications d'intervalle, chaque sous-élément prend, à l'indication de son chef, l'allure qui permet de terminer le mouvement le plus rapidement possible. Le commandement du capitaine indique, s'il y a lieu, l'allure de l'élément de tête.

Les batteries montées n'emploient l'allure du galop qu'à titre d'exception et sur des terrains particulièrement favorables.

## ARTICLE IV

### MÉTHODE GÉNÉRALE D'ENSEIGNEMENT

**449.** Le but à atteindre dans les manœuvres de la batterie et du groupe est d'obtenir la correction et la souplesse. Lorsque l'instruction de détail des hommes de troupe est convenablement assurée, ces qualités dépendent surtout du degré d'instruction des officiers et des gradés.

Pour assurer cette instruction dans le minimum de temps possible, les cadres doivent, en principe, être exercés d'abord à manœuvrer sans voiture.

Ces exercices de cadres, exécutés avec soin, sont féconds en résultats et permettent de gagner beaucoup de temps dans les exercices avec matériel.

Leur but principal est de confirmer les gradés dans le réglage des allures, dans le maintien rigoureux de la direction et des intervalles, et de les familiariser avec le mécanisme des ruptures et des déploiements.

Que l'instruction soit donnée avec ou sans matériel, il faut, pour qu'elle soit fructueuse, s'attacher, toutes les fois que le terrain le permet, à faire marcher longtemps la troupe dans chacune des formations réglementaires et à orienter dans une direction quelconque les marches, les ruptures et les déploiements. L'obligation pour tout le personnel de fixer son attention sur le guide, sous peine de perdre la direction, place bien chacun dans la dépendance de son chef immédiat et fortifie les liens hiérarchiques.

# CHAPITRE II

## ÉCOLE DE BATTERIE

---

### ARTICLE Ier

#### PRESCRIPTIONS GÉNÉRALES

---

§ 1er. — ORGANISATION INTÉRIEURE DE LA BATTERIE DE GUERRE.

**450.** Le personnel de la batterie est réparti en *9 pelotons de pièce*. Chaque pièce est commandée par un MARÉCHAL DES LOGIS, assisté de un ou de deux BRIGADIERS.

Chacune des quatre premières pièces attelle un canon et un caisson.

La 5e pièce attelle 2 caissons.

La 6e pièce attelle 3 caissons.

La 7e pièce attelle 3 caissons.

La 8e pièce attelle la forge et le chariot de batterie.

La 9e pièce attelle le train régimentaire, qui comprend le chariot-fourragère et les fourgons à vivres (3 pour les batteries montées, 4 pour les batteries à cheval de l'artillerie de corps).

Les 9 pièces sont groupées en *4 sections*.

Les 4 premières pièces forment 2 sections similaires, commandées en principe chacune par un lieutenant ou sous-lieutenant de l'armée active.

Les 5e et 6e pièces forment une 3e section commandée par l'adjudant; enfin les 7e, 8e et 9e pièces forment une quatrième section commandée habituellement par un lieutenant ou sous-lieutenant de réserve.

Les tableaux ci-après font connaître la répartition d'une batterie entre ses différentes pièces.

## BATTERIE MONTÉE.

OFFICIERS : *1 capitaine, 3 lieutenants ou sous-lieutenants* (1).
VOITURES : *22, dont 19 attelées à 6 chevaux et 3 attelées à 2.*

| DÉSIGNATION DU PERSONNEL. | NUMÉROS DES PIÈCES. | | | | | | | | | TOTAUX. |
|---|---|---|---|---|---|---|---|---|---|---|
| | 1. | 2. | 3. | 4. | 5. | 6. | 7. | 8. | 9. | |
| Adjudant | » | » | » | » | » | 1 | » | » | » | 1 |
| Maréchal des logis chef | 1 | » | » | » | » | » | » | » | » | 1 |
| Maréchaux des logis | 1 | 1 | 2[2] | 1 | 1[1] | 1 | 1 | 1 | 2[4] | 11 |
| Sous-chef mécanicien | » | » | » | » | 1 | » | » | » | » | 1 |
| Maréchal des logis fourrier | » | » | » | » | » | » | 1 | » | » | 1 |
| Brigadier fourrier | » | 1 | » | » | » | » | » | » | » | 1 |
| Brigadiers | 1 | 1 | 1 | 1 | 1 | 1 | 1 | 1 | 2 | 10 |
| Brigadier maréchal | » | » | » | » | » | » | » | 1 | » | 1 |
| Trompettes | 1 | » | » | » | » | 1[3] | 1 | » | » | 3 |
| Ouvriers en fer (mécaniciens) | » | » | » | » | 2[5] | 1 | » | » | » | 3 |
| Ouvrier en bois | » | » | » | » | » | » | » | 1 | » | 1 |
| Bourreliers | » | » | » | » | » | » | 1 | » | 1 | 2 |
| Aides-maréchaux { montés | » | » | » | 1 | » | » | » | » | » | 1 |
| Aides-maréchaux { non montés | » | » | » | » | » | » | » | 1[6] | 1 | 2 |
| Infirmiers | » | » | » | » | » | » | 1 | » | » | 1 |
| Brancardiers | » | » | » | » | » | » | 4 | » | » | 4 |
| Servants | 5 | 5 | 5 | 5 | 3 | 7 | 1 | 1 | 12 | 44 |
| Conducteurs { montés | 6[7] | 6[7] | 6[7] | 6[7] | 6[8] | 9 | 9 | 12 | 6 | 66 |
| Conducteurs { non montés | 1 | 1 | 1 | 1 | 1 | 1 | 1 | 4[6] | 5 | 16 |
| TOTAUX (hommes) | 16 | 15 | 15 | 15 | 15 | 22 | 22 | 21 | 29 | 170 |
| Chevaux { d'officiers | 2 | 1 | 1 | » | » | » | 1 | » | » | 5 |
| Chevaux { de selle | 4 | 3 | 3 | 3 | 3 | 4 | 4 | 3 | 4 | 31 |
| Chevaux { d'attelage | 12 | 12 | 12 | 12 | 12 | 18 | 18 | 24[10] | 12 | 132 |
| TOTAUX (chevaux) | 18 | 16 | 16 | 15 | 15 | 22 | 23 | 27 | 16 | 168 |

(1) Dont 1 de réserve, qui peut être remplacé par un adjudant de réserve.
(2) Dont 1 maréchal des logis agent de liaison du chef d'escadron.
(3) Éclaireur.
(4) Dont 1 adjoint à l'officier d'approvisionnement.
(5) Dont 1 maître ouvrier.
(6) Dans les batteries montées de l'artillerie de corps, il n'y a pas d'aide-maréchal ferrant à la 8e pièce; mais le nombre des conducteurs non montés est de 18, dont 5 à ladite pièce.
(7) Dont 1 maître pointeur.
(8) Dont 1 observateur à la lunette.
(9) Ordonnances d'officier.
(10) Dont 6 attelages haut le pied.

## BATTERIE A CHEVAL.

---

OFFICIERS : *1 capitaine, 3 lieutenants ou sous-lieutenants* [1].

VOITURES : *23, dont 19 attelées à 6 chevaux et 4 attelées à 2.*

| DÉSIGNATION DU PERSONNEL. | NUMÉROS DES PIÈCES. | | | | | | | | | TOTAUX. |
|---|---|---|---|---|---|---|---|---|---|---|
| | 1. | 2. | 3. | 4. | 5. | 6. | 7. | 8. | 9. | |
| Adjudant. | » | » | » | » | » | 1 | » | » | » | 1 |
| Maréchal des logis chef. | 1 | » | » | » | » | » | » | » | » | 1 |
| Maréchaux des logis | 1 | 1 | 2 [2] | 1 | 1 [3] | 1 | 1 | 1 | 2 [4] | 11 |
| Sous-chef mécanicien. | » | » | » | » | 1 | » | » | » | » | 1 |
| Maréchal des logis fourrier. | » | » | » | » | » | » | 1 | » | » | 1 |
| Brigadier fourrier. | » | 1 | » | » | » | » | » | » | » | 1 |
| Brigadiers | 1 | 1 | 1 | 1 | 1 | 1 | 1 [3] | 1 | 2 | 10 |
| Brigadier maréchal. | » | » | » | » | » | » | » | 1 | » | 1 |
| Trompettes. | 1 | » | » | » | » | 1 [3] | 1 | » | » | 3 |
| Ouvriers en fer, mécaniciens. | » | » | » | » | 2 [5] | 1 | » | » | » | 3 |
| Ouvriers en bois | » | » | » | » | » | » | » | 1 | » | 1 |
| Bourreliers. | » | » | » | » | » | 2 | » | » | » | 2 |
| Aides-maréchaux { montés. | » | » | » | 1 | » | » | » | » | » | 1 |
| Aides-maréchaux { non montés. | » | » | » | » | » | » | » | » | 1 | 1 |
| Infirmier. | » | » | » | » | » | » | 1 | » | » | 1 |
| Servants { montés. | 8 [6] | 8 [6] | 8 [6] | 8 [6] | 6 [7] | » | » | » | » | 38 |
| Servants { non montés. | » | » | » | » | » | 2 | 3 | 1 | » | 6 |
| Conducteurs { montés. | 6 | 6 | 6 | 6 | 6 | 9 | 9 | 12 | 7 | 67 |
| Conducteurs { non montés. | » | » | » | » | » | 4 | 5 | 4 [8] | 7 | 20 |
| TOTAUX (hommes). | 18 | 17 | 17 | 17 | 17 | 22 | 22 | 21 | 19 | 170 |
| Chevaux { d'officiers. | 2 | 1 | 1 | » | » | » | 1 | » | » | 5 |
| Chevaux { de selle. | 12 | 11 | 11 | 11 | 11 | 4 | 4 | 3 | 4 | 71 |
| Chevaux { d'attelage. | 12 | 12 | 12 | 12 | 12 | 18 | 18 | 24 [9] | 14 | 134 |
| TOTAUX (chevaux). | 26 | 24 | 24 | 23 | 23 | 22 | 23 | 27 | 18 | 210 |

(1) Dont 1 de réserve, qui peut être remplacé par un adjudant de réserve.
(2) Dont 1 maréchal des logis agent de liaison du chef d'escadron.
(3) Éclaireur.
(4) Dont 1 adjoint à l'officier d'approvisionnement.
(5) Ouvriers montés, dont 1 maître ouvrier.
(6) Dont 1 maître pointeur.
(7) Dont 1 observateur à la lunette.
(8) Ordonnances d'officier.
(9) Dont 6 attelages haut le pied.

## § 2. — FRACTIONNEMENT DE MARCHE ET DE COMBAT.

**451.** Pour les marches et le combat, la batterie se fractionne en *batterie de combat* et en *train régimentaire*.

La batterie de combat est constituée par les huit premières pièces ; elle peut tout entière marcher à toutes les allures.

Le train régimentaire est constitué par la 9e pièce ; il est commandé par le maréchal des logis d'approvisionnement.

Dans les marches et sur le champ de bataille, la batterie de combat se fractionne en *batterie de tir* et *échelon de combat*.

La batterie de tir est constituée par les cinq premières pièces. La 5e pièce constitue un premier échelon de ravitaillement sous le nom de *caissons de premier ravitaillement*. Le trompette de la batterie de tir est porteur du télémètre.

L'échelon de combat est commandé habituellement par un officier de réserve ayant sous ses ordres l'adjudant[1]. Il comprend les 6e, 7e et 8e pièces.

### § 3. — FORMATIONS DE RASSEMBLEMENT.

**452.** Les formations de rassemblement dépendent essentiellement du terrain dont on dispose. Les types ci-dessous ne sont donnés qu'à titre d'exemple ; on s'en rapprochera plus ou moins suivant les circonstances.

### Rassemblement sans matériel[2].

**453.** Rassemblement de la pièce. — Dans chacune des 4 premières pièces, les servants sont formés comme il est dit au Titre III (no 208).

*Dans chacune des 4 premières pièces, les servants à cheval sont formés dans l'ordre suivant, de la droite à la gauche :*

*1er rang (servants du caisson).*     *2e rang (servants du canon).*

| | |
|---|---|
| *1er pourvoyeur* | *Pointeur* |
| *Déboucheur* | *Chargeur* |
| *Garde-chevaux* | *Garde-chevaux* |
| *2e pourvoyeur* | *Tireur* |

*Le déboucheur est guide du peloton de chevaux.*

Les attelages sont placés en 2e ligne, la droite à hauteur de la droite de la ligne des servants.

Ils sont disposés sur un rang, l'attelage du canon à gauche de celui du caisson.

Dans les 5e, 6e et 7e pièces, la disposition générale des hommes à pied et des attelages est semblable à celle prescrite pour les 4 premières pièces. Dans la 8e pièce, les attelages sont dans l'ordre suivant : chariot de batterie, forge, attelages haut le pied.

---

1. Les fonctions assignées à l'adjudant à la manœuvre et au tir peuvent être exercées par le maréchal des logis chef, et réciproquement, si le capitaine le juge utile.

2. Les indications spéciales aux batteries à cheval sont portées en italique.

Les chefs de pièce sont à 1m,50 en avant de la droite des attelages de leur pièce, les brigadiers à côté du conducteur de devant de leur voiture.

Dans la 4e pièce, l'aide-maréchal monté se tient, en toutes circonstances, à côté du conducteur du milieu du caisson.

**454.** Rassemblement de la section. — Le personnel de chaque pièce est rassemblé comme il est prescrit n° 453 ; les deux pièces sont accolées à 2 mètres d'intervalle, mesurés sur la deuxième ligne.

Le chef de section est sur l'alignement des chefs de pièce, au milieu de l'intervalle qui les sépare.

Le maréchal des logis chef, le deuxième maréchal des logis de la 3e pièce, le sous-chef mécanicien et le maréchal des logis fourrier se placent respectivement à hauteur des chefs des 1re, 3e, 5e et 7e pièces et en avant de la gauche des attelages de ces pièces.

**455.** Rassemblement de la batterie de combat. — Dans le cas où le capitaine veut exécuter le rassemblement général de sa batterie de combat, il la dispose conformément à la figure ci-après :

## LÉGENDE.

Distance entre les hommes à pied et les attelages : 10 mètres.

A 5 mètres à droite du 1er rang, le capitaine ; derrière le capitaine, le brigadier fourrier ; derrière le brigadier fourrier, les trois trompettes.

B. F. Brigadier fourrier.
T. Trompettes.
A. Aide-maréchal ferrant.
B. M. Brigadier maréchal ferrant.
c. 2e cheval du capitaine.

a. Attelages haut le pied.
1. Maréchal des logis chef.
2. 2e maréchal des logis de la 3e pièce.
3. Sous-chef mécanicien.
4. Maréchal des logis fourrier.

Capitaine.    Chef de section.    Chef de pièce.

*Rassemblement sans matériel*
*de la batterie de combat (batterie montée).*

**456.** Rassemblement du train régimentaire. — Le train régimentaire se rassemble d'après les principes exposés ci-dessus pour la pièce.

## Rassemblement au parc.

**457.** Le *parc de la batterie de tir* est formé par pièces accolées, à intervalle variable [1], sur deux rangs distants de dix mètres, comptés du derrière des voitures du premier rang au bout du timon des voitures du deuxième rang. Dans les 4 premières pièces, les caissons sont en première ligne.

Le *parc de l'échelon* est formé de même et placé, suivant le terrain dont on dispose, soit à gauche et à hauteur de celui de la batterie de tir, soit derrière celle-ci, et à 10 mètres de distance, mesurés comme il est dit ci-dessus.

Le *parc du train régimentaire* est placé, s'il y a lieu et selon le terrain, soit à gauche de l'échelon, soit derrière lui.

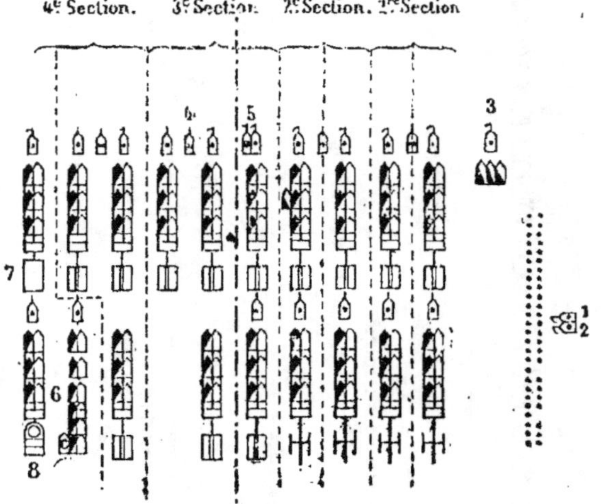


### LÉGENDE.

Les hommes à pied sont à la droite de la batterie, à 10 mètres des voitures ; à 1ᵐ,50 derrière eux, le maréchal des logis chef et le maréchal des logis fourrier.

1. Maréchal des logis chef.
2. Maréchal des logis fourrier.
3. Brigadier fourrier.
4. Adjudant.
5. Sous-chef mécanicien.
6. Attelages haut le pied.
7. Chariot de batterie.
8. Forge.

c 2ᵉ cheval du capitaine.

*Rassemblement au parc
de la batterie de combat (batterie montée).*

---

1. Autant que possible 3 mètres.

## Entrer au parc et en sortir.

**458.** La batterie se rend et entre au parc, ou en sort, par pièce, par section, ou par batterie, suivant les ordres donnés par le capitaine, de manière à éviter tout croisement et tout désordre.

Les attelages étant entrés au parc et placés conformément aux indications de la figure ci-dessus, les officiers et les gradés se placent à 1ᵐ,50 en avant des attelages de devant.

Le maréchal des logis chef, aidé du maréchal des logis fourrier, rassemble les hommes à pied sur l'emplacement désigné par le capitaine. Il se place en serre-file, le maréchal des logis fourrier à sa gauche.

*Le maréchal des logis chef rassemble les servants à cheval sur l'emplacement désigné par le capitaine.*

*Le maréchal des logis fourrier rassemble les hommes non montés sur deux rangs, à la gauche des servants à cheval. Il se place en serre-file.*

Lorsque les rassemblements peuvent être faits à proximité du parc, on peut y entrer et en sortir sans monter à cheval.

## Atteler. — Dételer. — Aux attelages.

**459.** Les voitures sont attelées et dételées comme il est dit à l'École du canonnier conducteur.

Les chefs de section et les chefs de voiture font demi-tour à gauche sur les épaules pour surveiller l'opération ; puis, quand elle est achevée, ils se replacent face en avant par un demi-tour à droite. Le capitaine se place à 10 mètres en avant du centre de la batterie, face en avant.

Les servants sont exercés à aider les conducteurs à atteler ; à cet effet, à l'indication : *Aux attelages,* les servants vont atteler les sous-verge de la voiture sur laquelle ils doivent monter.

Les servants du premier rang vont atteler les sous-verge du caisson ; ceux du deuxième rang, les sous-verge du canon.

L'opération terminée, les conducteurs vérifient la façon dont les chevaux sont attelés, et les servants sont rassemblés.

## Dispositions à prendre en ce qui concerne les hommes non montés.

**460.** Suivant les circonstances, le capitaine peut faire marcher à pied les hommes non montés, ou les faire monter sur les coffres.

Lorsque les hommes non montés doivent marcher à pied, ils sont fractionnés en deux colonnes : la 1ʳᵉ, sous le commandement du maréchal des logis chef, comprend les hommes de la batterie de tir ; la 2ᵉ, sous le commandement du maréchal des logis fourrier, comprend les hommes de l'échelon de combat. Chacune d'elles marche en tête de la fraction correspondante de la batterie [1].

Si les canonniers doivent monter sur les coffres, ils s'y portent au commandement :

*Canonniers* = MONTÉZ.

A ce commandement, ils prennent le pas gymnastique, mettent, s'il y a lieu, l'arme à la grenadière, sans engager le bras droit entre le mousqueton et la bretelle et vont occuper sur les coffres les postes qui leur sont assignés. Dès qu'ils sont assis, ils mettent la crosse du mousqueton entre leurs cuisses, l'arme suspendue au cou par la bretelle ; les servants, placés à droite et à gauche, saisissent de la main extérieure la poignée du coffre, et de la main intérieure le mousqueton près du levier ; celui qui est au milieu tient son mousqueton de la main gauche, près du levier, et passe le bras droit dans le bras gauche de son voisin de droite de dessous en dessus.

. Les hommes à pied montent sur les coffres des voitures de leur pièce, les servants des quatre premières pièces dans le même ordre qu'au rassemblement.

. Les canonniers descendent des coffres au commandement :

*Canonniers* = DESCENDEZ.

A ce commandement, ils sautent vivement à terre et se rassemblent, suivant la pièce à laquelle ils appartiennent, sous la direction du maréchal des logis chef ou du maréchal des logis fourrier, qui se conforment aux ordres que leur donne le capitaine.

### Rupture et formation du parc.

**461.** Le parc est rompu et formé suivant les principes prescrits à l'École du canonnier conducteur et aux mêmes commandements.

Dans la formation du parc, les différents éléments prennent, en principe, les mêmes places qu'avant la rupture.

### § 4. — DISPOSITIONS RELATIVES A L'INSTRUCTION.

**462.** L'instruction fondamentale de la batterie attelée réside dans l'étude des manœuvres de la batterie de tir. Celle-ci a pour base l'École de la pièce attelée, qui fait suite aux leçons de l'École du canonnier conducteur.

L'École de la batterie attelée sera d'autant plus vite apprise, que l'instruction de la pièce aura été plus soignée.

Avant d'aborder l'École de la batterie de tir, on exécutera des manœuvres de la section attelée, considérée comme batterie de deux pièces.

---

1. Quand on prévoit un prochain déplacement au trot, si une surprise est à redouter ou si les difficultés de la route l'exigent, les hommes à pied accompagnent la voiture sur laquelle ils doivent monter, et marchent du côté le plus favorable pour la marche, en file les uns derrière les autres.

# ARTICLE II

## ÉCOLE DE LA PIÈCE ATTELÉE

### § 1er. — PRESCRIPTIONS GÉNÉRALES.

**463.** La pièce se compose de la voiture *canon* et de la voiture *caisson*, attelées à six chevaux.

Elle est commandée par un maréchal des logis, chef de pièce, ayant sous ses ordres un brigadier.

Elle est servie par six servants conformément aux prescriptions du Titre III.

Le chef de pièce dirige personnellement la voiture de tête ; le brigadier dirige l'autre voiture.

*Dans les batteries à cheval, les servants de chaque pièce marchent habituellement réunis ; quand, exceptionnellement, une voiture est obligée de s'arrêter, le rang des servants appartenant à cette voiture s'arrête avec elle.*

### But à atteindre.

**464.** L'école de la pièce attelée a pour but la préparation de la pièce à son rôle dans la batterie.

Le chef de pièce doit tendre à faire de sa pièce, par l'étude précise des mécanismes de manœuvre, un instrument souple et mobile, prêt à être utilisé dans toutes les circonstances.

### § 2. — DESCRIPTION DES FORMATIONS.

### Ordre en colonne.

**465.** Les voitures sont placées l'une derrière l'autre, le caisson en tête.

En principe, les servants sont montés sur les coffres.

*Le peloton de servants, formé sur deux rangs, marche toujours derrière le canon.*

La distance entre les différents éléments est de 1 mètre ; le conducteur de devant du caisson est à côté du chef de pièce, le conducteur de devant du canon est à côté du brigadier.

### Ordre par pièce doublée.

**466.** Le canon et le caisson sont à la même hauteur, à 1m,50 d'intervalle, le caisson à gauche [1].

---

[1]. Exceptionnellement, et dans le cas seulement où la pièce prend l'ordre doublé pour se mettre en batterie face en arrière, le canon se place à la gauche du caisson.

Le chef de pièce et le brigadier dirigent respectivement les voitures qu'ils commandaient avant la formation.

Le chef de pièce reste guide.

*Le peloton de servants marche derrière le centre de la pièce et à 1 mètre de distance.*

### Ordre en batterie.

**467**. La pièce est formée sur deux lignes.
*La pièce est formée sur trois lignes.*

**1re ligne.** — Les arrière-trains des deux voitures sont disposés pour le tir, le chef de pièce et les servants à leurs postes, comme il est dit au Titre III.

**2e ligne.** — Les avant-trains des deux voitures face en avant, l'avant-train du caisson dans le prolongement de son arrière-train, l'avant-train du canon à 1<sup>m</sup>,50 à sa droite, la tête des chevaux de devant à 35 mètres de la bêche de crosse.

Le brigadier à gauche du conducteur de devant de l'avant-train du caisson. Le cheval du chef de pièce aux mains du conducteur du milieu du caisson ; le cheval du brigadier (dans le cas où il met pied à terre) aux mains du conducteur du milieu du canon.

**3e ligne.** — *Le peloton de chevaux sur deux rangs distants de 1 mètre, face en avant, derrière les avant-trains, l'axe du peloton derrière le centre des deux avant-trains, la tête des chevaux du premier rang à 1 mètre des coffres.*

### § 3. — ALIGNEMENTS.

**468**. L'alignement de la pièce en colonne (ou par pièce doublée) a pour objet de la disposer de telle façon que les deux voitures soient placées correctement, comme il est prescrit dans l'ordre en colonne (ou par pièce doublée).

**469**. Pour faire aligner la pièce attelée, l'instructeur fait porter le chef de pièce droit devant lui, puis il commande :

*Alignement* = FIXE.

Au commandement : *Alignement*, les voitures se mettent en mouvement ; le brigadier se porte à sa distance (ou à hauteur du chef de pièce).

Le conducteur de devant de chaque voiture se porte à la droite de son chef de voiture et se place botte à botte avec lui ; les conducteurs du milieu et de derrière ralentissent les derniers pas, de façon à conserver leurs longes de trait tendues sans entraîner la voiture ; les autres éléments serrent à leur distance.

Dans le courant de la manœuvre, chaque fois que la pièce

s'arrête, elle s'aligne sans commandement d'après les principes précédents.

L'alignement n'est pas destiné à rectifier les erreurs de direction d'une voiture, celles-ci ne peuvent être corrigées qu'en marchant.

## § 4. — MANŒUVRE DE LA PIÈCE ATTELÉE

### EN COLONNE.

**Marche directe en colonne. — Marche oblique individuelle par voiture.**

**Arrêter la pièce. — Changement de direction.**

**470.** Ces mouvements s'exécutent d'après les principes prescrits à l'École du canonnier conducteur et aux mêmes commandements, en remplaçant s'il y a lieu *Canon* (*caisson*) par *Pièce*.

### Contremarche.

**471.** Au commandement :

*Contremarche* = MARCHE,

le caisson exécute un demi-tour à gauche; il est suivi dans son mouvement par le canon *et le peloton de servants*.

## § 5. — MANŒUVRE DE LA PIÈCE DOUBLÉE.

### Formation, marche et rupture de la pièce doublée.

**472.** La pièce étant en colonne, au commandement :

*Par pièce doublée* = MARCHE,

le canon oblique à droite au trot et vient se placer à 1m,50 à droite du caisson [1].

Sur les routes, le caisson oblique à gauche, de manière à permettre au canon de se porter à sa droite.

**473.** Si la pièce doublée doit être formée exceptionnellement le canon à gauche, le mouvement s'exécute suivant les mêmes principes, au commandement :

*Vers la gauche par pièce doublée* = MARCHE.

**474.** La pièce doublée exécute la marche directe et la marche oblique individuelle par voiture d'après les principes prescrits précédemment.

---

1. Lorsqu'il s'agit d'une pièce composée de deux caissons, le caisson qui est en arrière se porte à hauteur de celui qui est en avant.

**475.** Au commandement :

*Par pièce* = MARCHE,

le caisson se porte en avant ou continue à marcher droit devant lui ; le canon prend sa place derrière le caisson.

## Conversion.

**476.** Au commandement :

*Tournez à gauche (droite)* = MARCHE,

le chef de pièce règle son mouvement de manière que la voiture pivot fasse un à-gauche régulier en conservant son allure. La voiture de l'aile marchante allonge l'allure, de manière à rester à hauteur de la voiture pivot.

Au commandement :

EN AVANT,

la pièce doublée se porte en avant en se conformant aux principes de la marche directe.

## Demi-tour par pièce doublée.

**477.** Au commandement :

*Pièce demi-tour à gauche* = MARCHE,

la pièce, *suivie de ses servants*, exécute deux à-gauche successifs en se conformant aux principes de la conversion.

## § 6. — MISES EN BATTERIE.

**478.** La mise en batterie a pour but de disposer les éléments de la pièce attelée de telle manière que le canon puisse faire feu.

La mise en batterie ne doit pas être exécutée sans que les dispositions de combat, telles qu'elles sont définies au n° 209, Titre III, aient été prises.

Les mises en batterie peuvent toujours se rapprocher de l'un des deux types suivants :

*a)* Mise en batterie face en avant.
*b)* Mise en batterie de flanc.

Elles se font au pas ou au trot ; si les voitures sont au galop, elles prennent le trot au premier commandement d'exécution.

## Mise en batterie face en avant.

**479.** La pièce marchant en colonne, les commandements sont :

*En batterie* = HALTE.

Le commandement : *En batterie*, est fait à 15 mètres environ de la position.

Le commandement : HALTE, est fait de manière que le caisson s'arrête sur la position.

Au commandement : *En batterie*, le canon oblique à droite, de manière à suivre une piste parallèle à celle du caisson et à 1ᵐ,5o d'intervalle.

*Le peloton de servants continue à marcher droit devant lui à la même allure.*

Au commandement : HALTE, le chef de pièce et le caisson s'arrêtent. Le canon continue à marcher droit devant lui et vient s'arrêter à 5o centimètres en avant du caisson.

Le chef de pièce met pied à terre et donne son cheval au conducteur du milieu du caisson.

Les servants sautent à terre dès que la voiture s'arrête.

*Les servants s'arrêtent à 4 mètres du caisson, mettent rapidement pied à terre, passent les rênes de leurs chevaux aux gardes-chevaux et se portent au pas gymnastique au caisson et au canon.*

Les servants séparent les trains comme il est indiqué ci-après :

**Caisson.** — Les pourvoyeurs se portent à la flèche du caisson, le premier pourvoyeur à droite, et saisissent chacun une des poignées ; le déboucheur s'applique à la roue gauche de l'arrière-train.

Le premier pourvoyeur tire à lui le battant et le maintient avec la main droite ; les deux pourvoyeurs dégagent la lunette et la font glisser aussitôt à droite ; le premier pourvoyeur commande :

MARCHE.

A ce commandement, l'avant-train du caisson, guidé par le brigadier, exécute un demi-tour à gauche au trot, en serrant le mouvement de manière à passer à 6 mètres à gauche de son arrière-train et marche droit devant lui, jusqu'à ce qu'il l'ait dépassé de 45 mètres ; il exécute alors un demi-tour à gauche pour se mettre à sa place de batterie et s'arrête.

Dès que l'avant-train commence son mouvement, le 2ᵉ pourvoyeur dégage le té de la chaînette d'axe d'accrochage, redresse cet axe, et vient de nouveau saisir la poignée de son côté.

Les deux pourvoyeurs lèvent la flèche jusqu'à ce que le

coffre soit en équilibre sur l'essieu; ils l'abaissent ensuite et
la laissent poser à terre, pendant que le déboucheur, qui a
saisi des deux mains la traverse des butées de renversement,
achève le mouvement de bascule en ayant soin d'empêcher
un renversement trop brusque à la fin du mouvement. La
manœuvre se continue ensuite, conformément aux prescriptions du Titre III.

**Canon.** — Le pointeur et le tireur se portent à la crosse de
l'affût, le pointeur à droite, et saisissent chacun l'une des
poignées; le chargeur s'applique à la roue droite de l'affût
face du côté de la volée. Le premier pourvoyeur vient s'appliquer à la roue gauche face du côté de la culasse.

Les servants séparent les trains comme il est expliqué
pour le caisson, le pointeur commande :

MARCHE.

À ce commandement, l'avant-train du canon suit l'avant-
train du caisson, exécute les mêmes mouvements, puis se
place à sa droite, comme il est prescrit dans l'ordre en batterie.

Dès que l'avant-train commence son mouvement, les quatre
servants font effort pour faire faire demi-tour à l'affût en
portant la volée vers le caisson. Ce demi-tour doit être fait de
telle manière que, le mouvement terminé, le canon se trouve
exactement à 50 centimètres d'intervalle du caisson et à
50 centimètres en avant.

Le pointeur et le tireur posent alors la flèche à terre et la
manœuvre se continue conformément aux prescriptions du
Titre III.

Si le terrain est difficile et si quatre servants ne suffisent
pas, le chef de pièce utilise les autres servants pour le demi-
tour du canon.

*Dès que les roues de l'avant-train du canon arrivent à
sa hauteur, le peloton de chevaux tourne à gauche, suit cet
avant-train et va prendre sa place de batterie.*
Les conducteurs et le brigadier mettent pied à terre quand
l'ordre en est donné.

### Mise en batterie de flanc.

**480.** La pièce, marchant en colonne, se forme en batterie
dans une direction perpendiculaire ou oblique à celle de sa
marche aux commandements :

*Face à gauche (droite) en batterie* = HALTE.

Au commandement : *Face à gauche (droite) en batterie,*
la pièce se forme par pièce doublée, le canon un peu en avant
(en arrière) du caisson. *Le peloton de servants déboîte du
côté opposé à l'ennemi.*

Au commandement : HALTE, le canon et le caisson s'arrêtent; les arrière-trains sont séparés et mis en batterie face

à gauche (droite), d'après les principes de la mise en batterie face en avant.

Avant de mettre le caisson en batterie, les servants le font tourner à gauche (droite) sur place.

Avant de poser la crosse à terre, les servants du canon le font avancer en tournant autour du caisson, de manière à le conduire à sa position de batterie en se réglant sur la position du caisson.

Les avant-trains se placent comme il est prescrit n° 479.

**481.** Les mouvements indiqués ci-dessus (n°s 479 et 480) s'exécutent également en partant de la formation par pièce doublée.

### Amener les avant-trains.

**482.** Le commandement est :

*Amenez les avant-trains* = MARCHE.

Au commandement : *Amenez les avant-trains,* le pointeur et le tireur se portent à la crosse, le pointeur à gauche, le chargeur se porte à la roue gauche de l'affût, face en arrière.

Le deuxième pourvoyeur se porte à la gauche de la flèche du caisson, le premier pourvoyeur et le déboucheur restent derrière le caisson.

Au commandement : MARCHE, l'avant-train du caisson part au trot et exécute le mouvement : *Face en avant — Amenez l'avant-train ;* l'avant-train du canon part au trot au moment où les chevaux de devant sont dépassés par les roues de l'avant-train du caisson et exécute le mouvement : *Face en arrière — Amenez l'avant-train.*

*Le peloton de chevaux suit le mouvement de l'avant-train du canon et s'arrête face en avant au point où l'avant-train a commencé à tourner à gauche.*

Le pointeur et le tireur réunissent le canon à son avant-train avec l'aide du chargeur.

Le déboucheur et le premier pourvoyeur saisissent d'une main la traverse des butées de renversement, et appuient l'autre main contre le bord supérieur du coffre ; tous deux soulèvent le coffre jusqu'à ce qu'il soit en équilibre sur l'essieu. En même temps, le deuxième pourvoyeur relève la flèche de façon à mettre sans brusquerie les oreilles en contact avec l'axe d'accrochage. Le premier pourvoyeur se porte ensuite à la poignée droite et soutient la flèche ; le deuxième pourvoyeur rabat l'axe d'accrochage et replace le té de la chaînette ; les trois servants achèvent le mouvement de bascule et font reposer la lunette sur le sol, puis l'accrochent à l'avant-train lorsque celui-ci est placé.

Si le terrain est difficile, et si les trois servants ne suffisent pas, le chef de pièce fait réunir successivement les trains des deux voitures, en utilisant tous les servants.

Le chef de pièce remonte à cheval.

*Les servants remontent sur les coffres.*
*Les servants remontent à cheval.*

Lorsque les avant-trains sont amenés, le chef de pièce fait porter sa pièce en avant (en arrière) du front primitif par le commandement :

*Face en avant (en arrière)* = Marche.

Le caisson (canon) rompt en marchant au pas ; l'autre voiture exécute au trot un demi-tour à droite et reprend sa place en colonne.
*Le peloton de servants prend sa place derrière le canon.*

**483.** Toutes les fois qu'il y a lieu de quitter la position de batterie en restant défilé, et qu'il est possible de faire faire demi-tour à bras à l'arrière-train du caisson, les avant-trains sont amenés au commandement :

*Par pièce doublée — Amenez les avant-trains* = Marche.

A ce commandement, les servants font tourner à bras l'arrière-train du caisson, en l'éloignant du canon, de manière à faire faire à la flèche un à-gauche et demi.
En même temps, le canon est tourné, la flèche en demi-à-droite perpendiculairement à celle du caisson.
Les avant-trains sont amenés, celui du canon derrière celui du caisson, et les arrière-trains accrochés d'après les principes prescrits pour amener l'avant-train face en arrière.
*Le peloton de chevaux exécute le même mouvement que pour amener les avant-trains.*

Le mouvement terminé, les deux voitures se redressent face en arrière, le caisson prend au trot sa place devant le canon, à moins d'ordre contraire.
*Le peloton de servants se place derrière le canon.*

**484.** Toutes les mises en batterie et formations en bataille s'exécutent indifféremment, les conducteurs étant à cheval ou pied à terre, le fouet à la main.
Dans ce dernier cas, les conducteurs restent à la gauche de leur porteur et les servants conduisent les sous-verge en se plaçant à leur droite.


# ARTICLE III

## ÉCOLE DE LA BATTERIE DE TIR.


§ 1ᵉʳ. — Prescriptions générales.


**485.** La batterie de tir est commandée directement par le capitaine.

Les caissons de premier ravitaillement[1] manœuvrent pour leur compte sous les ordres du sous-chef mécanicien.

Ils se conforment aux mouvements de la batterie sans la gêner.

Le maréchal des logis chef exerce les fonctions de serre-file. Les chefs de section, guides particuliers de leur section, sont liés au capitaine, guide de la batterie, sauf dans le cas suivant :

Quand le capitaine veut recouvrer son indépendance, il se conforme aux principes généraux donnés n° 442 ; le chef de section de droite ou de tête devient chef de la section de direction et, momentanément, guide de la batterie.

En principe, les chefs de section commandent au geste seul ; s'il est nécessaire qu'ils commandent à la voix, leurs commandements doivent être prononcés, dans tous les cas, sans élever la voix plus qu'il n'est utile.

### But à atteindre.

**486.** L'École de la batterie a pour but d'apprendre au personnel de la batterie un certain nombre de mécanismes de manœuvre, qui lui permettront, quelles que soient les difficultés du terrain, de se mettre en batterie dans toutes les circonstances et d'évoluer avec souplesse et précision, que la batterie soit isolée ou qu'elle manœuvre dans le groupe.

### § 2. — Formations.

**487.** Les sections sont désignées sous la dénomination de première et de deuxième section, selon la place qu'elles occupent sur la ligne, en partant de la droite, ou, dans la colonne, en partant de la tête, sans tenir compte des inversions. Les mêmes dénominations sont appliquées aux deux pièces d'une section.

Dans toutes les formations, le trompette et l'*observateur à la lunette (batterie à cheval)* se tiennent, sauf ordre contraire, derrière le brigadier fourrier.

### Ordre en bataille.

**488.** La place et la direction du cheval du capitaine déterminent le centre et la direction du front de la batterie.

Les deux chefs de section sont placés sur une ligne, à 10 mètres de distance du capitaine, à 32 mètres d'intervalle d'axe en axe, leurs chevaux dans des directions parallèles à celle du cheval du capitaine.

Dans chaque section, les deux pièces, placées parallèlement

---

1. On peut ne pas faire marcher les caissons de premier ravitaillement à toutes les séances d'instruction ; dans ce cas, ils sont représentés par leurs chefs.

à 14 mètres d'intervalle sont disposées dans l'ordre en colonne (n.° 465).

Les chefs de pièce sont sur l'alignement des chefs de section.

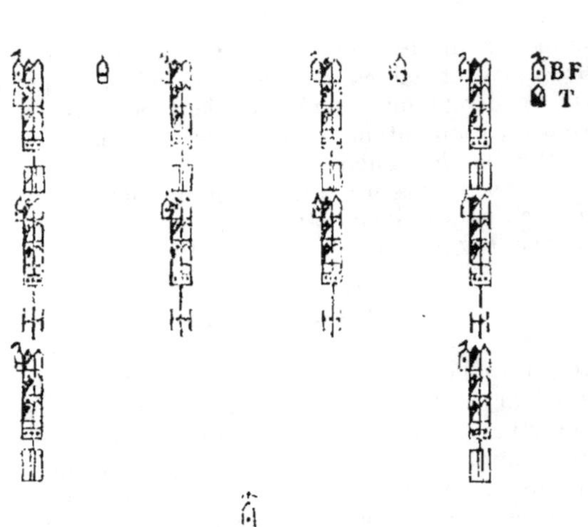

*Ordre en bataille*
*de la batterie de tir (batterie montée).*

L'intervalle entre les deux sections est égal à celui qui sépare les deux pièces d'une section.

Le maréchal des logis chef est à 3 mètres en arrière des derniers éléments de la batterie et vis-à-vis du centre.

Le brigadier fourrier se tient à 5 mètres en dehors du flanc droit de la batterie et à hauteur des conducteurs de devant des voitures de la première ligne[1].

Les caissons de premier ravitaillement sont placés en file respectivement à 1 mètre derrière les 1re et 4e pièces.

Le sous-chef mécanicien dirige personnellement l'un de ces caissons, le brigadier l'autre.

*Les servants à cheval qui accompagnent les caissons de premier ravitaillement sont répartis : le premier rang à un mètre en arrière de la voiture commandée par le sous-chef mécanicien et le deuxième à un mètre en arrière de celle commandée par le brigadier.*

L'intervalle entre les deux pièces d'une section peut être diminué ou augmenté sans toutefois descendre au-dessous de 2 mètres, ni dépasser 30 mètres.

Quand l'intervalle est réduit à 2 mètres, le chef de section se porte à 1m,50 en avant de sa section.

---

1. A la manœuvre, le brigadier fourrier reste du côté où le laisse l'exécution des mouvements.

### Ordre en bataille par pièces doublées.

**489.** Cet ordre est le même que précédemment ; mais chaque pièce est dans la formation par pièce doublée. L'intervalle indiqué n° 488 se compte entre deux voitures de même espèce, mais il ne peut pas descendre au-dessous de 6 mètres.

### Ordre en batterie.

**490.** Les quatre premières pièces sont placées sur le même alignement, en formation de batterie, ayant le même intervalle entre deux arrière-trains de même espèce que dans l'ordre en bataille.

Le capitaine et les chefs de section sont placés comme il est dit au n° 249.

Les chevaux des chefs de section sont tenus par le conducteur de devant du caisson de droite de la section.

Le brigadier fourrier, à pied ou à cheval suivant les circonstances, à 10 mètres derrière le capitaine. Le trompette tient le cheval du capitaine et, s'il y a lieu, celui du brigadier fourrier.

L'observateur à la lunette est (*pied à terre, batteries à cheval*) à son poste d'observation.

Les avant-trains sont rassemblés à proximité et sur un flanc de la batterie, au plus à 100 mètres d'elle, dans une formation permettant de les abriter le mieux possible et de rendre rapide le mouvement : *Amenez les avant-trains.* La formation qui est généralement la plus favorable est la colonne doublée, face au but, derrière le maréchal des logis chef, *les pelotons de chevaux en arrière des avant-trains de leurs canons.*

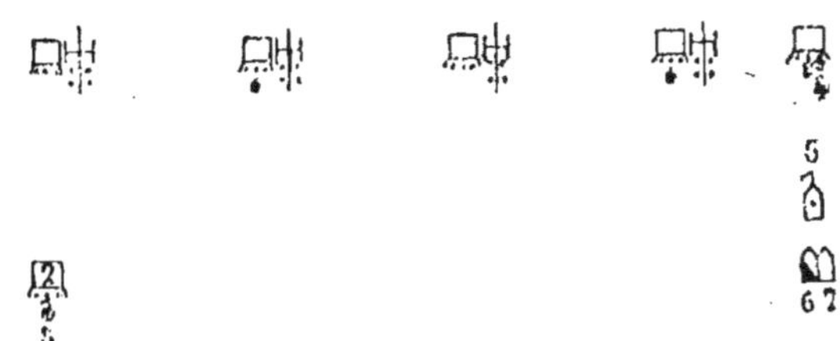

## LÉGENDE.

1. Caisson du capitaine.
2. 2ᵉ caisson de premier ravitaillement.
3. Sous-chef mécanicien.
4. Lunette.
5. Brigadier fourrier.
6. Trompette.
7. Cheval du capitaine.

(Les avant-trains sont abrités.)

*Ordre en batterie de la batterie de tir (batterie montée).*

Les caissons de premier ravitaillement sont en batterie, l'un à 1 mètre en avant de l'emplacement occupé par le capitaine, l'autre à 15 mètres en arrière de la pièce du côté opposé; leurs avant-trains sont placés en queue de la colonne des avant-trains. Les servants de ces caissons sont placés face en avant (*pied à terre, batteries à cheval*) derrière leurs caissons respectifs.

Le sous-chef mécanicien est pied à terre, derrière le caisson non occupé par le capitaine; son cheval est tenu par le conducteur du milieu de ce caisson.

Lorsque la batterie est sous le feu, le sous-chef mécanicien et les servants des caissons de premier ravitaillement sont à genoux.

Les chevaux du capitaine, du trompette et du fourrier sont abrités derrière un accident de terrain dans le voisinage de la batterie.

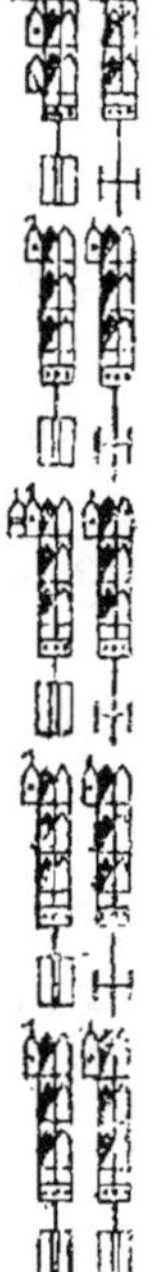

*Ordre en colonne par pièce doublée de la batterie de tir (batterie montée).*

### Ordre en colonne par pièce.

**491.** A 10 mètres derrière le capitaine, le chef de la première section ayant à sa hauteur et à sa droite le chef de la première pièce; la première pièce en colonne; la deuxième pièce dans le même ordre, à 1 mètre derrière la première; la deuxième section en colonne à 1 mètre derrière la première; la cinquième pièce dans le même ordre à 1 mètre derrière la deuxième section.

*Les servants de la cinquième pièce à 1 mètre derrière leurs caissons respectifs.*

Le brigadier fourrier à hauteur du conducteur du milieu de la voiture de tête.

Le maréchal des logis chef en serre-file général à 1 mètre en arrière de la colonne.

Le sous-chef mécanicien à hauteur du conducteur de devant du premier caisson de la cinquième pièce.

### Ordre en colonne par pièce doublée.

**492.** Même ordre que ci-dessus, sauf que les pièces sont doublées.

## § 3. — MANŒUVRE DE LA BATTERIE

### EN BATAILLE.

### Alignement.

**493.** Les chefs de section ayant été établis sur la ligne, au commandement :

*Chefs de pièce, sur la ligne,*

chaque chef de pièce se porte droit devant soi, tourne légèrement la tête du côté de son chef de section et s'aligne.

Au commandement :

*Alignement* = FIXE,

le mouvement s'exécute dans chaque pièce comme il est prescrit à l'École de la pièce attelée.

Dans le courant de la manœuvre, chaque fois que la batterie est arrêtée, l'alignement se prend sans commandement, d'après la position du capitaine et sous la surveillance du lieutenant en premier. Ce dernier se porte en avant de manière à dépasser d'un pas ou deux la voiture la plus avancée.

### Principes de la marche directe.

**494.** Quelle que soit l'allure, les principes de la marche directe sont ceux qui sont exposés n° 488, en ce qui concerne la direction et les intervalles.

Les chefs de section marchent à 10 mètres en arrière du capitaine et à son allure, et conservent leur intervalle par rapport à lui; les chefs de pièce règlent leur allure sur celle des chefs de section.

*Les pelotons de servants se maintiennent alignés.*

Les rectifications qui se rapportent soit à l'alignement, soit à l'intervalle, se font sans hâte et progressivement. Le serre-file y veille d'une façon spéciale.

La batterie, étant en bataille, est portée en avant par le capitaine au commandement :

*En avant* = Marche.

Elle est arrêtée par le commandement :

*Batterie* = Halte.

Lorsque la batterie doit modifier sa direction sous un très petit angle, le capitaine indique le nouveau point de direction et se dirige sur ce point en réglant en conséquence son allure et l'amplitude de son mouvement.

### Marche oblique.

**495.** La batterie étant en bataille, de pied ferme ou en marche, peut gagner du terrain vers l'un de ses flancs en avançant et sans changer de front. Elle emploie à cet effet la marche oblique individuelle par voiture.

Au commandement :

*Oblique à gauche (droite)* = Marche,

les chefs de section, le serre-file et les voitures obliquent à gauche (droite) et marchent ensuite dans la direction indiquée par le capitaine.

Pour faire reprendre la marche directe, le capitaine commande :

En avant.

Le mouvement s'exécute suivant les mêmes principes et par les moyens inverses.

La batterie est exercée à exécuter le mouvement avec un degré quelconque d'obliquité.

### Contremarche.

**496.** Ce mouvement s'exécute comme à l'École de la pièce attelée et au même commandement (n° 471).

Les deux caissons de premier ravitaillement suivent les pièces derrière lesquelles ils se trouvent.

### Serrer, ouvrir et reprendre les intervalles.

**497.** L'intervalle entre les pièces est variable (n° 488). Si le commandement ne comprend aucune indication contraire, l'intervalle est serré à 2 mètres.

Le capitaine se porte sur la direction qu'il doit suivre, le mouvement terminé, et commande :

*Serrez (ouvrez) les intervalles* = Marche,

ou

*A tant de mètres. — Serrez (ouvrez) les intervalles* = Marche.

Pour *serrer l'intervalle*, les chefs de section prennent, au commandement préparatoire, une place convenable.

Au commandement d'exécution, les chefs de pièce marchent droit devant eux à l'allure de la marche ou exécutent une conversion, de manière à prendre leurs intervalles par rapport aux chefs de section. Puis ceux-ci amènent leur section formée en bataille à intervalle serré à la place qu'elle doit occuper. La batterie, ainsi formée, reprend l'allure du capitaine.

Pour *ouvrir l'intervalle*, les chefs de section, au commandement d'exécution, conduisent leur section, par des changements de direction appropriés, à la place convenable pour qu'une fois l'intervalle ouvert ils soient à leur intervalle et à leur distance du capitaine. Ils font alors ouvrir l'intervalle ; les chefs de pièce exécutent leur mouvement suivant les principes prescrits pour serrer l'intervalle et par les moyens inverses.

La batterie étant à intervalles serrés (ou ouverts), les intervalles réglementaires sont repris suivant les principes prescrits pour les ouvrir (ou les serrer) au commandement :

*Reprenez les intervalles* = Marche.

La batterie, marchant à intervalles serrés ou ouverts, exécute tous les mouvements qui précèdent, à moins qu'ils ne soient d'une exécution impossible du fait de l'intervalle adopté.

### Conversion.

**498.** La conversion de la batterie en bataille ne s'exécute qu'à intervalles serrés à 2 mètres.

Au commandement :

*Tournez à gauche (droite)* = Marche,

la batterie exécute une conversion dont l'angle est déterminé par le nouveau point de direction.

Le capitaine converse sur un cercle suffisant pour que la voiture pivot décrive un à-gauche (droite) ; il allonge ou double l'allure de manière que cette voiture conserve sensiblement l'allure de la marche.

Le chef de section qui est à l'aile marchante règle sa vitesse de manière à rester le moins longtemps possible en arrière, sans forcer l'allure des chevaux.

Au commandement : En avant, la batterie reprend la marche directe.

La batterie à intervalles ouverts peut converser au commandement :

A *intervalles serrés.* — *Tournez à gauche (droite)* — Marche.

## § 4. — Formation et manœuvre de la colonne par pièce.

### Rompre la batterie en colonne par pièce.

**499.** La batterie étant en bataille, le capitaine, après s'être placé, commande :

*Par pièce (par la gauche par pièce)* = Marche.

Au premier commandement, le chef de section de droite (gauche) se porte à côté du chef de sa pièce de droite (gauche).

Au commandement : Marche, le chef de section de droite (gauche) se porte en avant ; le chef de la 1re (4e) pièce se conforme à son mouvement.

Les chefs des autres pièces conduisent leurs pièces, en leur faisant exécuter en temps voulu des changements de direction, de manière à prendre leur place dans la colonne.

La 5e pièce se conforme au mouvement et prend sa place derrière la deuxième section.

Pour arrêter la colonne, le capitaine commande :

*Batterie* = Halte.

Il la remet en marche au commandement :

*En avant* = Marche.

### Mouvements de la batterie en colonne par pièce.

**500.** La batterie en colonne exécute la *marche directe,* la *marche oblique,* la *contremarche* et les *changements de direction* par les procédés et les commandements prescrits à l'École de la pièce attelée.

Pendant la contremarche, la 5ᵉ pièce s'arrête et exécute une contremarche en temps voulu pour se replacer en queue de colonne.

### La batterie étant en colonne par pièce, la former en bataille.

**501.** Le capitaine va se placer (nº 488) et commande :

*En bataille,*
ou : *A intervalles serrés — En bataille,*
ou : *A tant de mètres d'intervalle — En bataille,*
} Marche.

Chaque chef de section se place au moment opportun vis-à-vis de la place qu'il doit occuper le mouvement terminé, déploie sa section et la conduit à sa place de bataille.

La 1ʳᵉ pièce de chaque section se porte à la droite ou à la gauche du chef de section, et à son intervalle, suivant que le capitaine est à gauche ou à droite de la direction suivie par la colonne. La 2ᵉ pièce gagne son intervalle du côté opposé.

Quand le capitaine est sur la gauche ou sur le prolongement de la colonne, la 1ʳᵉ section se forme à sa droite ; s'il est sur la droite, elle se forme à sa gauche.

Les caissons de premier ravitaillement vont se placer derrière les pièces 1 et 4.

## § 5. — FORMATION ET MANŒUVRE DE LA COLONNE PAR PIÈCE DOUBLÉE.

### La batterie étant en colonne par pièce, la former en colonne par pièce doublée.

**502.** La batterie étant en colonne par pièce, au commandement :

*Par pièce doublée* = Marche,

la 1ʳᵉ pièce se forme par pièce doublée. Les autres pièces prennent ou conservent le trot, puis se forment par pièce doublée dès qu'elles arrivent à leur distance.

**503.** Si la colonne par pièce doublée doit être exceptionnellement formée les canons à gauche, le mouvement s'exécute suivant les mêmes principes, au commandement :

*Vers la gauche, par pièce doublée* = Marche.

### Mouvements de la batterie en colonne par pièce doublée.

**504.** La colonne par pièce doublée est portée en avant et arrêtée par les mêmes commandements que la colonne par pièce.

Elle exécute les changements de direction et le demi-tour par pièce doublée, d'après les principes et aux commandements prescrits à l'École de la pièce attelée.

Dans ce dernier mouvement, les caissons de premier ravitaillement font leur demi-tour en même temps que les 4 premières pièces. Le demi-tour achevé, ils s'écartent pour laisser passer la colonne et se replacent ensuite derrière elle.

## La batterie étant en colonne par pièce doublée, la former en colonne par pièce.

**505.** Au commandement :

*Par pièce* = Marche,

la 1re pièce se forme en colonne ; la 2e pièce et, successivement, les deux autres exécutent le même mouvement dès qu'elles ont l'espace nécessaire.

## La batterie étant en colonne par pièce doublée, la former en bataille par pièces doublées.

**506.** Au commandement :

*Par pièces doublées — En bataille* = Marche,

le mouvement s'exécute d'après les principes prescrits pour former la batterie en bataille en partant de la colonne par pièce (nos 489 et 501).

## La batterie étant en colonne par pièce doublée, la former en bataille.

**507.** Le mouvement s'exécute comme le mouvement précédent. Pendant l'exécution du mouvement, le canon s'arrête ou prend le pas pour se placer derrière son caisson.

## La batterie étant en bataille, ou en bataille par pièces doublées, la former en colonne par pièce doublée.

**508.** La batterie en bataille, ou en bataille par pièces doublées, peut être formée directement en colonne par pièce doublée par le commandement :

*Par pièce doublée,*
ou : *Par la gauche, par pièce doublée,* } Marche.

Les canons doublent, s'il y a lieu, au trot, à droite des caissons, et la batterie rompt en colonne par pièce doublée.

## § 6. — MISES EN BATTERIE.

### Reconnaissance.

**509.** Toute mise en batterie doit être précédée d'une reconnaissance. Il n'y a pas de type invariable de reconnaissance. Toute initiative est laissée au capitaine pour plier les procédés aux circonstances.

En dehors des ordres reçus, il ne doit être guidé que par les principes suivants :

1º Se montrer le moins possible ;

2º Préparer le tir le plus complètement possible avant l'ouverture du feu ;

3º Opérer sans perte de temps.

Le type de reconnaissance indiqué ci-après (nº 510) est un type moyen qui peut donner satisfaction dans un certain nombre de cas.

**510.** Dès qu'il doit se mettre en batterie, le capitaine commande : *Reconnaissance.*

Il indique, s'il y a lieu, au lieutenant en premier, une position d'arrêt, puis il se porte rapidement sur la position à occuper ; il est suivi du brigadier fourrier, du trompette et d'un gradé, agent de liaison, généralement le maréchal des logis chef, à moins que le capitaine ne juge utile de le maintenir dans ses fonctions de serre-file général de la batterie. En cas de besoin, il peut se faire suivre du servant porteur de la lunette, que l'un des caissons de premier ravitaillement transporte, s'il est nécessaire, le plus près possible de la position.

Dès que le capitaine a quitté la batterie, le lieutenant en premier en prend le commandement et l'amène à la position d'arrêt, qu'il choisit à l'abri des vues de l'ennemi, et, s'il n'a pas reçu d'indication contraire, la plus rapprochée possible de la position à occuper. Il est remplacé dans le commandement de sa section par le maréchal des logis chef ou, à défaut, par le plus ancien chef de pièce.

Le capitaine arrête ses auxiliaires à l'abri des vues de l'ennemi, et met pied à terre, s'il le juge nécessaire.

Puis il fait sa reconnaissance en se montrant le moins possible. Il s'oriente sur la position ennemie, reconnaît l'objectif, mesure son front, choisit, s'il y a lieu, le point de pointage. Il étudie l'emplacement à occuper, qu'il parcourt entièrement, en détermine la droite et la gauche, en étudie les accès, fait une reconnaissance détaillée de son poste d'observation et y fait au besoin établir la lunette de batterie.

La reconnaissance faite, le capitaine appelle à lui le brigadier fourrier et le trompette et les fait placer face au but, soit aux extrémités du front à occuper, soit l'un derrière l'autre, dans l'axe de la batterie. Ce dernier procédé ne convient que si la batterie doit être amenée en bataille.

Le brigadier fourrier et le trompette sont à cheval ou pied à terre, suivant les besoins du défilement.

Le capitaine appelle la batterie à lui par gestes, ou l'envoie chercher. Dans ce dernier cas, il envoie généralement au lieutenant en premier un ordre, donnant les renseignements qui peuvent être utilisés sur la position d'arrêt, les conditions de la mise en batterie, la formation et l'allure à prendre pour aborder la position, éventuellement, les éléments du tir et des indications sur l'emplacement des avant-trains, si ces indications ne sont pas données directement au maréchal des logis chef.

Le lieutenant en premier fait prendre les dispositions résultant des renseignements envoyés par le capitaine; puis, guidé, s'il y a lieu, par le gradé qui les a apportés, il met la batterie en marche et exécute la mise en batterie d'après les ordres reçus.

**511.** S'il y a intérêt à ce que la mise en batterie s'exécute sans retard, le capitaine ne fait qu'une reconnaissance très sommaire, pendant le temps qu'a pu lui faire gagner la vitesse de son cheval, et appelle la batterie à lui assez à temps pour qu'elle n'ait pas à s'arrêter.

**512.** S'il y a au contraire intérêt à ce que la mise en batterie soit plus complètement préparée, le capitaine appelle à lui les chefs de section et les pointeurs. Il leur désigne l'objectif et le point de pointage et leur donne tous les éléments du tir. Les pointeurs reconnaissent l'emplacement exact que doit occuper leur pièce, puis ils se placent à genoux ou assis en un point tel que, le caisson les laissant à gauche, la pièce soit placée, après la mise en batterie, sur l'emplacement choisi.

Les chefs de section retournent chercher la batterie, à moins d'ordre contraire du capitaine.

### Mise en batterie.

**513.** La mise en batterie peut se faire soit face en avant, soit de flanc. Si l'occupation de la position se fait à découvert, la mise en batterie face en avant sera souvent préférée. Si l'occupation doit être dissimulée, il y aura généralement avantage à employer la mise en batterie de flanc, les cadres et conducteurs restant à cheval ou mettant au besoin pied à terre. Les circonstances et les conditions du défilement imposent cette disposition.

**514.** La batterie marchant en bataille ou en bataille par pièces doublées, le lieutenant en premier la dirige sur la ligne jalonnée par le brigadier fourrier et le trompette. La mise en batterie s'exécute aux mêmes commandements qu'à l'École de la pièce attelée, et, dans chaque pièce, comme il est prescrit à cette école, avec les différences suivantes :

Au commandement : Halte, les chefs de pièce s'alignent, si les circonstances le permettent [1].

Le capitaine et les chefs de section mettent immédiatement pied à terre.

Les caissons de premier ravitaillement prennent leur place (nº 490). Si l'emplacement qu'occupera le capitaine n'est pas indiqué, c'est le caisson de droite qui s'arrête à hauteur de la ligne des pièces.

Le maréchal des logis chef emmène les avant-trains à l'emplacement indiqué par le capitaine. Si le terrain le permet, le mouvement s'exécute de la façon suivante : le maréchal des logis chef s'arrête au commandement : *En batterie*, il surveille le commencement du mouvement des avant-trains, puis il fait demi-tour et se porte au galop à gauche ou à droite de la batterie, suivant le cas, à 100 mètres environ en arrière de la ligne des pièces. Il s'arrête et fait face en avant.

Dès que les avant-trains sont séparés, le brigadier de chaque pièce conduit, au trot, la file des avant-trains (*et des pelotons de chevaux*) à 45 mètres en arrière, comme il est prescrit à l'École de la pièce attelée, puis la dirige, à la même allure, sur le maréchal des logis chef.

Les avant-trains se forment alors en colonne par pièce doublée, les avant-trains des canons à droite ; les avant-trains des caissons de premier ravitaillement se placent à la queue de la colonne ; celui du caisson de droite à droite.

Le maréchal des logis chef, après avoir fait demi-tour, prend le trot en temps utile pour que le dernier avant-train n'ait pas à passer au pas, et exécute les mouvements nécessaires pour conduire sa colonne au point que lui a indiqué le capitaine, face à l'ennemi.

Si le capitaine ne lui a pas donné d'ordre, le maréchal des logis chef choisit l'emplacement des avant-trains dans les conditions indiquées nº 490.

Il peut y avoir avantage, pour éviter la dissémination de la batterie et faciliter les ravitaillements, à envoyer les avant-trains à l'échelon de combat.

**515.** La batterie, marchant en colonne, peut être formée en batterie dans une direction quelconque.

Aux commandements :

*En bataille* = Marche,

*En batterie* = Halte,

la batterie se forme en bataille et se met en batterie d'après les principes prescrits pour chacun de ces commandements.

---

1. Si le terrain ne semble pas devoir permettre le demi-tour à bras des canons, on peut le faire exécuter au moyen des attelages.

Les pièces sont mises en batterie au fur et à mesure de leur arrivée en ligne.

**516.** La batterie marchant en colonne par pièce doublée ou par pièce, on peut exécuter la mise en batterie de flanc au moyen des commandements et d'après les principes prescrits nos 480 et 514.

Toutefois, le maréchal des logis chef, au lieu de s'arrêter au premier commandement, déboîte à droite (gauche) et se porte sur le flanc de la colonne à la distance convenable pour surveiller le commencement du mouvement des avant-trains.

Il est avantageux, dans les mises en batterie de flanc, de placer à l'avance en tête de colonne un des caissons de premier ravitaillement.

**517.** La batterie marchant en bataille par pièces doublées, on peut la mettre en batterie face en avant en dissimulant les attelages. A cet effet, on fait exécuter à chaque pièce un à-droite au moment où elle arrive à hauteur de l'emplacement choisi pour les arrière-trains.

**518.** Dans le cas où, pendant la reconnaissance, les pointeurs ont été disposés sur la ligne de batterie, chaque caisson se dirige de manière à laisser son pointeur à un mètre à gauche ; il s'arrête, la fusée d'essieu de l'arrière-train à sa hauteur.

Cette mise en batterie ne comporte pas le commandement : HALTE.

**519.** Lorsqu'une batterie en colonne par pièce est surprise par une attaque de flanc, elle peut être mise en batterie immédiatement par le commandement :

HALTE EN BATTERIE,

*Face à gauche (droite).*

Les pièces ne serrent pas ; elles se forment par pièce doublée, et sont mises en batterie simultanément. Les avant-trains restent dans les intervalles ; tout le monde, sauf le capitaine, met pied à terre, les conducteurs de devant entre leurs chevaux, leur faisant face.

Le capitaine fait ensuite abriter les avant-trains quand il le juge utile.

**520.** Lorsque le terrain ne permet pas de se mettre en batterie par un déploiement régulier, le capitaine arrête la batterie dans le voisinage de la position ; puis, quand la reconnaissance est terminée, il va se placer face au but, au centre de la ligne que devront occuper les pièces, et commande :

*En batterie à volonté.*

A ce commandement, chaque chef de section va reconnaître rapidement l'emplacement sur lequel il établira ses deux pièces et l'itinéraire à suivre pour y arriver.

Il met ensuite sa section en batterie par les moyens qu'il juge le mieux appropriés aux circonstances, chaque pièce exécutant son mouvement individuellement, s'il est nécessaire.

**521.** On peut encore passer directement de la formation en bataille par pièces doublées, le canon à gauche, ou en colonne par voiture, à la formation en batterie face en arrière, en commandant seulement :

*Face en arrière, en batterie* = HALTE.

On fait faire demi-tour à bras à l'arrière-train du caisson. Les caissons de ravitaillement (*et les servants à cheval*) dégagent le terrain.

Si le terrain ne semble pas permettre ce mouvement à bras, on peut au besoin faire faire demi-tour au caisson avec les attelages, pendant qu'on abat le canon.

Cette manière d'établir la batterie ne correspond guère qu'au cas où la batterie suit les mouvements de l'infanterie dans une marche en retraite.

### Formations en bataille.

**522.** Les formations en bataille s'exécutent aux mêmes commandements, et suivant les mêmes principes qu'à l'École de la pièce attelée.

Le capitaine envoie au maréchal des logis chef l'ordre d'amener les avant-trains. Celui-ci amène au trot la colonne des avant-trains et fait en temps opportun le geste : *En bataille.*

Les brigadiers de pièce dirigent alors leurs avant-trains au trot vers leurs pièces respectives, de manière à passer par le point situé à 35 mètres en arrière du canon. A partir de ce moment, le mouvement s'exécute comme il est prescrit à l'École de la pièce attelée.

Les avant-trains des caissons de premier ravitaillement exécutent les mêmes mouvements que ceux des autres caissons de la batterie.

## ARTICLE IV

### DISPOSITIONS RELATIVES A L'ÉCHELON

§ 1er. — FORMATION DE MARCHE.

**523.** L'échelon suit, en principe, la batterie de tir ; il prend son allure et se conforme à tous ses mouvements sans la gêner.

Il marche en colonne par voiture, ou en colonne par pièce doublée, les hommes à pied en tête, ou montés sur les coffres, ou bien à hauteur de leurs voitures respectives.

Quand il est réuni à la batterie de tir, il prend la même formation que celle-ci. Il la suit alors à 20 mètres de distance.

Dès que l'échelon est en colonne, le commandant de l'échelon envoie au capitaine un brigadier désigné pour remplir les fonctions d'*agent de l'échelon*. Celui-ci se place à la gauche du brigadier fourrier.

L'échelon marche en colonne par pièce dans l'ordre naturel des pièces. Dans les 6e et 7e pièces, les caissons sont dans l'ordre normal. La 8e pièce est dans l'ordre suivant : chariot de batterie, forge, attelages haut le pied.

Le commandant de l'échelon répartit les gradés de façon à assurer le commandement dans la colonne ; il met toujours un sous-officier en serre-file.

Dans l'ordre en colonne par pièce doublée, le deuxième caisson de chacune des 6e et 7e pièces marche à droite du premier caisson de sa pièce. Le troisième caisson marche derrière le premier caisson ; il n'est pas doublé.

La forge marche à droite du chariot de batterie.

Les trois derniers attelages haut le pied marchent à droite des trois premiers.

## § 2. — FORMATION PRÉPARATOIRE DE COMBAT.

**524.** Lorsque la batterie se rapproche de la position sur laquelle elle doit combattre, le capitaine lui fait prendre la formation préparatoire de combat. A cet effet, il envoie par l'agent au commandant de l'échelon l'ordre :

*Séparez l'échelon.*

L'agent qui porte l'ordre à l'échelon y reste et se place à côté du conducteur de devant de la deuxième voiture. Au reçu de l'ordre, le commandant de l'échelon règle les mouvements de sa troupe de manière à laisser la batterie prendre une avance de 500 mètres au maximum (ou à la prendre sur elle, si la batterie marche en retraite). Lorsqu'il a gagné sa distance, il s'y maintient en se conformant aux principes suivants :

**525. Marche en avant.** — Le devoir du chef de l'échelon est de ne pas perdre le contact de la batterie. Il se fait, au besoin, relier avec cette dernière par un cordon de jalonneurs placés sous les ordres d'un sous-officier qui ne doit jamais la perdre de vue. Si la batterie s'arrête, le chef des jalonneurs va ou envoie prévenir le commandant de l'échelon de l'emplacement occupé par la batterie. Il prend les dispositions nécessaires pour faire guider le maréchal des logis chef, au cas où celui-ci devrait conduire les avant-trains à l'échelon.

Si la route suivie présente de nombreux obstacles, le commandant de l'échelon se rapproche de la batterie de manière à ne jamais en être coupé.

**526. Marche en retraite.** — Si l'on bat en retraite, le capitaine indique au chef de l'échelon la direction à suivre. Celui-ci met sa colonne en marche et détache un groupe de jalonneurs auprès du capitaine, qui s'en sert pour rectifier, s'il y a lieu, l'allure et la direction générale de l'échelon. Si la batterie s'arrête, le chef des jalonneurs opère comme dans la marche en avant.

**527. Batterie à cheval.** — *Lorsque la batterie est attachée isolément à une troupe de cavalerie, ce n'est généralement que pour une mission spéciale de courte durée, pour laquelle les munitions de la batterie de tir sont suffisantes. L'échelon n'est pas amené par la batterie ; il est, en principe, rattaché au train de combat du gros de cavalerie dont la troupe est détachée. Le capitaine conserve avec lui l'agent de liaison de l'échelon.*

### § 3. — FORMATION DE COMBAT.

**528.** Lorsque le commandant de l'échelon voit que la batterie s'arrête et va se mettre en batterie ou lorsqu'il en reçoit avis par le chef des jalonneurs, il reconnaît rapidement un emplacement pour son échelon et l'y installe, soit en colonne, soit en formation de parc, avec des intervalles suffisants pour permettre un ravitaillement facile.

Le commandant de l'échelon envoie au capitaine l'agent de liaison pour lui faire connaître l'emplacement de l'échelon. Après avoir rempli sa mission, l'agent reste à la batterie.

Le commandant de l'échelon en détermine l'emplacement de manière qu'il n'y ait ni défilé ni terrain impraticable entre la batterie et lui ; il reconnaît le terrain et les chemins en avant, en arrière et sur les flancs, et prend toutes les dispositions nécessaires pour pouvoir se déplacer facilement dans toutes les directions.

Tout en dégageant les routes, l'échelon se tient à proximité d'elles, afin de pouvoir au besoin se déplacer rapidement. En principe, on l'abrite des vues de l'ennemi en utilisant judicieusement les couverts et les reliefs de terrain ; il est tenu, s'il est possible, en dehors de la zone battue par les projectiles, dans des conditions qui permettent de le garantir d'une entreprise de la cavalerie ennemie.

Il y a intérêt à ce que la distance entre l'échelon et la batterie soit le plus réduite possible ; en tout cas, elle ne doit pas dépasser 500 mètres.

**529.** Si, la batterie étant en marche, le capitaine est obligé de faire prendre à la batterie de tir l'ordre en batterie sans passer par la formation préparatoire de combat, il envoie immédiatement l'ordre de séparer l'échelon. Au reçu de cet ordre, le commandant de l'échelon place sa troupe dans les meilleures conditions possibles en s'efforçant de ne pas refluer.

**530.** Toutes les fois que la batterie se déplace, le capitaine fait connaître au commandant de l'échelon le sens et, s'il est possible, la direction du mouvement. Au moment où les pièces sont remises sur les avant-trains, l'agent de l'échelon vient, au cas où il ne les aurait pas déjà reçus, prendre les ordres du capitaine au sujet des indications à porter à l'échelon. Cet agent reste à l'échelon jusqu'à ce que ce dernier soit arrêté sur un nouvel emplacement; il revient alors à la batterie, rend compte au capitaine, et reprend sa place.

Le commandant de l'échelon ne doit pas attendre l'arrivée de l'agent de liaison pour préparer et même commencer l'exécution de son mouvement. Il rétablit immédiatement le jalonnement avec la batterie.

Dans les déplacements en avant, il évite, autant que possible, de se faire voir sur des emplacements précédemment occupés par des batteries.

## § 4. — RAVITAILLEMENT.

**531. Munitions.** — Le ravitaillement des caissons des quatre premières pièces a lieu par transbordement des munitions contenues dans les caissons de $1^{er}$ ravitaillement, comme il est prescrit Titre III (n° 272).

Le ravitaillement de la batterie de tir par l'échelon a lieu par échange d'arrière-trains de caissons.

Quand les caissons de $1^{er}$ ravitaillement sont épuisés, le capitaine fait demander deux caissons à l'échelon. Ces caissons sont conduits à la batterie par un gradé et se placent à côté des caissons de $1^{er}$ ravitaillement. Ils sont mis immédiatement en batterie; les avant-trains qui ont servi à les amener ramènent à l'échelon les deux arrière-trains vides.

Ce mouvement se fait pied à terre, s'il y a lieu, dans le voisinage de la ligne des pièces, pour ne pas changer le degré de visibilité de la batterie.

Si le capitaine veut se servir d'*obus explosifs*, il fait demander à l'échelon les deux caissons dont l'arrière-train est chargé en cartouches de cette espèce. Ces caissons sont mis en batterie là où le capitaine juge à propos de les placer, selon les circonstances.

Les arrière-trains de caisson, ramenés vides à l'échelon, y sont rechargés par transbordement, si cela est nécessaire, à l'aide de munitions prélevées sur les avant-trains. Les cartouches des avant-trains de canon sont prises les dernières.

**532. Personnel.** — En principe, toutes les fois qu'il se produit une accalmie dans le combat, il est essentiel d'en profiter pour chercher à reconstituer les éléments que les effets du feu de l'adversaire ont pu désorganiser. Dans tous les cas, les règles à suivre pour le remplacement du personnel et du matériel sont les suivantes :

Dans la batterie de tir, le personnel manquant est remplacé :

Un chef de section par un chef de pièce;

Le sous-chef mécanicien par un maître ouvrier en fer;

Un chef de pièce par le maître pointeur, qui conserve néanmoins ses fonctions;

Les servants selon les prescriptions données Titre III (n° 271).

Le personnel de remplacement arrivant de l'échelon est réparti par les chefs de section selon les besoins.

Quand le capitaine fait demander à l'échelon du personnel de remplacement, le commandant de l'échelon fait les désignations nécessaires. Pour fournir des chevaux à la batterie, il réduit au strict nécessaire les attelages de ses propres voitures.

Les *brancardiers* sont les derniers hommes à désigner pour le remplacement des manquants. Ils sont seuls employés au relèvement des blessés.

Pendant l'exécution du feu, le personnel des batteries de tir ne doit, en aucun cas, être distrait du service des pièces; les blessés qui peuvent être transportés sans inconvénient sur les coffres sont envoyés à l'échelon avec les caissons vides.

L'*infirmier* marche, en principe, avec la voiture médicale du groupe ou avec la petite voiture pour blessés. Le capitaine ne peut pas en disposer pour le remplacement du personnel manquant.

Lorsqu'il est nécessaire de remplacer l'un des deux chevaux d'un attelage, il est plus rapide et plus simple de remplacer l'attelage tout entier. Les chevaux de selle peuvent remplacer provisoirement, en conservant leur cavalier, un cheval de trait manquant à un attelage de devant.

S'il est nécessaire, une partie des cadres est démontée. Les derniers à démonter sont les agents de liaison.

**533.** Matériel. — Les voitures de la batterie de tir doivent être maintenues en état le plus longtemps possible, même aux dépens de toutes les autres voitures.

Si un canon devient indisponible et qu'il ne puisse pas être réparé sur place par les ouvriers de batterie, le capitaine demande un canon de rechange. Les attelages qui amènent ce canon de la section de réparation y ramènent le canon indisponible.

# CHAPITRE III

## ÉCOLE DÉ GROUPE

---

### ARTICLE Ier

#### PRESCRIPTIONS GÉNÉRALES

---

§ Ier. — ORGANISATION ET FRACTIONNEMENT DU GROUPE.

**534. Composition du groupe.** — Le groupe de batteries montées comprend, en principe, trois batteries sur le pied de guerre ; *les groupes des batteries à cheval en comprennent deux.*

Chaque groupe de batteries est commandé par un chef d'escadron. Trois lieutenants ou sous-lieutenants de réserve lui sont adjoints. L'un d'eux est affecté à la liaison du chef de groupe avec le commandant de l'artillerie, un autre aux fonctions d'officier d'approvisionnement du groupe. Le chef de groupe dispose du troisième, comme il le juge à propos. Il peut lui confier les fonctions de chef des éclaireurs ou de commandant du groupe des échelons. Il peut également confier temporairement l'une de ces dernières fonctions à un lieutenant de l'armée active qu'il fait alors remplacer à sa batterie par son troisième officier de réserve.

A chaque commandant de groupe est, en outre, affecté un personnel comprenant les agents de liaison indiqués nº 450 et, par batterie, un maréchal des logis, un brigadier et un trompette destinés à assurer le service d'éclaireur dans les conditions indiquées nº 539.

L'état-major d'un groupe comprend, de plus, le personnel, les chevaux et le matériel indiqués ci-après :

TABLEAU.

| ÉTATS-MAJORS D'UN GROUPE de | OFFICIERS | | PERSONNEL-TROUPE | | | | | | | | | CHEVAUX | | | VOITURES | | | | |
|---|---|---|---|---|---|---|---|---|---|---|---|---|---|---|---|---|---|---|---|
| | MÉDECIN. | VÉTÉRINAIRE. | MÉDECIN AUXILIAIRE. | CHEF ARMURIER. | OUVRIER ARMURIER. | SOUS-OFFICIER VAGUEMESTRE. | BRIGADIERS INFIRMIERS. | BRIGADIERS BRANCARDIERS. | CONDUCTEURS. | ORDONNANCES. | VÉLOCIPÉDISTES. | CHEVAUX de selle d'officier. | CHEVAUX de selle de troupe. | CHEVAUX D'ATTELAGE. | VOITURE MÉDICALE RÉGIMENTAIRE (à 1 cheval). | PETITE VOITURE POUR BLESSÉS (à 1 cheval). | FOURGONS A BAGAGES (à 2 chevaux). | VOITURES DE CANTINIÈRE (à 2 chevaux). | VOITURES A VIANDE (à 2 chevaux). |
| 3 batteries montées. | 1 | 1 | 1 | 1[1] | 1[1] | » | 1 | 1 | 5 | 6 | » | 7 | » | 9 | 1 | » | 2 | 1 | 1[2] |
| 2 batteries à cheval de l'artillerie de corps . . . . . . | » | 1 | 1 | » | » | » | » | » | 3 | 5 | » | 6 | » | 5 | » | 1 | 1 | 1 | » |
| 2 batteries à cheval de division de cavalerie . . . . . | 1 | 1 | 1 | » | » | 1 | 1 | » | 3 | 6 | 1 | 7 | 1 | 5 | » | 1 | » | 1 | » |

OBSERVATIONS.

(1) Seulement pour le premier groupe de l'artillerie de corps.

(2) Le 2ᵉ groupe de l'artillerie divisionnaire et le 2ᵉ groupe de l'artillerie de corps, lorsque celle-ci comporte 4 groupes, n'ont pas de voiture à viande. Le groupe à cheval de l'artillerie de corps utilise également la voiture à viande d'un autre groupe de cette artillerie.

Tout le personnel, troupe et chevaux, est affecté à une batterie du groupe (habituellement la 1ʳᵉ) et classé généralement dans les 8ᵉ et 9ᵉ pièces, cette dernière comprenant seulement le personnel du train régimentaire et l'ordonnance de l'officier d'approvisionnement.

Les brigadiers infirmier et brancardier et les ordonnances non montés doivent trouver place sur les coffres des voitures de l'échelon.

Dans les batteries montées, on fait marcher à cet effet avec la 9e pièce les hommes de l'échelon dont les ordonnances prennent les places.

**535.** Fractionnement. — Au point de vue de l'organisation intérieure, les batteries restent indépendantes les unes des autres dans le groupe.

Pour les marches comme pour le combat, chaque batterie se fractionne comme il est prescrit à l'École de batterie, mais les éléments de même ordre des trois batteries se réunissent.

Le groupe des batteries se divise alors en :

1o *Groupe des batteries de tir*, commandé directement par le chef d'escadron ;

2o *Groupe des échelons de combat*, sous le commandement de l'officier désigné à cet effet ; il comprend la voiture médicale ou la petite voiture pour blessés, avec les infirmiers, la voiture de cantinière et, s'il y a lieu, la voiture à viande ;

3o *Train régimentaire du groupe*, placé sous le commandement de l'officier d'approvisionnement du groupe.

## § 2. — LIAISONS.

**536.** Il est fait usage, dans le groupe, des liaisons suivantes, en sus de celles qui existent dans chaque batterie :

| DÉSIGNATION des AGENTS DE LIAISON. | LIAISONS A ÉTABLIR. | MOMENT où elles S'ÉTABLISSENT. |
|---|---|---|
| Officier adjoint au chef d'escadron . | Du commandant de groupe au commandant de l'artillerie. | Toutes ces liaisons s'établissent au moment où l'on prend la formation de marche. |
| 1re batterie. { 1 maréchal des logis . | De la batterie au commandant de groupe. | |
| 1 trompette. . . . . . . | De la batterie au commandant de groupe. | |
| 2e batterie. } 1 maréchal des logis . | De la batterie au commandant de groupe. | |
| 3e batterie. } 1 maréchal des logis . | De la batterie au commandant de groupe. | |
| Groupe des échelons de combat. } 1 maréchal des logis . | Du groupe des échelons au commandant de groupe. | |

**537.** La responsabilité de l'établissement de la liaison au moment du besoin incombe au chef de l'unité ou de la sous-unité à laquelle appartient l'agent.

En principe, un agent n'est jamais chargé que d'une seule liaison. Il appartient aux officiers de discerner le cas où ils peuvent sans inconvénient, déroger à cette prescription.

Tout chef qui remplit provisoirement plusieurs fonctions doit recevoir tous les agents de liaison correspondants.

### Transmission des ordres.

**538.** Tout ordre à transmettre verbalement par un agent de liaison doit être assez bref pour pouvoir être retenu et répété textuellement par lui. Sinon l'ordre est libellé par écrit.

Tout ordre verbal immédiatement exécutoire se termine par le mot : *Exécution.* Dans le cas contraire, au reçu de l'ordre, le destinataire prend les dispositions ou fait les commandements préparatoires et attend l'ordre : *Exécution.*

Tout agent de liaison qui reçoit un ordre verbal le répète intégralement avant de partir.

Il doit, en outre, s'attacher à en saisir l'esprit, c'est-à-dire se rendre compte de l'intention dans laquelle il est donné.

Sauf ordre contraire, pour porter un ordre, l'agent de liaison fait dix mètres au pas, puis emploie l'allure la plus vive; après l'ordre porté, et sauf urgence, il revient auprès de son chef à une allure modérée.

Les fonctions d'agent de liaison sont exclusives de toute autre; lorsqu'il porte un ordre, rien ne doit détourner l'agent de liaison de l'accomplissement de sa mission. Il a le devoir de toujours connaître soit l'emplacement des deux autorités ou des deux troupes qu'il est chargé de relier, soit leur itinéraire ou le régime de leur marche, de manière à pouvoir les retrouver rapidement.

Dans ce but, il observe, d'une façon constante, le chemin par lequel il passe et, au besoin, prend des repères, de manière à pouvoir, sans hésitation, le parcourir de nouveau en sens inverse.

Le porteur d'un ordre doit chercher à se rendre compte des événements dont il peut être témoin pendant la durée de sa mission, de façon à pouvoir renseigner son chef et la personne à laquelle il porte l'ordre dont il est chargé. Il ne doit pas repartir, pour revenir à son point de départ, sans avoir demandé s'il y a une réponse à rapporter.

Lorsqu'un *officier agent de liaison* s'aperçoit que la situation à laquelle se rapportait l'ordre s'est modifiée pendant le trajet, il n'en transmet pas moins l'ordre tel qu'il l'a reçu; il rend compte ensuite des observations qu'il a faites pendant le trajet. Si l'ordre comporte une exécution immédiate, il assiste au commencement de cette exécution, afin d'en rendre **compte.**

Si, pendant le temps qu'un agent de liaison met pour aller d'une autorité à l'autre, l'une d'elles s'est déplacée et qu'il ne la retrouve plus en arrivant à l'endroit où il l'avait laissée, il doit tout d'abord chercher à la retrouver, et, en cas d'impossibilité absolue, rejoindre celle qu'il a quittée la dernière et rendre immédiatement compte de la perte de la liaison qu'il est chargé d'assurer.

D'autre part, toute autorité appelée à se déplacer brusquement doit prendre les mesures nécessaires :

1º Pour faire connaître son nouvel emplacement aux éléments avec lesquels elle est en liaison ;

2º Pour que ceux avec lesquels elle cesse d'être en liaison puissent rétablir le plus tôt possible cette liaison.

## § 3. — ÉCLAIREURS.

**539.** Les éclaireurs constituent un organe de groupe; mais, en cas de besoin, des éclaireurs peuvent être mis à la disposition du commandant de l'artillerie ou d'un commandant de batterie pour une mission déterminée.

Dans le groupe, un lieutenant est chargé de l'instruction des éclaireurs des batteries du groupe, sous la direction du chef de groupe.

Les éclaireurs doivent posséder des qualités spéciales d'intelligence, de coup d'œil, de décision. Ils doivent être cavaliers hardis et bien montés.

Le service des éclaireurs comprend la reconnaissance et le jalonnement d'un itinéraire; ils sont aussi employés pour assurer la protection immédiate des batteries en marche et en station.

**540.** La *reconnaissance d'itinéraire* a pour but, soit de recueillir des renseignements définis sur la viabilité d'un chemin à suivre éventuellement par les batteries, soit de guider un chef ou une colonne vers un point déterminé.

Suivant le but que l'on se propose, suivant les ressources en personnel dont on dispose, la proximité de l'ennemi, etc., on emploie à la reconnaissance un ou plusieurs éclaireurs. Une fois qu'ils ont bien compris la nature des renseignements à rapporter et le but à atteindre, toute initiative leur est laissée pour l'accomplissement de leur mission.

Le *jalonnement* a pour but de permettre de suivre sans hésitation un itinéraire défini. Il s'emploie quand une troupe doit suivre les traces de son chef, parti en avant en reconnaissance, ou celle d'une autre troupe. Combiné avec la reconnaissance d'itinéraire, il permet à un officier ou à une troupe de se rendre au point que l'on veut atteindre, en étant dégagé de toute préoccupation sur le chemin à suivre. Les éclaireurs peuvent, pour le jalonnement, être secondés ou suppléés par des cadres montés, empruntés momentanément aux batteries.

Lorsque le commandant d'une troupe s'éloigne, et que celle-ci doit le suivre, il indique à l'officier qui le remplace la vitesse de marche et lui donne tous les renseignements qu'il possède sur la direction initiale qu'il compte suivre. Il se porte en avant, suivi du peloton de jalonneurs. Le chef des jalonneurs laisse successivement ses jalonneurs pour guider la troupe sur les parties du chemin où il peut y avoir doute sur l'itinéraire à suivre. Il prend les dispositions qu'il juge les meilleures pour assurer le jalonnement en économisant, autant que possible, le personnel sous ses ordres.

Quand la troupe atteint un jalonneur, celui-ci la guide autant qu'il est nécessaire; quand il n'y a plus de doute possible sur le chemin à suivre, il la devance pour rejoindre le chef des jalonneurs.

Si le nombre des jalonneurs se trouve insuffisant, le chef des jalonneurs en prévient l'officier qu'il suit. Le dernier jalonneur placé reçoit l'ordre d'arrêter la troupe. Quand l'officier qui devance la colonne a atteint son but, le chef des jalonneurs, qui a continué à le suivre, vient chercher la troupe.

**541.** La *sécurité de l'artillerie en marche* résulte, en principe, de la présence des autres armes. Mais, dans le cas où l'artillerie se trouve momentanément isolée, soit qu'elle ait à déboîter de la colonne, soit qu'elle ait à effectuer un changement de position, elle doit pourvoir elle-même à sa sécurité immédiate.

Elle fait alors éclairer sa marche et garder ses flancs par les éclaireurs.

**542.** Les éclaireurs ont souvent avantage à opérer par patrouille de deux hommes; l'un d'eux est chargé de reconnaître ou d'observer, et l'autre assure la liaison avec le commandant des éclaireurs, soit à l'aide de signaux convenus à l'avance, soit verbalement.

**543.** Le rôle des éclaireurs n'est pas de combattre, mais de renseigner. Lorsqu'ils ont à observer, ils le font toujours de pied ferme et en restant à cheval; ils se déplacent alors par bonds successifs. Une grande initiative doit leur être laissée; toutefois, l'objet de la mission confiée aux éclaireurs doit être nettement défini par les officiers supérieurs qui les ont envoyés, particulièrement lorsqu'il s'agit de faire des reconnaissances sur les flancs de la colonne.

**544.** Lorsqu'une colonne d'artillerie doit doubler une colonne d'infanterie, des éclaireurs marchant en avant préviennent les troupes qui vont être doublées.

Lorsqu'une colonne d'artillerie isolée doit traverser un village, un bois ou un défilé quelconque, des patrouilles sont envoyées pour explorer les abords et les lisières; s'il s'agit d'un village ou d'un bois, d'autres patrouilles sont chargées de les contourner. Des éclaireurs cherchent à gagner rapidement la sortie pour pouvoir donner des renseignements avant que la colonne arrive à l'entrée.

**545.** Les batteries en position peuvent être garanties de même contre les surprises. Celles qui sont placées à l'aile d'une ligne ont tout particulièrement besoin de faire surveiller le flanc extérieur.

Les éclaireurs sont, le cas échéant, placés de manière à voir, sans trop s'éloigner, le terrain sur lequel un danger pourrait surgir, et à pouvoir prévenir à temps les batteries.

**546.** Indépendamment des missions signalées ci-dessus, un officier, secondé par quelques éclaireurs, pourra être chargé, si les circonstances et des observatoires convenables le permettent, de reconnaître les objectifs et de fournir au chef de groupe les renseignements qu'il pourra recueillir sur les effets du tir de ses batteries.

## § 4. — RASSEMBLEMENT, FORMATION ET RUPTURE DU PARC.

**547.** Lorsque toutes les batteries du groupe sont réunies, l'emplacement du parc de chaque batterie est fixé par le chef d'escadron.

Les batteries se rassemblent, entrent au parc et en sortent individuellement en se conformant à ce qui est prescrit à l'École de batterie.

## § 5. — BUT À ATTEINDRE.

**548.** L'École de groupe est, plus encore que l'École de batterie, une école de cadres ; ce n'est même, à proprement parler, qu'une école de capitaines commandants.

Si ces derniers ont su instruire leur batterie de manière qu'elle soit un instrument de manœuvre bien en main, l'École de groupe aura exactement la durée nécessaire à la formation du coup d'œil des capitaines et des chefs d'escadron.

## ARTICLE II

### MANŒUVRE DU GROUPE DES BATTERIES DE TIR

## § 1er. — PRINCIPES GÉNÉRAUX.

**549.** Le chef d'escadron guide directement l'un des capitaines, qui devient alors *capitaine de direction*. Les autres capitaines se règlent sur le capitaine de direction.

Le capitaine de direction peut être momentanément chargé par le chef d'escadron de la conduite du groupe ; il dirige alors le groupe de la place qu'il occupe.

En principe, le chef d'escadron commande son groupe par transmission d'ordres au moyen des agents de liaison.

Les commandements des capitaines qui résultent de l'ordre envoyé par le chef d'escadron sont, autant que possible, faits au geste.

Dans les exercices du temps de paix, ne prennent part à la manœuvre que les agents de liaison et éclaireurs justifiés par la nature de l'exercice à exécuter. Ils marchent derrière le chef d'escadron, les agents de liaison sur un rang, à quatre mètres de distance, dans l'ordre de leurs batteries respectives, le trompette à la gauche, les éclaireurs que leur service n'appelle pas ailleurs, sur un ou deux rangs, derrière les agents de liaison.

## § 2. — Formations.

**550.** Le groupe de batteries se forme en ordre déployé ou en ordre ployé et dans l'ordre en batterie.

Les ordres déployés sont :

L'ordre en bataille ;

La ligne de colonnes par pièce et la ligne de colonnes par pièce doublée ;

Les ordres ployés sont :.

La colonne par pièce ;

La colonne par pièce doublée ;

La colonne serrée.

### Ordre en bataille.

**551.** Les capitaines sont sur une même ligne, face en avant, à 30 mètres en arrière du chef d'escadron, le capitaine de direction en file derrière le chef d'escadron.

Les batteries sont déployées en bataille sur la même ligne, à intervalles variables ; l'intervalle entre les batteries est le double de l'intervalle entre les pièces, sans que cet intervalle puisse descendre au-dessous de 6 mètres.

### Ordre en ligne de colonnes par pièce.

**552.** Les positions respectives du chef d'escadron et des capitaines sont les mêmes que dans l'ordre en bataille.

Les batteries sont formées en colonne par pièce, suivant des directions parallèles, derrière leur capitaine.

L'ordre en ligne de colonnes par pièce se prend à intervalles variables sans que l'intervalle entre les batteries puisse descendre au-dessous de 14 mètres (*17 pour les batteries à cheval*).

Cet ordre est la formation de manœuvre habituelle, principalement près de l'ennemi.

### Ordre en ligne de colonnes par pièce doublée.

**553.** Même formation que la précédente, à intervalles variables, les batteries étant en colonne par pièce doublée. L'intervalle se compte entre les voitures de même nature.

**554.** Dans les rassemblements, l'intervalle peut être réduit jusqu'à 2 mètres pour la colonne par pièce, et 6 mètres pour la colonne par pièce doublée.

### Ordre en colonne par pièce.

**555.** Le capitaine commandant la première batterie est à 10 mètres du chef d'escadron, face en avant.

Les batteries sont en colonne par pièce, à 20 mètres de distance les unes des autres, mesure prise du derrière de la dernière voiture d'une batterie à la tête des chevaux de devant de la suivante, la tête de chaque batterie à 10 mètres derrière son capitaine.

### Ordre en colonne par pièce doublée.

**556.** Les positions respectives du chef d'escadron et des capitaines sont les mêmes que ci-dessus.

### Ordre en colonne serrée.

**557.** Les batteries sont en bataille à intervalle variable, l'une derrière l'autre, à 25 mètres de distance. Cet ordre est la formation habituelle de défilé.

**558.** Dans tous les ordres en colonne, le chef d'escadron peut faire marcher tous les trompettes du groupe en tête de la colonne et à 15 mètres devant lui.

### Ordre en batterie.

**559.** Chaque batterie est formée comme il est prescrit à l'École de batterie.

Lorsque les avant-trains sont réunis, le plus ancien des maréchaux des logis chefs est chargé du commandement du groupe des avant-trains.

L'ordre en batterie peut se prendre en échelons. Dans ce cas, l'intervalle entre deux batteries voisines est au moins égal à l'échelonnement.

### § 3. — Principes de manœuvre.

**560.** Pour aligner le groupe, le chef d'escadron établit les capitaines sur la base de l'alignement, fait placer en arrière d'eux les chefs de section et les chefs de pièce, puis commande l'alignement comme il est prescrit à l'École de batterie. Chaque batterie s'aligne comme si elle était isolée.

Les manœuvres ont pour objet d'exercer le groupe à prendre l'une des formations définies plus haut, à marcher dans cette formation et à passer d'une formation à une autre.

Le chef d'escadron indique aux capitaines, de vive voix ou par l'intermédiaire de ses agents de liaison, le but à atteindre, se place de sa personne au point ou dans la direction voulue, et prend, s'il y a lieu, l'allure qu'il a choisie.

Les capitaines se règlent sur lui et exécutent les ordres transmis, par des mouvements réguliers, mais dont ils ont le choix, et qui doivent amener les batteries derrière le chef d'escadron, dans la formation prescrite, par les moyens les plus rapides.

**561.** La mise en batterie du groupe est toujours précédée d'une reconnaissance du chef d'escadron.

Dès qu'il doit occuper une position, le chef d'escadron fait savoir aux capitaines s'ils doivent l'accompagner pour la reconnaissance ou attendre de nouveaux ordres; il donne ses instructions à l'officier qui le remplace comme commandant des batteries, sur la conduite qu'il doit tenir et, éventuellement, le point où il devra s'arrêter; puis il se porte en avant aux allures vives, en faisant généralement jalonner sa marche.

Il prend de sa personne, et fait prendre par le personnel qui l'accompagne, toutes les précautions nécessaires pour ne pas se faire voir des positions ennemies et fait sa reconnaissance. Quand il est orienté sur l'ennemi, sur la position à occuper et sur le but à atteindre, il fait venir les capitaines, leur indique les emplacements dont ils peuvent disposer et le rôle assigné à chacun d'eux.

Il fait connaître l'objectif, la distance et la nature du tir à employer à ceux qui doivent ouvrir le feu immédiatement, et indique l'emplacement sur lequel le groupe des échelons se portera ou, si la chose n'est pas possible, la direction dans laquelle il devra s'installer.

Les capitaines font leur reconnaissance particulière conformément aux principes prescrits à l'École de batterie.

Le chef d'escadron prend, de sa personne, comme position de combat, une place qui lui permette de surveiller à la fois le champ de bataille et ses batteries.


## ARTICLE III

### DISPOSITIONS RELATIVES AU GROUPE DES ÉCHELONS

§ 1er. — FORMATION DE MARCHE.

**562.** Le groupe des échelons marche dans le même ordre que le groupe des batteries, à 30 mètres en arrière, les échelons à 20 mètres les uns des autres.

§ 2. — FORMATION PRÉPARATOIRE DE COMBAT.

**563.** Lorsqu'il le juge à propos, le chef d'escadron fait prendre la formation préparatoire de combat, en envoyant par l'agent du groupe des échelons aux commandants de batterie et au commandant du groupe des échelons l'ordre :

*Séparez les échelons.*

A la réception de cet ordre, les commandants de batterie renvoient les brigadiers de liaison à leur échelon.

Lorsque le commandant de groupe des échelons reçoit l'ordre de séparer les échelons, il se conforme, d'une manière générale, à ce qui est dit pour le commandant de l'échelon de la batterie. Les échelons ne sont séparés, sur une route, que le plus tard possible.

Dès qu'ils ont quitté la route, les échelons prennent une formation de manœuvre simple qui se prête à la marche et à la surveillance; en général, la ligne de colonnes par pièce à intervalle quelconque.

Si l'une des batteries de tir se détache du groupe des batteries, le commandant du groupe des échelons détache l'échelon correspondant pour suivre la batterie.

## § 3. — Formation de combat.

**564.** Le commandant du groupe des échelons est responsable de l'établissement des liaisons en temps opportun.

Lorsque les batteries se déplacent, le chef d'escadron et le commandant du groupe des échelons de combat se conforment à ce qui est prescrit (nos 523 à 527) pour le capitaine et le commandant de l'échelon de la batterie.

Dans le cas où une batterie est détachée du groupe, le commandant du groupe des échelons envoie au commandant de l'échelon de cette batterie le brigadier de liaison qui lui a été envoyé par la section de munitions.

## § 4. — Ravitaillement.

**565.** Le ravitaillement s'opère dans le groupe, d'après les principes donnés pour le ravitaillement de la batterie.

Si, par suite de circonstances particulières, une batterie est menacée de manquer de munitions, alors que les autres en possèdent encore un approvisionnement permettant d'attendre l'arrivée des sections, le commandant du groupe des échelons en fait prévenir le chef de groupe. Celui-ci peut alors donner l'ordre de réapprovisionner la batterie en question à l'échelon de combat d'une autre batterie du groupe.

Le commandant des échelons s'oppose à toute cession de munitions à des batteries n'appartenant pas à son groupe, s'il n'a pas reçu, à cet égard, un ordre spécial émanant de son chef direct ou du commandant de l'artillerie.

Dans le cas où une ou plusieurs batteries du groupe sont appelées à se servir de cartouches à obus explosifs, le chef d'escadron fait la répartition des arrière-trains de caisson qui les portent.

## ARTICLE IV

### DISPOSITIONS SPÉCIALES AUX GROUPES DE BATTERIES ATTACHÉS A UNE DIVISION DE CAVALERIE

**566.** Le chef d'escadron remplissant d'une façon permanente les fonctions de commandant de l'artillerie, le plus ancien capitaine marche toujours en tête de la colonne lorsque le groupe est en formation de marche.

Les batteries de tir ont la même composition que les batteries de tir des batteries à cheval de l'artillerie de corps, sauf que l'un des deux caissons de premier ravitaillement peut avoir son arrière-train chargé de cartouches à obus explosifs.

Les échelons de combat du groupe marchent avec le train de combat de la division, mais restent sous le commandement de l'officier désigné pour commander les échelons. Lorsque, par suite de considérations particulières et en vue d'une opération spéciale et de courte durée, le commandement jugera nécessaire d'alléger le plus possible la colonne, un certain nombre de voitures des échelons de combat pourront être laissées au train régimentaire de la division.

# CHAPITRE IV

## ARTILLERIE DIVISIONNAIRE. — ARTILLERIE DE CORPS.

§ 1er. — Constitution des groupes réunis sous un même commandement.

**567.** Les groupes de batteries sont réunis par deux pour constituer une *artillerie divisionnaire*, et par trois ou par quatre pour constituer une *artillerie de corps*.

Une artillerie divisionnaire est commandée par un colonel ou un lieutenant-colonel assisté de deux officiers de réserve.

Une artillerie de corps est commandée par un colonel assisté généralement d'un lieutenant-colonel et de 3 officiers de réserve.

L'état-major de l'artillerie divisionnaire ou de corps comprend en outre : 1 sous-officier vaguemestre, 2 vélocipédistes[1], 1 conducteurs (dont 4 ordonnances) [dans une artillerie à 4 groupes, 7 conducteurs dont 6 ordonnances]; 2 chevaux d'attelage, 1 cheval de selle de troupe et un fourgon à bagages.

Dans l'artillerie de corps, le personnel et les chevaux sont ajoutés à l'une des batteries (habituellement à la 2e du 1er groupe) et généralement affectés aux 7e et 9e pièces de cette batterie. Les 3 ordonnances non montés doivent trouver place sur les coffres des voitures de l'échelon de combat.

Dans une artillerie divisionnaire, le personnel de l'état-major compte au quartier général de la division.

La réunion des artilleries divisionnaires et d'une artillerie de corps constitue *l'artillerie d'un corps d'armée*, qui com-

---

1. Les vélocipédistes peuvent être maréchaux des logis, brigadiers ou soldats.

prend, en outre, un *parc d'artillerie*. Elle est commandée par un général de brigade, assisté d'un état-major qui comprend :

1 officier d'ordonnance du général ;

1 chef d'escadron ou lieutenant-colonel, chef d'état-major ;

3 officiers adjoints dont 1 capitaine de l'armée active ou de la réserve et 2 lieutenants ou sous-lieutenants de réserve ;

1 officier d'administration du service de l'artillerie ;

2 secrétaires d'état-major dont 1 caporal ;

2 vélocipédistes ;

6 plantons à cheval dont 1 brigadier ;

8 ordonnances du train des équipages ;

2 conducteurs ;

2 fourgons pour les bagages et archives.

Le personnel de l'état-major de l'artillerie d'un corps d'armée compte au quartier général du corps d'armée.

## § 2. — LIAISONS.

**568.** Le tableau ci-après fait connaître l'ensemble des liaisons à établir dans un corps d'armée entre les commandants des troupes, les commandants de l'artillerie et les commandants des groupes de batteries.

| DÉSIGNATION des AUTORITÉS qui doivent recevoir des agents de liaison. | GRADES des AGENTS de liaison. | PAR QUI ENVOYÉS. | MOMENT où les AGENTS DE LIAISON prennent leurs postes. |
|---|---|---|---|
| Général commandant le corps d'armée. | Officier . . | Général commandant l'artillerie. | Au moment où le général commandant l'artillerie se sépare du général commandant le corps d'armée. |
| Général de division. | Officier . . | Commandant l'artillerie divisionnaire. | Au moment où le commandant de l'artillerie se sépare du général de division. |
| Général commandant l'artillerie du corps d'armée. | Officier . . Officier . . | Commandant l'artillerie de corps. 1 par chaque commandant d'une artillerie divisionnaire ou d'un groupe isolé mis éventuellement sous les ordres du général commandant l'artillerie. | Formation de marche. Dès que l'ordre est reçu de se placer sous le commandement direct du général commandant l'artillerie. |
| Commandant l'artillerie divisionnaire ou de corps. | Officier . . | 1 par chaque chef d'escadron commandant de groupe. | Formation de marche. |

### § 3. — Prescriptions générales.

**569.** Le colonel commande ses groupes par l'intermédiaire de ses agents de liaison.

En formation de marche, chaque groupe se fractionne comme s'il était isolé; la distance d'un groupe à l'autre est de 3o mètres; les états-majors marchent dans les espaces libres.

Lorsque ses batteries doivent entrer en action, le commandant de l'artillerie, dès qu'il est fixé sur l'emploi qu'il en doit faire et la position à occuper, envoie chercher les commandants de groupe, et leur donne sans retard les ordres relatifs au rôle que chacun d'eux aura à remplir.

# CHAPITRE V

## DISPOSITIONS CONCERNANT LES UNITÉS DE RAVITAILLEMENT

**570. Organisation intérieure.** — Dans chaque unité, le personnel est groupé en six pelotons de pièces, la 6e pièce formant le train régimentaire aux ordres du maréchal des logis fourrier.

Le matériel d'artillerie est réparti aussi également que possible entre les cinq premières pièces. Les pièces sont groupées en deux ou trois sections.

Cette organisation est arrêtée par le capitaine commandant au moment de la formation de l'unité, d'après les indications portées sur le carnet de mobilisation.

**571. Rassemblement.** — Le rassemblement s'exécute suivant les principes prescrits pour la batterie.

Le parc est, en principe, formé par pièces accolées sur deux ou trois lignes, chaque pièce étant en général formée sur deux files; toutefois, les dispositions à prendre restent subordonnées au terrain et aux circonstances.

**572. Formation de marche.** — Dans la formation de marche, les hommes à pied marchent en tête de chaque unité, sous le commandement d'un gradé désigné par le capitaine. Les pièces en colonne par voitures se suivent dans l'ordre de leurs numéros; chaque section forme une fraction de marche séparée de la précédente par une distance de 15 mètres.

Si l'on doit prendre le trot, les hommes se répartissent sur les voitures de l'unité, d'après les ordres du capitaine commandant, donnés une fois pour toutes.

Dans chaque section, les officiers, sous-officiers et brigadiers se placent de façon à exercer une surveillance effective sur le personnel placé sous leurs ordres.

Le maréchal des logis chef est serre-file de la colonne. L'un des trompettes accompagne le capitaine, l'autre l'adjudant.

**573. Formation sur le champ de bataille.** — Sur le champ de bataille, les unités de ravitaillement prennent une formation appropriée au terrain et en dehors des routes. Si elles sont obligées de s'arrêter sur une route, elles se rangent en colonne sur le côté droit; dans ce cas, des rampes doivent être immédiatement organisées pour permettre à chaque unité de dégager la route le plus tôt possible.

**574. Groupement des unités de ravitaillement.** — Les unités de ravitaillement sont groupées sous les ordres d'officiers supérieurs spécialement désignés. Chacun d'eux exerce vis-à-vis des unités sous ses ordres l'autorité d'un chef de groupe. Les états-majors des groupements ainsi constitués comptent à l'une des unités.

Le commandant du parc du corps d'armée exerce vis-à-vis des unités de ravitaillement du corps d'armée l'autorité d'un chef de corps. Le personnel et le matériel de son état-major sont rattachés à une de ces unités.

# TITRE VI

## SERVICE DE L'ARTILLERIE
## EN CAMPAGNE

---

### CHAPITRE I<sup>er</sup>

### DES ORDRES ET DES RAPPORTS

---

#### Rédaction des ordres.

**575.** Les ordres doivent être clairs, précis et concis. L'exécution d'un ordre engageant la responsabilité de celui à qui il s'adresse, on doit éviter, généralement, d'indiquer les moyens à employer pour l'exécuter et se contenter de préciser le but à atteindre. Une immixtion exagérée du chef dans les détails ne saurait que paralyser l'initiative de ses inférieurs et entraîner souvent leur inaction.

Les heures et les nombres importants sont écrits en toutes lettres après qu'ils ont été exprimés en chiffres. Les indications d'heures sont toujours suivies des mots *matin* ou *soir*. Les noms propres sont soulignés; les abréviations sont à éviter.

Les noms des localités sont indiqués d'après la carte en usage. Si les habitants se servent d'appellations différentes, elles sont mentionnées entre parenthèses. Si l'on opère dans une zone frontière, on donne au besoin les noms dans les deux langues des pays limitrophes. Si l'on veut désigner un point ne portant pas de nom sur la carte, on indique sa position par rapport à un autre point nettement déterminé.

Les termes d'orientation *Nord, Est, Ouest, Sud,* doivent être généralement employés de préférence aux termes : *en avant, en arrière, à droite, à gauche.*

Lorsque les circonstances exigent que l'on modifie un ordre donné, on doit spécifier nettement que telles prescriptions, envoyées tel jour, à telle heure, sous tel numéro, sont annulées ou modifiées dans telles conditions.

## Rédaction des rapports.

**576.** Les rapports sont, autant que possible, fournis par écrit.

Toutes les recommandations faites plus haut pour la rédaction des ordres s'appliquent à la rédaction des rapports.

Un rapport doit contenir l'indication précise des lieu, date, heure où les faits relatés se sont passés.

Il est nécessaire, en outre, de distinguer les points dont on est certain, que l'on a vus ou vérifiés soi-même, de ceux dont on présume seulement l'exactitude, ou que l'on ne connaît que par renseignements. Dans ce dernier cas, on indiquera la source des renseignements, et, s'il y a lieu, le degré de véracité qui doit leur être attribué.

Pour être complet, un renseignement sur l'ennemi doit faire connaître :

1º Les forces reconnues (effectif, armes auxquelles elles appartiennent);

2º Le moment précis (heure, minutes) où elles ont été vues ou signalées;

3º Le point ou les points sur lesquels elles se trouvaient à ce moment;

4º Leur situation et leurs mouvements (en station, en marche, dans telle formation, se dirigeant vers... et, s'il y a lieu, à telle allure) et toutes autres circonstances utiles à connaître.

MODÈLES A EMPLOYER POUR LA RÉDACTION DES ORDRES ET RAPPORTS SUR LE TERRAIN.

**577.** On se conforme, pour le format des ordres et des rapports envoyés sur le terrain, aux modèles ci-après :

### Feuille.

*Largeur 135 ⅿ/ₘ.*

Le papier est quadrillé au recto et au verso.

Les carrés ont un centimètre de côté, ce qui représente 200 mètres à l'échelle de 1/20 000ᵉ.

Indiquer toujours les grade, nom et fonctions de l'expéditeur, ainsi que les grade et fonctions du destinataire.

Mentionner, s'il y a lieu, la carte dont on s'est servi.

*Hauteur 210 ⅿ/ₘ.*

| ᵉ RÉGIMENT { | ᵉ GROUPE / ᵉ BATT<sup>ie</sup>. |
|---|---|
| Expédié le , / à h. m... / Arrivé le , / à h. m... | } matin ou soir. |
| | |

## Enveloppe.

*Largeur : 140 $\frac{m}{m}$.*

A la désignation *vitesse*, maintenir le mot indiquant l'allure à employer et effacer les deux autres.

*Hauteur : 110 $\frac{m}{m}$.*

| | |
|---|---|
| Dép. :   h.   m. $\left\{\begin{array}{l}\text{matin}\\\text{ou}\\\text{soir.}\end{array}\right.$<br>Arr. :   h.   m.<br>*Signature du destinataire.* | Vitesse $\left\{\begin{array}{l}\text{ordinaire.}\\\text{accélérée.}\\\text{rapide.}\end{array}\right.$ |
| à     A M. | |
| L'enveloppe est rendue au porteur. | |

L'enveloppe doit être gommée.

A défaut de ces modèles, on se sert de papier écolier et d'enveloppes ordinaires.

Si des croquis sont joints aux rapports, ils doivent être très simples et ne contenir que les indications nécessaires pour faciliter la lecture de ces rapports et les compléter.

La vitesse *ordinaire* (8 kilomètres à l'heure environ) correspond à des alternances de parcours égaux au pas et au trot.

La vitesse *accélérée* correspond à l'emploi du trot entrecoupé de temps de pas, réduits au minimum indispensable.

La vitesse *rapide* correspond à l'emploi du galop tout le temps que le terrain ou la nécessité de faire prendre haleine au cheval ne s'y opposent pas.

# CHAPITRE II

## DES MARCHES

### ARTICLE 1er

### PRESCRIPTIONS GÉNÉRALES

**578. Préparation de la marche.** — L'ordre de mouvement règle la marche des troupes. Il est adressé aux chefs de corps ou de service qui le complètent par les instructions de détail nécessaires.

Lorsque l'ordre arrive la nuit, il n'est transmis immédiatement qu'aux fractions détachées dont le mouvement doit commencer avant l'heure où les troupes ont reçu l'ordre de se tenir prêtes à marcher. Les dispositions qui concernent les autres troupes ne sont communiquées qu'au réveil.

S'il n'a pas pu être communiqué dans la soirée, l'ordre de mouvement est communiqué aux officiers, soit au départ, soit à la première halte.

Avant le départ, les officiers veillent à l'exécution des ordres donnés pour l'alimentation. Les gradés portent une grande attention sur la régularité du paquetage et l'ajustage du harnachement.

Les mouvements sont réglés sur l'heure du quartier général.

Pour les préparatifs de départ, voir l'article 53 du Règlement sur le service des armées en campagne.

**579. Formation de marche.** — En règle générale, les voitures marchent sur une seule file, sur le côté droit de la route, en laissant le côté gauche libre pour la circulation.

Pour diminuer la profondeur des colonnes, les batteries et les échelons de combat peuvent, si les circonstances s'y prêtent, prendre l'ordre en colonne par pièce doublée.

**580. Fractionnement des colonnes.** — Toute colonne de plus de 10 à 12 voitures doit être fractionnée. Cette mesure a pour conséquence d'empêcher les à-coups de se propager en s'aggravant.

À moins que le commandement ne fixe les distances, on prend en général celles qui sont prescrites dans le Titre V.

**581. Précautions à prendre pour assurer la régularité de la marche et la conservation des chevaux.** — Les à-coups sont une cause de fatigue considérable pour les chevaux attelés ; il en est de même des départs et des arrêts brusques. La régularité de l'allure doit donc être maintenue avec le plus grand soin ; la première condition pour cela est que l'allure de la tête de chaque fraction soit strictement réglée. Il appartient au chef de chaque fraction de prendre les mesures nécessaires pour obtenir ce résultat.

Les voitures d'une même fraction de colonne doivent, dans le même but, éviter de réduire leur distance normale par rapport à celles qui les précèdent immédiatement. Si cette distance vient à s'allonger, elles ne doivent pas chercher à la reprendre brusquement.

Si l'allure de la tête de chaque fraction a été bien réglée, les distances entre les fractions se rétablissent d'elles-mêmes aux haltes ou lorsqu'on passe au pas.

On doit mettre un long intervalle entre le geste préparatoire et le geste d'exécution lorsqu'on passe du pas au trot, de façon à permettre aux voitures de prendre simultanément le trot.

Dans tous les cas, chaque chef de voiture répète les deux gestes.

S'il se produit des allongements exceptionnels au passage d'un défilé, le commandant de chaque fraction arrête la tête de sa troupe au delà du défilé lorsqu'elle a laissé derrière elle l'espace nécessaire pour contenir la fraction entière ; il la remet en marche assez à temps pour que la queue ne soit pas obligée de s'arrêter.

Les commandants d'unités et de sous-unités ne sont pas astreints à rester en permanence à leur place réglementaire. Les commandants d'unités et de fractions de colonne s'arrêtent fréquemment pour voir si leurs troupes marchent dans l'ordre prescrit et à une allure régulière. Les gradés veillent à ce que la traction des voitures placées sous leur commandement soit convenablement assurée ; ils veillent à ce que les conducteurs se tiennent correctement et d'aplomb sur leurs chevaux, afin d'éviter les blessures par le harnachement [1].

S'il arrive un accident à une voiture ou à l'un de ses chevaux, on doit chercher à lui faire quitter la file et laisser avec elle un sous-officier ou brigadier. Si l'accident survenu ne lui permet pas de quitter la file, les voitures suivantes continuent de marcher en passant par le côté où cela est le plus facile et sans allonger l'allure. La place des voitures absentes est ménagée dans la colonne.

Lorsque l'accident est réparé et que la voiture peut se remettre en marche, elle reprend la file à la queue de l'unité qui la double et marche à l'allure de la colonne jusqu'à la première halte, dont elle profite pour regagner sa place au trot.

A moins d'ordre contraire, une voiture ne doit jamais doubler une colonne en marche.

**582.** **Haltes.** — Dans les haltes, la colonne se range sur le côté droit ; tous les chevaux de selle, sans exception, sont placés de ce côté, face à gauche, dans les intervalles vides entre les voitures. Les servants descendent des coffres. On met pied à terre, on décroche les gourmettes, on abat les servantes, on dérêne les sous-verge, on visite les pieds des chevaux ; les roues sont calées si la route est en pente. Le harnachement, le paquetage et le chargement des voitures sont remis en ordre, s'il y a lieu ; les gradés y veillent et vérifient particulièrement l'ajustage du harnachement [2].

Les hommes à pied se forment en bataille, sans commandement, face à gauche de la route ; ceux qui sont armés du mousqueton forment les faisceaux le long du bord. Lorsqu'on reprend la marche, les faisceaux sont rompus, puis l'ordre en colonne est repris sans commandement.

Aux haltes et principalement à *la première halte*, les officiers passent l'inspection et examinent particulièrement l'état des chevaux, la ferrure, l'ajustage du harnachement, le paquetage et le chargement des voitures ; ils font, s'il est nécessaire, ressangler les chevaux.

---

1. L'importance de cette prescription est capitale dans les marches avec l'infanterie.

2. Il est formellement interdit de chercher à replacer la couverture d'un cheval sans enlever la selle. Lorsque les hommes mettent pied à terre ou remontent à cheval, ils prennent les précautions nécessaires pour empêcher, autant que possible, tout mouvement de la selle.

S'il doit être fait *une grand'halte*, des officiers sont désignés pour en reconnaître l'emplacement, ainsi que les ressources en eau et en bois qu'il présente. Ces reconnaissances permettent de déterminer la formation à prendre et les mesures d'ordre à prescrire.

Les unités s'établissent au parc ou dans toute autre formation de rassemblement.

Les chevaux ne sont pas dételés; si l'on doit leur donner un repas d'avoine, on les débride et on les dessangle légèrement. Les troupes prennent un repas froid et, si l'ordre en est donné, font du café.

Lorsqu'une colonne doit faire une longue marche (50 kilomètres par exemple), il est nécessaire de couper cette marche par un long repos de 4 ou 5 heures pour permettre aux hommes de préparer leurs aliments et même de dormir. Pendant les longs repos, les chevaux sont dételés et débridés et, si on les laisse harnachés, dessanglés.

**583. Serre-file général.** — Dans les colonnes fractionnées, le chef de la colonne désigne un serre-file général qui, lorsque l'importance de la colonne le comporte, peut être un officier.

Indépendamment de la surveillance générale attribuée à tout serre-file [1], le serre-file général est chargé de donner aux éléments qui sont obligés de rester en arrière les indications qui leur sont nécessaires pour rejoindre la colonne. Son rôle est particulièrement important dans les traversées de lieux habités, de défilés ou de passages difficiles.

**584. Prescriptions d'ordre.** — 1° Il est défendu de faire aucun cri de marche ou de halte pendant la marche;

2° Les officiers et gradés veillent à ce que chaque soldat marche à sa place et que personne ne quitte les rangs sans autorisation.

· Tout servant à pied autorisé à quitter momentanément les rangs remet son mousqueton à son voisin; il est tenu de rejoindre le plus promptement possible;

3° Les malades peuvent être autorisés par leur commandant d'unité à attendre le passage du médecin; on laisse avec chacun d'eux un gradé qui rejoint à la première halte, après avoir présenté l'homme au médecin;

4° Quand il fait très chaud et qu'il y a beaucoup de poussière, on envoie en avant, si on le peut, des gradés chargés de préparer des récipients pleins d'eau, au moyen desquels les hommes pourront remplir leurs bidons et dans lesquels il sera possible de prendre de l'eau pour éponger les yeux et les naseaux des chevaux. On ne laisse les hommes s'arrêter individuellement aux ruisseaux et aux puits qu'en cas de nécessité absolue.

**585. Honneurs.** — En campagne, les troupes ne rendent d'honneurs ni pendant les marches ni pendant les haltes.

---

1. Titre I, nᵒ 1.

## ARTICLE II

### ARTILLERIE NON ENCADRÉE DANS UNE COLONNE

**586.** **Dispositions générales.** — La fatigue des chevaux qui ne sont pas forcés dans leurs allures est surtout occasionnée par le poids qu'ils portent ; il y a, par suite, intérêt à diminuer le temps pendant lequel ils sont soumis à cette fatigue et, par conséquent, à marcher vite. Lorsque les hommes et les chevaux arrivent tard au gîte, tout le service s'en ressent.

Ces deux conditions : résistance des attelages, vitesse de la marche, sont conciliées par les alternances du pas et du trot, qui sont les seules allures à employer.

Tout accroissement dans la rapidité de la marche doit être obtenu par une augmentation de la durée des temps de trot et non par l'accélération de l'allure.

Lorsque cela est possible, les distances qui séparent les fractions de la colonne sont réglées de manière à laisser à chacune d'elles une indépendance suffisante pour faciliter l'emploi des différentes allures en terrain favorable.

Si, après une montée ou une descente rapide, la colonne doit prendre le trot, les diverses fractions peuvent ainsi prendre cette allure successivement lorsque toutes leurs voitures ont été dégagées de la pente.

Dans les montées d'une certaine longueur, les voitures peuvent avantageusement prendre le milieu de la chaussée, qui est le plus roulant ; à la descente, il est au contraire avantageux de prendre les bas côtés.

Lorsqu'une colonne ne comporte pas d'hommes marchant à pied, elle n'est pas astreinte aux haltes horaires.

Elle doit cependant faire une halte quelque temps après le départ, de préférence après le premier temps de trot, de manière qu'on puisse remédier aux défectuosités d'ajustage du harnachement ou d'arrimage du paquetage.

Il est fait également une halte avant l'arrivée au gîte ; sa durée est limitée au temps strictement nécessaire pour laisser manger les hommes, s'il y a lieu, et pour passer l'inspection de la tenue.

Lorsque, dans les marches loin de l'ennemi et dans les marches à l'intérieur, il est constitué une colonne à pied, cette colonne marche indépendamment de la colonne à cheval.

Lorsque les hommes à pied restent avec les voitures, on peut, si les conditions dans lesquelles s'exécute la marche le permettent ou l'exigent, les faire marcher à pied lorsque la colonne doit marcher au pas. Il est de toute nécessité, en prévision de cette éventualité, de les exercer à monter sur les coffres et à en descendre rapidement.

Il est avantageux de faire partir, autant que possible, les colonnes toujours à la même heure.

**587.** **Vitesse de la marche.** — La vitesse normale d'une colonne d'artillerie isolée est d'environ 8 kilomètres à l'heure dans les circonstances habituelles, c'est-à-dire lorsque la route suivie ne présente ni pentes obligeant à passer au pas, ni difficultés de traction exigeant un effort trop considérable. Cette vitesse correspond à des alternances de parcours égaux au pas et au trot avec une halte de dix minutes toutes les deux heures.

Elle peut aisément être soutenue sur un parcours de 3o ou 35 kilomètres sans qu'une grande halte soit nécessaire.

La vitesse normale des batteries à cheval attachées à une division de cavalerie indépendante peut être portée jusqu'à 9 kilomètres; mais, pour être obtenue d'une façon courante, elle exige une préparation antérieure.

Lorsqu'une colonne d'artillerie reçoit un ordre qui l'oblige à doubler une colonne d'infanterie, elle ne doit pas s'astreindre à régler l'alternance de ses allures d'après les pentes du terrain. La principale préoccupation est alors d'arriver vite et de gêner le moins possible la marche de l'infanterie.

Dans les marches forcées, la vitesse de marche est diminuée d'autant plus que le parcours à couvrir est plus considérable; on obtient ce résultat en réduisant la durée des temps de trot.

## ARTICLE III

### ARTILLERIE ENCADRÉE DANS UNE TROUPE D'AUTRES ARMES

**588.** Les troupes d'artillerie faisant partie d'une colonne d'infanterie marchent à la vitesse de l'infanterie; cette vitesse, d'ailleurs variable suivant les circonstances, est en moyenne de 4 kilomètres à l'heure, haltes horaires comprises.

En général, les servants marchent à pied; ils ne montent sur les coffres que lorsque la batterie peut être appelée à trotter.

Les batteries à cheval attachées aux divisions de cavalerie règlent leur marche sur celle des troupes qu'elles accompagnent.

## ARTICLE IV

### DISPOSITIONS ÉVENTUELLES

**589. Difficultés du terrain.** — Toutes les fois que cela est possible, les difficultés du terrain doivent être aplanies avant le passage de la colonne; on se sert à cet effet des outils de pionniers portés par les batteries.

Si, malgré ces précautions, ou dans le cas où l'on n'a pas eu le loisir de les prendre, le terrain est généralement difficile, il convient, si on le peut, de faire augmenter les distances entre les voitures, afin que chacun puisse choisir son chemin.

Lorsqu'il s'agit de franchir un mauvais pas, une tranchée ou un ruisseau profond, on place un gradé au point où l'obstacle présente le plus de difficultés.

**590. Montées.** — Si la montée est très longue, mais peu rapide, on peut faire mettre pied à terre aux conducteurs.

Si elle est longue et rapide, et si le chemin est en mauvais état, on peut, en outre, mettre la colonne en mouvement par fractions successives, en renforçant les attelages des voitures qui montent par des attelages prélevés sur les autres. Toutefois, on ne doit pas atteler plus de dix chevaux à la même voiture, à cause de la difficulté de faire agir avec ensemble un si nombreux attelage. Enfin, on dispose sur les flancs de la colonne des servants prêts à caler les roues, au besoin. Si la montée est courte et raide, les conducteurs doivent rester à cheval.

S'il s'agit d'une levée de terre (chaussée, remblai de chemin de fer, etc.) telle que la raideur des pentes, l'état de leur sol ou la hauteur du talus ne permettent pas d'opérer comme il est dit ci-dessus, on peut, suivant les circonstances, soit faire gravir la pente à l'avant-train seul et monter ensuite l'arrière-train à l'aide de cordes à chevaux, soit faire monter les chevaux tenus en main un à un, les conducteurs s'aidant, pour monter, d'une corde à fourrage tenue par des hommes placés en haut du talus.

Dans ce dernier cas, le matériel est monté à l'aide de cordes à chevaux [1].

**591. Descentes.** — Dans les descentes raides et difficiles, on dételle les chevaux du milieu et de devant; on place des servants en retraite avec des cordes à chevaux ; les voitures descendent successivement.

Lorsque la pente est trop raide pour que les conducteurs puissent rester à cheval, les chevaux sont découplés et chacun d'eux est conduit à bout de rênes, de façon à lui permettre de choisir son chemin. Si ce procédé paraît dangereux, chaque cheval est simplement dirigé par une corde à fourrage attachée aux rênes et tenue par un homme placé au bas de la pente.

Le matériel est descendu par une manœuvre de force et toujours la flèche ou le timon en arrière.

**592. Demi-tour dans un chemin étroit.** — Lorsqu'on ne peut faire demi-tour par un des procédés décrits à l'École du canonnier conducteur [2], on sépare les trains et on fait faire demi-tour à chacun d'eux, après avoir obliqué à droite le plus possible. Ce mouvement exécuté, si les avant-trains ont la place nécessaire, ils passent devant leurs arrière-trains respectifs et les deux trains sont de nouveau réunis.

Si ce mouvement n'est pas possible, on accroche chaque arrière-train à l'avant-train qui le suivait dans l'ordre primitif.

Dans ce cas, l'arrière-train qui se trouve en tête est emmené, soit par les attelages haut le pied, soit par deux des attelages

---

1. Une semblable opération ne doit d'ailleurs être tentée que s'il est impossible de tourner l'obstacle.

2. Le demi-tour par le reculer à droite ou à gauche devra être évité le plus possible dans une colonne.

de son avant-train, à moins qu'on ne puisse le faire doubler par son avant-train ; dans ce cas, cet avant-train conduit deux arrière-trains réunis l'un à l'autre.

Lorsque la nature du terrain ne permet pas de faire faire demi-tour aux arrière-trains, on fait faire demi-tour aux avant-trains après les avoir dételés et avoir, au besoin, enlevé les timons. On réunit ensuite chaque avant-train au moyen d'un cordage à l'arrière-train qui le précédait dans l'ordre primitif. Les arrière-trains sont ainsi conduits la flèche en arrière ; au besoin, des hommes soutiennent la flèche au moyen de cordages.

Enfin, si la nature du chemin rend dangereux le demi-tour des avant-trains débarrassés du timon, on laisse les trains réunis, et toutes les voitures sont emmenées le timon en arrière par les attelages des voitures qui les suivaient primitivement. Des hommes soutiennent les timons.

Pour atteler un arrière-train face en avant, on fixe un cordage dans la lunette de crosse ou de flèche.

Pour atteler un arrière-train face en arrière, on fait passer un cordage autour du corps d'affût et de l'essieu s'il s'agit d'un canon, sous le corps de la voiture en entourant la flèche s'il s'agit d'un caisson. On engage ensuite dans un nœud du cordage une fraction du timon de rechange à l'aide de laquelle on constitue une sorte de palonnier de fortune dont on engage les deux extrémités dans les ganses des rallonges de trait d'un attelage. Ce procédé s'applique quand on veut atteler une voiture par l'arrière.

**593.** Passer un gué. — Les gués sont reconnus d'abord avec soin par les éclaireurs, qui doivent non seulement s'assurer de leur praticabilité au point de vue de la nature du fond, mais encore reconnaître si l'on n'y a disposé aucun corps étranger tel que herses, etc. Un gradé est placé en permanence à l'entrée, un autre à la sortie du gué. Chacun d'eux doit recevoir les consignes reconnues nécessaires soit pour la façon dont le gué doit être traversé, soit pour la distance à prendre à la sortie. Les conducteurs empêchent les chevaux de boire ou de s'arrêter.

Lorsque le fond du gué présente des difficultés, on double les attelages et on se conforme aux principes relatifs aux passages des mauvais pas.

**594.** Passage des ponts militaires ou des ponts suspendus. — Les conducteurs de derrière seuls restent à cheval, des hommes à pied tiennent les sous-verge. Si le tablier est mouillé, on soutient les chevaux pour les empêcher de glisser. Les voitures prennent 20 mètres de distance et marchent à une allure franche et décidée en suivant autant que possible le milieu du tablier.

**595.** Marches de nuit. — Pendant la nuit, l'artillerie marche toujours au pas, sauf dans des circonstances exceptionnelles. La surveillance des gradés doit être plus soutenue et plus active encore que dans les marches de jour. Ils veillent à ce que les conducteurs ne s'endorment pas et à ce que chaque voiture soit constamment dans la voie de celle qui la précède.

Il est utile de soulever de temps en temps les traits, surtout après les arrêts, pour s'assurer que les chevaux ne sont pas empêtrés.

Les conducteurs ne mettent jamais pied à terre pendant la marche. Dans le voisinage de l'ennemi, il est défendu de fumer.

Enfin, il est nécessaire de placer des gradés aux embranchements de route pour indiquer la direction à suivre.

La nourriture des hommes est augmentée, s'il est possible.


# CHAPITRE III

## CANTONNEMENTS. — BIVOUACS.

---

### ARTICLE I<sup>er</sup>

#### CAMPEMENT

**596.** Le personnel chargé de reconnaître et de préparer un cantonnement ou un bivouac s'appelle *campement*.

Le campement se compose : pour un groupe de batteries ou d'unités de ravitaillement, d'un officier et d'un adjudant suivis d'un homme monté, et, par unité, d'un fourrier ou maréchal des logis, d'un brigadier et de deux hommes ; pour une unité isolée, d'un fourrier ou maréchal des logis, d'un brigadier et de deux hommes.

Cette composition peut être modifiée par le commandement, suivant les circonstances.


### ARTICLE II

#### CANTONNEMENTS

**597. Dispositions générales.** — Dans chaque localité, on peut utiliser toute la superficie couverte ; toutefois, les habitants ne sont jamais délogés de la chambre et du lit dans lesquels ils ont l'habitude de coucher.

On peut admettre qu'il est facile de cantonner dix hommes sans chevaux par habitant dans les régions agricoles, et cinq à six dans les villes et localités industrielles.

Quand on serre les troupes le plus possible, la capacité d'un cantonnement est augmentée dans des proportions considérables et s'élève à quarante et cinquante hommes sans chevaux par habitant, surtout si le pays contient de grandes propriétés.

Lorsque les ressources du cantonnement ne permettent pas d'abriter la totalité des troupes, une certaine partie s'installe au bivouac, comme il est dit ci-après à l'article III (n°s 602 à 606).

**598.** **Préparation du cantonnement.** — En arrivant dans la localité où l'on doit cantonner, le campement se rend directement à la mairie. L'officier qui le commande fait, de concert avec le maire et en consultant les plans de la localité, une répartition rapide de la commune entre les différents corps ; il indique au commandant du campement de chaque corps ou service le quartier qui lui est assigné.

Il communique, s'il y a lieu, à la municipalité les ordres concernant les réquisitions et ceux relatifs à la nourriture de la troupe par l'habitant. Il s'informe du prix des denrées et le fixe de concert avec les autorités locales.

Le commandant du campement de l'artillerie, après une exploration rapide du quartier qui lui est assigné, fixe l'emplacement du parc et de la garde de police ; il divise le quartier en parties proportionnelles à l'effectif des unités qui doivent y cantonner et affecte autant que possible à chacune d'elles les deux côtés d'une rue.

On évite généralement d'établir un parc dans l'intérieur d'un village ; il sera préférable de chercher un emplacement en dehors des habitations et du côté le moins menacé. Autant que possible, on choisira un terrain sec, mais à portée de l'eau, d'un accès facile et permettant aux batteries la libre exécution de leurs mouvements ; on construira des rampes, si cela est nécessaire, afin de pouvoir déboucher facilement dans plusieurs directions. Il y a intérêt à former un parc unique, mais à condition qu'il ne soit pas trop resserré. Plus un parc contient d'unités, plus il faut que la circulation soit aisée. A défaut d'emplacement convenable, chaque unité peut être appelée à organiser séparément son parc. Le parc ne doit jamais empiéter ni sur les rues ni sur les routes.

Les fourriers reconnaissent les maisons [1] dans les parties de la localité qui leur sont assignées et inscrivent lisiblement, sur la porte d'entrée, le nombre d'hommes et de chevaux que la maison doit abriter, ainsi que l'indication de l'unité et de la pièce auxquelles ils appartiennent. Les noms et les grades des officiers sont inscrits sur les portes des logements qui leur sont affectés. Dès qu'on est installé au cantonnement, ces inscriptions doivent être effacées.

En principe, les fourriers doivent chercher à installer les hommes près de leurs chevaux et à les loger par fractions constituées. Au point de vue de la superficie, on compte habituellement qu'il faut par homme un mètre sur deux ; par cheval un sur trois. Un officier occupe la place de cinq hommes.

Il faut chercher le plus possible à abriter les chevaux ; ce n'est qu'à défaut absolu d'abri qu'on les installe en plein air.

Les officiers de tous grades sont logés près de leur troupe. Le capitaine doit être placé au centre du cantonnement de son unité ; non loin de lui on loge le maréchal des logis chef

---

1. Les maisons et établissements dans lesquels des blessés sont recueillis et soignés sont dispensés du cantonnement.

et un trompette ; on cherche pour les ouvriers un local où ils puissent travailler.

Le chef du campement reconnaît le logement du commandant du groupe et prend les mesures nécessaires pour que les officiers qui sont adjoints à cet officier supérieur soient logés près de lui.

Dans chaque localité, le commandant du campement reconnaît ou fait reconnaître les abreuvoirs [1], les endroits où les hommes prendront de l'eau et ceux où ils doivent laver leur linge, et il en fait la répartition entre les troupes en indiquant au besoin, pour chacune d'elles, l'heure où l'on fera boire et celle où l'on ira chercher de l'eau. Si quelques travaux sont nécessaires, le commandant du campement les fait exécuter par les hommes qu'il a à sa disposition ou par les habitants. Au besoin, il fait placer des sentinelles près des cours d'eau, aux puits et aux fontaines.

Le commandant du campement de l'artillerie, après avoir reçu également du commandant du campement les indications sur le service d'ordre général, sur les ressources de la localité en vivres et sur le prix des denrées, détermine le service d'ordre à organiser près du parc, le logement de la garde de police de l'artillerie, l'emplacement pour la visite des hommes et pour celle des chevaux, l'emplacement des forges.

Lorsque toutes les dispositions accessoires sont prises, chaque commandant de campement dresse un tableau conforme au modèle ci-après et contenant les renseignements qu'il est utile de communiquer à la troupe.

RENSEIGNEMENTS ET ORDRES A COMMUNIQUER AUX TROUPES

AVANT L'ENTRÉE AU CANTONNEMENT.

| | |
|---|---|
| Nom de la localité occupée. | |
| Logement. . . . . | du commandant du cantonnement.<br>du commandant de l'artillerie.<br>du commandant de groupe.<br>des médecins.<br>des vétérinaires. |
| Quartiers occupés par les différentes unités. | |
| Service . . . . . . | de jour.<br>garde de police. |
| Retraite. . . . . . | Fixer l'heure à laquelle tous les hommes doivent être rentrés dans leurs logements. |

1. Il vaut mieux fixer comme abreuvoir une eau courante située à une certaine distance, que choisir une eau stagnante rapprochée du cantonnement.

Garde de police . . . { Emplacement.
{ Sentinelles à fournir.

Distributions. . . . { Pain . . . . }
{ Viande . . . } Indiquer l'heure et le
{ Fourrages. . } lieu.
{ Bois . . . . }
{ Petits vivres. }

Prix des denrées que l'on peut se procurer dans les cantonnements.

Abreuvoirs . . . . { Emplacements.
{ Précautions à prendre.
{ Heures pour les différents services.

Eau . . . . . . . { potable. . . . . . } Emplacement.
{ pr le lavage du linge. }

Visite des hommes.    Heure et lieu.
Ambulance . . . .    Emplacement (s'il y a lieu).
Visite des chevaux .    Heure et lieu.

Service de la poste . { Emplacements et heures de la levée
{ des boîtes.

Cantinière . . . . .    Emplacement.
Local réservé aux officiers.
Départ à        heure .
Prescriptions diverses.

**599. Installation au cantonnement.** — Le commandant du campement de l'artillerie se porte ensuite à la rencontre du commandant de l'unité pour laquelle il a opéré ; il lui rend compte de sa mission et complète, s'il y a lieu, d'après ses indications, le tableau des renseignements préparé. Les fourriers et brigadiers attendent la colonne au parc.

Dans le cas où on aurait dû former plusieurs parcs, l'un des fourriers des unités qui doivent s'établir sur chaque parc supplémentaire se porte également au-devant de la colonne pour amener ces unités directement sur ces emplacements.

Si le commandant de la colonne arrête les troupes à l'entrée du cantonnement, les ordres sont donnés à ce moment ; sinon, le commandant de l'artillerie attend le rassemblement général au parc pour donner les ordres.

Les ordres donnés et les voitures dételées, la garde de police va prendre possession du poste reconnu pour elle, dans lequel on affiche l'adresse des officiers.

Les fourriers guident les batteries vers leur cantonnement. Les gradés reconnaissent rapidement les locaux qui sont affectés à leur troupe, installent leurs hommes, leurs chevaux, leur harnachement, leurs cuisines, leurs gardes d'écurie et indiquent les mesures à prendre en cas d'alerte.

Afin de faciliter la réunion des troupes, les soldats occupent de préférence le rez-de-chaussée des maisons. Les hommes sont nourris par l'habitant lorsque le commandement le prescrit ; mais, en principe, les troupes font ordinaire.

Dans chaque pièce, les chevaux sont, autant que possible, placés dans l'ordre de la formation de rassemblement au parc, afin que chacun d'eux ait toujours les mêmes voisins. Cette prescription permet d'éviter des coups de pied.

Les fanions, drapeaux et lanternes servant à reconnaître les emplacements des quartiers généraux, formations sanitaires, etc..., sont indiqués dans la deuxième partie du Règlement (n° 440).

**600. Cantonnement d'alerte.** — Lorsqu'une troupe est installée en cantonnement d'alerte, on installe les fractions constituées dans de vastes locaux dont les portes restent ouvertes et qui doivent être éclairés toute la nuit. Les habitants fournissent les lumières nécessaires. Les rues sont également éclairées.

Les hommes restent habillés, les officiers au milieu de leur troupe.

Lorsque les circonstances semblent l'exiger, les chevaux peuvent rester garnis toute la nuit.

Dans chacun des locaux occupés, un homme veille, entretient la lumière et se tient prêt à donner le signal d'alerte.

## ARTICLE III

### BIVOUACS

**601.** Chaque chef de campement, après avoir reconnu le terrain assigné pour le bivouac de sa troupe et en avoir fait jalonner les limites, arrête les dispositions à prendre, l'emplacement de chaque unité, celui des cuisines et des feuillées. Il reconnaît ou fait reconnaître les abreuvoirs, les endroits où les hommes prendront l'eau, ceux où ils devront laver leur linge et fait commencer les travaux d'appropriation et de nettoyage qui pourraient être nécessaires, en réquisitionnant au besoin des habitants.

Ces dispositions prises, il se porte au-devant de la troupe et les communique au commandant, dans la forme prescrite pour le cantonnement.

L'ordre est communiqué aux troupes, soit avant l'entrée au bivouac, soit à l'arrivée.

Les troupes s'installent au bivouac en prenant les formations indiquées plus loin.

Les officiers bivouaquent avec leur troupe.

#### FORMATION NORMALE DE BIVOUAC D'UNE UNITÉ

**602.** Sous réserve des modifications imposées par le terrain, on prend les dispositions suivantes :

**Matériel.** — Le parc est formé à 5 mètres d'intervalle, conformément aux dispositions indiquées n°s 455 et 456.

Dans les batteries, l'échelon de combat se place à la gauche de la batterie de tir.

**Chevaux.** — Les cordes à chevaux sont tendues derrière le parc, dans une direction perpendiculaire au front de bandière et de manière à laisser libre une rue de 12 mètres de largeur.

Elles sont établies dans le prolongement des files paires ou des files impaires de voitures, suivant que le vent vient de droite ou de gauche.

Dans les batteries il est établi une ligne de quatre cordes de 8 mètres (*six dans les batteries à cheval*) pour chacune des 3 premières sections, et deux lignes, de trois cordes chacune, pour la 4e section[1].

Dans les unités de ravitaillement, on établit une ligne de

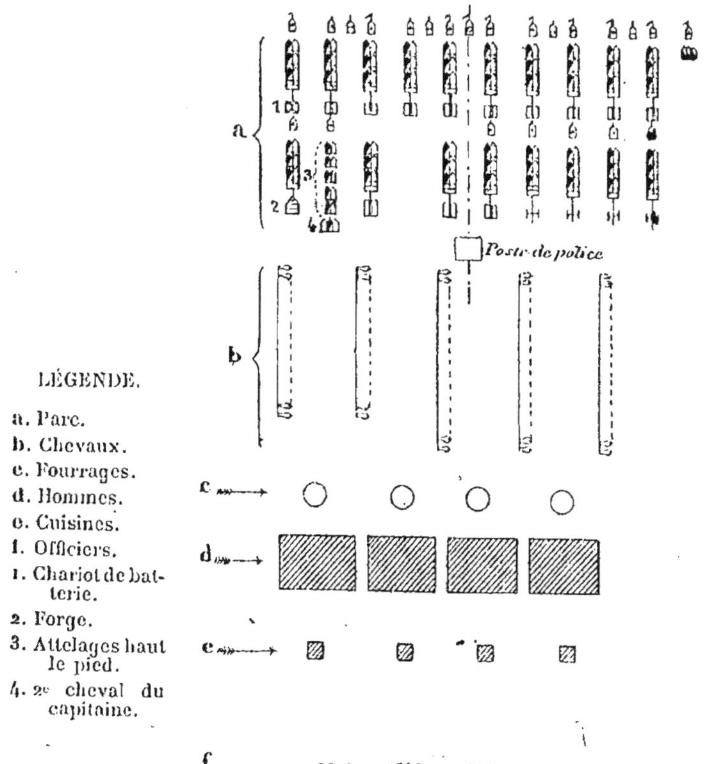


*Exemple de bivouac d'une batterie montée.*

cordes par pièce, le nombre de cordes à employer pour chaque ligne dépendant de l'effectif des chevaux à attacher[2].

Si le manque de profondeur du terrain l'exige, on peut réduire de moitié la longueur de chaque ligne de cordes; les chevaux sont alors attachés des deux côtés[3].

Si l'ordre est donné d'attacher les chevaux avec l'anneau

1. Dans les batteries à cheval, on peut aussi, si on le juge préférable, en raison des dimensions du terrain, disposer les voitures de chacune des 6e et 7e pièces sur une seule file de trois voitures; on n'établit alors qu'une ligne de cordes pour la 4e section.

2. Une corde de 8 mètres permet d'attacher huit chevaux d'un seul côté.

3. Cette disposition doit être évitée autant que possible.

de bivouac, on n'établit pas de cordes. Les anneaux de bivouac, comprenant chacun de dix à douze chevaux, sont établis en quinconces sur les emplacements indiqués ci-dessus pour les cordes à chevaux [1].

**Harnachement et fourrages.** — Le harnachement est disposé avec ordre et aligné à 5 mètres en arrière des chevaux; les couvertures sont pliées sur les selles.

Les fourrages sont réunis dans le prolongement des cordes à chevaux, et à 5 mètres de distance de ces cordes.

**Personnel.** — Si la troupe est pourvue de *tentes-abris* et si l'ordre a été donné de les dresser, elles sont établies sur une ligne parallèle au front de bandière, à 15 mètres des cordes à chevaux, et, dans chaque section, en arrière de l'emplacement occupé par les voitures et les chevaux de cette section.

Un intervalle de 2 mètres est ménagé entre deux sections voisines. Les sous-officiers occupent la première tente de leur section; l'adjudant, la dernière tente de la 4e section; le maréchal des logis chef, la dernière tente de la 1re section.

Si la troupe n'a pas de tentes, les sous-officiers et les hommes s'installent sur les mêmes emplacements et dans le même ordre.

Les *cuisines* sont installées à 10 mètres des tentes ou de l'emplacement affecté aux hommes [2].

Quand l'ordre en est donné, des *feux* sont allumés sur la ligne des cuisines ou dans l'espace compris entre cette ligne et l'emplacement affecté aux hommes. Les hommes y construisent des abris, si cela est possible.

Les *fenillées* sont placées à 60 mètres de la ligne des feux; on les établit de façon que le vent ne ramène pas les émanations sur le campement et qu'elles soient suffisamment éloignées des prises d'eau, que leur voisinage pourrait infecter.

Leur emplacement est indiqué par une lanterne pendant la nuit.

**Officiers.** — Les officiers ont leur tente à 20 mètres en arrière des hommes ou de la ligne des cuisines; ils ont leurs chevaux à côté d'eux.

### INSTALLATION AU BIVOUAC.

**603.** Le parc étant formé comme il est dit ci-dessus, les hommes non montés sont rassemblés à l'endroit indiqué par le capitaine, ainsi que les attelages haut le pied.

Dans les batteries montées, les servants forment les faisceaux, les conducteurs non montés y suspendent leur revolver.

---

1. L'emploi de l'anneau de bivouac doit être, en principe, limité à des stationnements de courte durée, et de préférence au cas où les chevaux doivent rester harnachés.

2. Quand la direction et la force du vent le rendent utile, et quand on le peut, on place les cuisines à droite ou à gauche du bivouac, de manière qu'on soit gêné le moins possible par la fumée.

Chaque chef de section fait alors placer les cordes à chevaux, puis il fait sortir du parc les chevaux de sa section et les fait attacher à la corde[1], la tête du côté opposé au vent, dans l'ordre prescrit pour la formation de rassemblement. Les chevaux méchants sont isolés. Dès que les chevaux sont attachés, chaque homme monté débride, pose en arrière de ses chevaux sa bride et son revolver, desselle et donne à ses chevaux les soins prescrits. Ceux qui ont un sabre le plantent en terre, en arrière de leur cheval, et posent sur le sabre la bride et le revolver.

Les gardes d'écurie prennent leur poste.

Le bivouac étant formé, la forge est, s'il y a lieu, placée près de la ligne des feux, sous le vent du bivouac.

Le poste de police s'installe au milieu de la rue qui sépare le matériel des chevaux.

Il est toujours placé une sentinelle sur le front de bandière.

**604.** **Trains régimentaires.** — Les trains régimentaires viennent s'établir à la gauche de leurs unités respectives, les voitures sur une ou deux files; les chevaux sont attachés à la corde portée par le chariot-fourragère, sur une ligne parallèle aux autres lignes de cordes à chevaux.

DISPOSITIONS ÉVENTUELLES POUR LES BATTERIES.

**605.** Dans le cas où le chariot de batterie aurait été séparé de la batterie et où, par suite, on ne disposerait pas de piquets d'attache, on peut employer la formation ci-après :

Le parc est formé sur cinq lignes distantes de 4 mètres, à raison d'une ligne pour chacune des 3 premières sections et de deux pour la 4e (*une seule pour les batteries à cheval*).

Dans chacune des 2 premières sections, chaque pièce se forme par pièce doublée, à droite pour la 1re, à gauche pour la 2e. On prend 22 mètres d'intervalle entre les deux pièces (*30 dans les batteries à cheval*).

Les caissons auxquels doivent être fixées les cordes sont mis en batterie.

A titre d'exemple, la figure ci-jointe indique un dispositif qui peut être avantageusement adopté.

Dans chaque ligne, on prend trois cordes à chevaux, de 8 mètres (*4 pour les batteries à cheval*), et on les place bout à bout. A 4 mètres de chaque extrémité de la ligne ainsi

---

1. Pour attacher les chevaux à la corde, faire avec le bout de la chaîne le tour de la corde de dessus en dessous, et ramener le brin libre terminé par le T par-dessus le long brin, enrouler le brin libre autour de la corde de dessous en dessus, et engager le T sous le brin qui relie les deux enroulements, tirer sur la chaîne en secouant de manière à serrer et à rapprocher les deux tours faits autour de la corde.

formée, on fait un nœud qu'on serre après y avoir passé un bout de bois.

L'extrémité droite de la corde est alors brêlée dans chaque ligne aux deux rais supérieurs de la roue gauche de l'arrière-train du caisson de droite, et la corde se trouve ainsi à peu près dans le prolongement de l'essieu. Il en est fait de même à l'autre extrémité. Puis, par un mouvement de va-et-vient, on déplace l'arrière-train du caisson de gauche vers la gauche pour tendre convenablement la corde. Enfin on place la roue gauche de ce caisson, et, si on le juge utile, la roue droite du caisson de droite, dans un sillon de 10 centimètres de profondeur, qu'on creuse à la pioche. Les chevaux sont attachés de part et d'autre des cordes et entre les nœuds, afin d'éviter des dégradations au matériel.



**LÉGENDE.**

1. Chariot de batterie.
2. Forge.
6. 6ᵉ pièce.
7. 7ᵉ pièce.

Les chevaux sont de part et d'autre des cordes.

Une rue de 4 mètres est réservée entre les chevaux et les caissons.

*Exemple de bivouac d'une batterie montée.*

(Les caissons en batterie servent de point d'attache pour les cordes à chevaux.)

Le harnachement est placé derrière les chevaux comme il est prescrit au n° 602.

Les fourrages sont réunis par ligne, à hauteur des bouts des timons et au milieu de l'intervalle.

Le bivouac des hommes est formé de chaque côté du parc, perpendiculairement au front de bandière et à 3 mètres des voitures, chaque pièce le plus près possible de ses voitures.

Le poste de police est placé à l'endroit le plus favorable au milieu de l'intervalle compris entre l'une des files de voitures et l'emplacement du bivouac des hommes.

Quand les moyens d'attache sont insuffisants, les chevaux sont placés de part et d'autre des cordes; celles-ci sont fixées à des bois façonnés sur place et qu'on enfonce dans le sol.

## GROUPE DE BATTERIES OU D'UNITÉS DE RAVITAILLEMENT.

**606.** Un groupe peut former le bivouac en bataille ou en colonne, chaque unité s'établissant comme il est dit n° 602 ou 605. Les voitures médicale, à viande et de cantinière s'établissent à la gauche de l'unité à laquelle elles sont rattachées.

Dans la formation en bataille, les bivouacs des unités sont disposés sur une même ligne, à 10 mètres d'intervalle. La garde du parc prend son poste à 5 mètres derrière le centre du parc ; deux sentinelles sont placées sur le front de bandière et une derrière le parc. Le commandant du groupe et les officiers qui lui sont adjoints s'établissent à 10 mètres en arrière des officiers de l'unité du centre ; leurs chevaux sont près d'eux.

Dans la formation en colonne, les unités forment le bivouac l'une derrière l'autre, à 20 mètres de distance. Les officiers s'installent sur le flanc de la colonne, à hauteur du milieu de leur unité. Le commandant du groupe et les officiers de son état-major se placent sur le flanc de la colonne, à hauteur et à 10 mètres de distance des officiers de l'unité du centre. Chaque unité pourvoit habituellement à la garde de son parc, comme si elle était isolée.

Quand plusieurs groupes sont réunis pour bivouaquer et quand on dispose d'un terrain assez vaste pour qu'il soit possible de les établir ensemble suivant une formation régulière, les groupes sont placés les uns par rapport aux autres, soit en ligne, soit en colonne, chacun d'eux prenant l'une des formations indiquées ci-dessus pour le groupe isolé. On doit, dans tous les cas, laisser entre les groupes un intervalle ou une distance d'au moins 20 mètres.


## ARTICLE IV

### SERVICE DANS LES CANTONNEMENTS ET BIVOUACS

**607.** Différents tours de service. — Les règles formulées dans le Règlement sur le service dans les places de guerre et les villes ouvertes sont appliquées, autant que possible, dans les cantonnements et bivouacs.

On établit à cet effet trois tours de service :

*Premier tour :* Détachements qui ne sont relevés qu'au bout d'un certain nombre de jours ;

*Deuxième tour :* 1° Gardes de police, gardes intérieures, piquets, plantons, service habituel fourni par les fractions de jour et relevé toutes les 24 heures ;

2° Travaux militaires et corvées ;

*Troisième tour :* Service individuel dans les cantonnements et bivouacs.


**608.** Service de jour. — Dans chaque corps de troupe et dans tous les grades, le service est fait par jour.

Les gardes, les détachements et les travailleurs sont toujours fournis par fractions constituées.

Dans chaque artillerie divisionnaire ou de corps, les groupes alternent, suivant les ordres du commandement, pour le service de jour. Dans le groupe de jour, le service est fourni en principe par une batterie; les batteries sont commandées dans l'ordre de leurs numéros.

Dans chaque échelon de sections de munitions, les sections alternent pour le service de jour.

Le service de jour consiste à fournir la garde de police, les plantons auprès de la garde de police centrale du cantonnement et, s'il y a lieu, auprès du commandant des troupes.

Les plantons se rendent à leur poste avec leurs armes et leur équipement.

Le capitaine de jour du groupe de jour est, en principe, seul chargé des distributions; il est secondé dans ce service par les officiers de jour des batteries. Toutefois, si les circonstances l'exigent, le service des distributions peut être réparti par le commandant de l'artillerie divisionnaire ou de corps entre les capitaines de jour des différents groupes.

Le capitaine de jour du groupe de jour est chargé, sous l'autorité du commandant de ce groupe, de la police intérieure du cantonnement, de la surveillance de la garde de police et du poste de discipline.

Dans une batterie détachée, l'officier de jour est chargé des distributions et de la police du cantonnement.

La propreté est surveillée dans chaque cantonnement par l'officier qui commande la troupe qui l'occupe.

Au bivouac, la corvée de propreté est surveillée par le commandant de la garde de police, d'après les ordres du capitaine de jour du groupe de jour.

**609.** Garde de police. — Les gardes de police assurent l'ordre dans les lieux de stationnement, y font observer les règles de police et surveillent le parc. Elles fournissent habituellement un poste de discipline chargé de garder les hommes punis. Elles fournissent de plus les sentinelles et, au besoin, les rondes et patrouilles. Leur effectif est déterminé en conséquence.

Il est établi une garde de police pour l'ensemble des unités qui relèvent du même commandement (groupe isolé, artillerie divisionnaire, artillerie de corps, etc.). Cette garde de police est commandée par un maréchal des logis et comprend un trompette.

Pour assurer la transmission des ordres, chaque unité détache à la garde de police un planton connaissant le logement des officiers.

Au bivouac, la garde de police peut être autorisée à construire des abris et faire des feux.

Les hommes de la garde de police peuvent faire préparer leurs aliments par l'un d'eux ou bien reçoivent leur nourriture de leur batterie.

**610.** Gardes d'écurie. — Au bivouac, il est commandé, dans chaque unité, un brigadier pour surveiller les gardes d'écurie pendant la nuit. Les gardes d'écurie sont commandés en nombre suffisant pour se relever au moins de deux heures en deux heures.

Au cantonnement, les chevaux sont surveillés directement par les canonniers qui en sont chargés ; il n'est organisé, généralement, de garde que pour les écuries contenant plus de 12 chevaux.

**611. Punitions.** — Pour l'ensemble des unités, un poste de discipline, placé sous la surveillance de la garde de police, remplace les salles de discipline et reçoit les hommes punis de salle de police ou de prison. Ces hommes rejoignent leur pièce au rassemblement du départ.

**612. Surveillance à exercer dans les cantonnements et mesures d'ordre.** — Les officiers et les sous-officiers ont le devoir de veiller à l'exécution des prescriptions du Règlement sur le service intérieur relatives à la tenue et à la propreté corporelle, ainsi qu'à la conservation des effets, des armes et du harnachement. Les lieutenants sont chargés de tout le détail du service de leur section, y compris le pansage et les soins à donner aux chevaux ; ils doivent tenir la main à l'exécution de toutes les prescriptions susceptibles d'assurer l'hygiène de leur personnel.

En dehors des corvées régulières, les hommes ne peuvent pas s'éloigner de leurs logements, avant d'avoir procédé aux soins de propreté corporelle, nettoyé leurs armes et revêtu la tenue prescrite.

Parmi les devoirs de surveillance qui incombent aux officiers dans les cantonnements et bivouacs, la visite de la ferrure des chevaux est l'un des plus importants ; elle est spécialement du ressort des chefs de section, qui passent habituellement cette visite pendant le pansage. Ils examinent en même temps le harnachement, prescrivent les modifications qu'il peut y avoir lieu d'y apporter, passent une visite minutieuse des chevaux et font ensuite, s'il y a lieu, les propositions nécessaires pour la reconstitution des attelages.

Les chefs de pièce ont le devoir de rassembler les hommes et les chevaux de leur pièce, tant avant le départ qu'à l'arrivée, et de veiller à ce que les hommes aient leurs armes et leurs effets au complet. Ils prennent les dispositions nécessaires pour que le personnel placé sous leur commandement ne soit pas sur pied avant l'heure fixée, et empêchent, notamment, de garnir et de seller les chevaux prématurément.

Quand les chevaux sont à la corde, on doit veiller à ce que tous les chevaux attachés à la même corde reçoivent l'avoine en même temps. On surveille, en particulier, ceux qui restent en arrière de l'alignement et refusent de manger leur fourrage. Il faut mettre leur ration de côté et la leur donner plus tard, par petites parties ; si l'on peut l'arroser avec de l'eau salée, elle est plus facilement mangée.

Quand on va à l'abreuvoir, il faut défendre de conduire les chevaux avec la chaîne et le collier.

Le parc doit être nettoyé tous les jours.

Les chefs de pièce doivent veiller à ce que l'on ne fasse pas de bruit dans les cantonnements et qu'on n'y fume pas dans le cas où il y aurait danger d'incendie.

Toute sonnerie est interdite dans les cantonnements ou bivouacs, sauf dans le cas d'une alerte dont le signal est donné par le commandant du cantonnement, qui fait sonner la générale. Les trompettes des gardes de police répètent cette sonnerie.

Il est essentiel de ne pas troubler le repos des troupes pendant la nuit pour la transmission des ordres.

A moins d'ordres contraires, tous les matins, à l'heure fixée par le commandement, les hommes des batteries et sections doivent être rassemblés par pièce et reçoivent, s'il y a lieu, communication des ordres pour le départ.

**613. Points de rassemblement.** — Le point de rassemblement des unités est le parc. Si les batteries ont des parcs différents, il est désigné un point de rassemblement pour le groupe. Les batteries s'y rendent dès que le matériel est attelé.

# CHAPITRE IV

## INSTRUCTION SUR LE COMBAT

### Avant-propos.

#### Objet de la présente instruction.

**614.** Le combat ne comporte pas de règles fixes.

Les officiers y sont, le plus souvent, en présence de situations imprévues.

Une connaissance approfondie des principes qui doivent présider à l'emploi des différentes armes devra, alors, guider leur initiative et servir de base à leurs décisions.

La présente instruction a pour but l'exposé de ces principes, en ce qui concerne l'artillerie.

Elle comprend deux parties :

*Première partie :* Propriétés caractéristiques de l'artillerie; principes généraux d'emploi qui en sont la conséquence.

*Deuxième partie :* Rôle de l'artillerie dans les différentes phases du combat; principes particuliers d'emploi qui en sont la conséquence.

# PREMIÈRE PARTIE

## PROPRIÉTES CARACTÉRISTIQUES DE L'ARTILLERIE PRINCIPES GÉNÉRAUX D'EMPLOI QUI EN SONT LA CONSÉQUENCE

### I. PROPRIÉTÉS CARACTÉRISTIQUES DE L'ARTILLERIE.

#### Rapidité d'action.

**615.** La rapidité d'action est la caractéristique de l'artillerie de campagne.

Elle procède de deux propriétés essentielles du matériel :

1) La rapidité et la puissance du tir ;

2) La possibilité d'agir par surprise.

**616. Rapidité et puissance du tir.** — La rapidité et la puissance de son tir donnent à l'artillerie de campagne, sur le terrain qu'elle bat efficacement, une action telle, que :

1) Aucune troupe en formation dense ne saurait se mouvoir à découvert sur ce terrain sans s'exposer à des pertes assez sérieuses pour ébranler son moral et arrêter sa marche ;

2) Les obstacles habituels du champ de bataille (murs, levées de terre, etc.) éprouvent, dans un temps très court, des effets de bouleversement et de destruction qui seront, en général, suffisants pour en chasser les défenseurs. Toutefois, contre des positions que l'ennemi aura pu organiser à loisir, il sera parfois nécessaire de recourir à l'artillerie lourde.

**617. Possibilité d'agir par surprise.** — La possibilité, toutes les fois que les circonstances tactiques s'y prêteront, de préparer le tir à l'abri des vues de l'ennemi, permet à l'artillerie de campagne de ne révéler sa présence qu'au moment précis où son intervention doit se produire.

Les effets dus à la rapidité et à la puissance s'augmentent, en ce cas, de tous ceux donnés par la surprise.

#### Le tir s'exécutera par rafales et par intermittence.

**618.** En conséquence, pour tirer parti de la rapidité d'action de l'artillerie de campagne, il convient de procéder par rafales subites, courtes et violentes, enlevant à l'adversaire sa liberté d'action, et facilitant par suite aux autres armes la conquête du terrain, dont la possession affirme seule le succès définitif.

Les tirs efficaces sont donc nécessairement intermittents.

## II. PRINCIPES GÉNÉRAUX D'EMPLOI
### QUI EN SONT LA CONSÉQUENCE.

### Choix des objectifs.

**619.** Choisir toujours des objectifs nettement définis et, de préférence, ceux qui s'opposent le plus immédiatement et le plus efficacement à la marche de l'infanterie.

### Préparation et conduite du feu.

**620.** 1° Avoir constamment à sa disposition le plus grand nombre possible de batteries prêtes à entrer en action, mais n'en faire tirer, tout d'abord, que le nombre jugé suffisant pour obtenir, dans le minimum de temps, le résultat cherché.

Ce nombre dépend, en général, de l'étendue du front à battre.

2° Installer provisoirement, soit en position de surveillance, soit en position d'attente, les batteries dont on n'aura pas l'emploi immédiat, de façon qu'elles puissent, sans perte de temps et grâce à une préparation du tir poussée aussi loin que possible, soit agir contre de nouveaux objectifs dès que leur présence sera révélée, soit concentrer leurs feux sur un objectif insuffisamment battu. Le tir de l'artillerie atteint, en effet, son maximum de puissance par la concentration des feux. Celle-ci est surtout efficace lorsque l'objectif est pris d'écharpe ou d'enfilade par un certain nombre de batteries.

### Choix et occupation des emplacements.

**621.** 1° Se préoccuper avant tout, dans le choix des emplacements, de la situation présente.

2° Choisir, autant que possible, surtout au début du combat, des emplacements à l'abri des vues de l'ennemi, de façon que les batteries en action ne se révèlent à lui que par la lueur de leurs coups, et éviter de former de longues lignes d'artillerie faciles à découvrir.

3° Préparer les occupations des emplacements avec tout le soin possible, et aborder ceux-ci en formations très souples utilisant aussi minutieusement le terrain que la situation tactique le permettra.

4° Occuper, en principe, tout le front dont on peut disposer, mais rechercher surtout les facilités de commandement et de déplacement, sans s'astreindre à ménager des intervalles réguliers entre les groupes, les batteries ou les pièces.

5° Sacrifier les avantages du défilement lorsque les circonstances l'exigeront, notamment pour les batteries qui doivent accompagner une attaque.

6° Ne pas hésiter, dans ces circonstances, à occuper des

fronts plus étroits qu'au début, et, au moment décisif, se mettre en batterie, s'il est nécessaire, avec les intervalles les plus réduits.

7º Abriter le personnel, dès que l'on cesse de tirer, en utilisant les ressources offertes, soit par le matériel, soit par le terrain.

### Remplacement des munitions.

**622.** Se tenir constamment au courant de la situation des munitions, et donner ou provoquer, en temps utile, suivant le cas, les ordres nécessaires pour le ravitaillement. Le manque de munitions n'autorise jamais une batterie à abandonner son poste.

# DEUXIÈME PARTIE

## ROLE DE L'ARTILLERIE
## DANS LES DIFFÉRENTES PHASES DU COMBAT,
## PRINCIPES PARTICULIERS D'EMPLOI
## QUI EN SONT LA CONSÉQUENCE

---

### 1. GÉNÉRALITÉS.

### Rôle général de l'artillerie.

**623.** L'action de l'artillerie doit se faire sentir dans toutes les phases du combat.

En conséquence, il est indispensable que le commandant des troupes, responsable de son emploi, et le commandant de l'artillerie, responsable des mesures d'exécution, se pénètrent des principes ci-après :

### Devoirs du commandant des troupes.

**624.** 1º Tenir toujours le commandant de l'artillerie au courant de la situation et de ses intentions.

2º Fixer les positions initiales à occuper par l'artillerie.

3º Donner les ordres relatifs à l'ouverture du feu.

4º Prescrire, au cours du combat, les changements de position.

Toutefois, en présence de situations imposant une prompte décision, tout commandant d'artillerie engagerait gravement son honneur et sa responsabilité s'il attendait des ordres pour exécuter les mouvements nécessités par les exigences tactiques.

5º Donner, s'il y a lieu, l'ordre de mettre sous un même

commandement, pour un but défini, la totalité ou une fraction de l'artillerie dont il dispose. Ménager, dans ce cas, le principe de ne pas séparer l'artillerie des divisions auxquelles elle est rattachée.

6° Fixer nettement le moment où cette mesure, toujours éventuelle, doit prendre fin.

7° Prévenir en temps utile le commandant de l'artillerie du moment où l'infanterie va exécuter une attaque.

8° Assurer la protection de l'artillerie. Cette protection résultera, suivant les cas, soit du dispositif général, soit de l'affectation à cette tâche d'un soutien spécial. Ce soutien n'est pas aux ordres du commandant de l'artillerie.

### Devoirs du commandant de l'artillerie.

**625.** 1° Se tenir au courant de la situation et se pénétrer des intentions du commandant des troupes.

2° Accompagner celui-ci dans la reconnaissance générale au cours de laquelle les positions initiales de l'artillerie sont fixées.

3° Se tenir en liaison constante avec le commandant des troupes, lorsqu'il est obligé de s'en séparer.

4° Déterminer, sur les positions fixées, les emplacements de l'artillerie. Cette reconnaissance, comme toutes celles qu'exécutent les officiers d'artillerie aux différents degrés de la hiérarchie, doit donner lieu à une étude d'autant plus attentive que le combat n'a pas encore pris tout son développement et que l'on est moins fixé sur ce que l'on a devant soi. Mais, dans tous les cas, le premier devoir de l'artillerie est de ne jamais retarder, pour une question d'ordre technique, son intervention tactique au moment nécessaire.

5° Donner, en temps utile, à ses subordonnés, permanents ou temporaires, les ordres relatifs aux emplacements à occuper et aux zones à surveiller ou à battre, ainsi que les instructions nécessaires pour le choix des objectifs et pour l'ouverture du feu. Les tenir sans cesse au courant de la situation.

6° Suivre avec soin le développement de l'action et préparer les changements de position de façon à être prêt à les faire exécuter, sans perte de temps, soit dès la réception de l'ordre, soit dès qu'il faudra faire acte d'initiative.

7° Veiller à ce que, sur chaque position occupée, la sécurité rapprochée de l'artillerie soit assurée au moyen des éclaireurs de terrain.

**626.** L'offensive permettant seule d'obtenir des résultats décisifs, le rôle de l'artillerie dans les différentes phases du combat est examiné ci-après dans l'hypothèse de l'offensive.

Un paragraphe spécial indiquera, toutefois, les conditions particulières de son emploi en cas de défensive momentanée.

## II. ARTILLERIE A L'AVANT-GARDE.

**627.** Les préliminaires du combat consistent généralement dans la prise de contact et l'engagement des avant-gardes.

Tant que les avant-gardes seules sont en présence, le commandement doit rester libre de refuser le combat ou de l'engager.

### Principes particuliers d'emploi de l'artillerie.

L'artillerie détachée à une avant-garde doit essentiellement :

**628. Avant l'engagement.** — Se conformer à l'ensemble du mouvement des troupes, tout en se tenant constamment prête, dès que l'ennemi est signalé à proximité, à agir sur l'ordre du commandant de l'avant-garde.

**629. Au cours de l'engagement.** — 1° Se répartir sur le terrain, en tenant compte des nécessités de sa défense rapprochée, et en choisissant des emplacements aussi bien défilés que possible.

2° Éviter de s'engager tout entière dès le début, afin de se ménager la possibilité d'une rupture.

3° User de sa mobilité pour changer autant que possible d'emplacement, dès qu'un tir a obtenu le résultat cherché.

## III. ARTILLERIE DANS LE COMBAT DE PRÉPARATION.

**630.** L'artillerie, dans le combat de préparation, a pour mission de faciliter la marche progressive de l'infanterie, d'appuyer ses attaques partielles et d'enrayer celles de l'ennemi.

Elle sera donc amenée à engager avec l'artillerie adverse une série de luttes successives dans l'intervalle desquelles elle pourra avoir à exécuter un tir lent.

### Principes particuliers d'emploi dans les luttes d'artillerie.

**631.** 1° Chercher à dominer, dans le minimum de temps et en y employant les seuls éléments nécessaires, l'artillerie adverse.

2° Procéder par contre-attaques, c'est-à-dire s'efforcer d'accabler un élément de la ligne ennemie au moment où il se trouvera lui-même occupé par un autre objectif.

3° Ne pas se hâter, en cas de succès, de considérer les batteries ennemies comme définitivement hors de combat; par suite, continuer à les surveiller.

4° Saisir toutes les occasions de rentrer avantageusement en action lorsque, pour un motif quelconque (surprise par l'artillerie adverse, supériorité du moment acquise par celle-ci), on a été obligé de suspendre le feu.

5° Reprendre la lutte, même inégale, est une obligation absolue, s'il est nécessaire d'aider l'infanterie.

6° Ne jamais se retirer du combat sans en avoir reçu l'ordre.

### Principes particuliers d'emploi dans les attaques partielles.

**632.** La conduite à tenir par les troupes de toutes armes dans une attaque partielle ne diffère en rien de celle qu'elles doivent tenir dans une attaque décisive, car les exécutants doivent toujours considérer comme décisive une attaque dont ils sont chargés.

La fraction d'artillerie destinée à appuyer une attaque partielle aura donc à se conformer aux principes exposés dans le paragraphe ci-après.

### IV. ARTILLERIE DANS L'ATTAQUE DÉCISIVE.

**633.** L'attaque décisive doit être préparée spécialement par une concentration rapide, violente et intense des feux de toute l'artillerie et des troupes d'infanterie qui peuvent battre l'objectif choisi.

Lorsque cette préparation est jugée suffisante par le commandant en chef, les troupes de l'attaque décisive s'engagent sur son ordre.

L'attaque décisive comprend donc :

1° La préparation spéciale ;

2° L'exécution.

### Principes particuliers d'emploi de l'artillerie dans l'attaque décisive.

**634. Préparation spéciale.** — 1° Placer sous une direction unique toutes les batteries appelées à concentrer leurs feux sur le point d'attaque.

2° Comprendre, quand les circonstances le comporteront, parmi ces batteries, celles qui font partie de l'artillerie lourde d'armée.

3° Avoir pour préoccupation essentielle d'agir avec puissance et rapidité et, par conséquent, renoncer sans hésiter, lorsque cela sera avantageux, au défilement, lequel perd de son importance au fur et à mesure des progrès du combat.

4° Prendre, avant tout, comme objectif, l'infanterie ennemie, et, à partir du moment où l'approche de l'infanterie de l'attaque force l'ennemi à garnir les lisières, donner au feu toute l'intensité possible.

5° Appuyer aussi l'infanterie, en contrebattant immédiatement, avec toute l'énergie possible, pour lui enlever sa liberté d'action, l'artillerie que l'adversaire mettra en ligne.

**635.** Exécution. — Diviser, dès que le mouvement de l'infanterie de l'attaque va se produire, l'artillerie qui a coopéré à la préparation spéciale en deux fractions.

La *première fraction*, empruntée de préférence à l'artillerie divisionnaire, accompagne l'infanterie de l'attaque et doit, pour prêter à celle-ci un concours matériel et moral de tous les instants :

1° Suivre l'infanterie par échelons et par bonds en n'hésitant pas à se mettre en batterie aux distances les plus rapprochées de l'infanterie ennemie ;

2° Ne pas se préoccuper de l'artillerie adverse, si elle tente de rentrer en action, le soin de la contrebattre appartenant surtout aux batteries de la deuxième fraction ;

3° Briser, dans le plus bref délai, toute résistance opposée à la marche de l'infanterie. Se plier, à cet effet, en évitant l'émiettement, à toutes les formations commandées par le terrain ;

4° Rechercher de préférence les positions de flanc pour pouvoir tirer d'une façon continue jusqu'au dernier moment, donner ainsi à l'attaque l'entrain indispensable au succès, et avoir une action immédiate sur les contre-attaques ;

5° Se porter rapidement sur la position ennemie, dès que l'assaillant y a pris pied, pour achever de refouler les troupes de la défense et parer à tout retour offensif.

Les batteries de la *deuxième fraction* restent, en principe, sur les emplacements occupés pendant la préparation spéciale. Leur rôle consiste à :

1° Continuer à tirer contre la position ennemie, tant que cela est possible sans danger pour les troupes de l'attaque ; allonger ensuite le tir pour atteindre les réserves ennemies ;

2° Contrebattre immédiatement, avec la dernière énergie, toute artillerie ennemie ;

3° Surveiller les abords et les débouchés de la position à enlever (bois, ravins, etc.) par où les contre-attaques pourraient se produire.

**636.** Détail d'exécution commun aux deux fractions. — S'abstenir, autant que possible, de donner à une batterie le même objectif qu'à l'infanterie qui se trouve précisément en avant d'elle.

V. ARTILLERIE DANS L'ACHÈVEMENT DE LA LUTTE.

Principes particuliers d'emploi.

**637.** Poursuite. — 1° Accompagner, en opérant par échelons, les troupes chargées de la poursuite.

2° Briser toute tentative de reconstitution de l'ennemi en

écrasant rapidement, sans négliger toutefois l'infanterie, les batteries qu'il pourra tenter de faire rentrer en ligne.

**638.** Rétablissement de l'ordre. — Si l'attaque a échoué :

1º Diriger sur les troupes d'attaque de l'ennemi le feu de toutes les batteries ayant des vues sur elles, pour briser leur élan et faciliter aux troupes repoussées l'effort qui peut ramener la victoire ;

2º Laisser aux batteries qui ne pourront prendre part à cette partie de la lutte le soin de contrebattre les batteries adverses ;

3º Résister, s'il le faut, jusqu'à épuisement complet. La perte du matériel n'est pas un déshonneur en pareille circonstance.

**639.** Dans un combat d'arrière-garde, ralentir la marche de l'ennemi en lui opposant constamment des échelons prêts à se sacrifier si les circonstances l'exigent.

### VI. DÉFENSIVE.

#### Principes particuliers d'emploi de l'artillerie.

**640.** 1º Tirer tout le parti possible du temps dont on dispose pour :

*a*) Préparer le tir ;

*b*) Organiser, sans les occuper, les emplacements probables, leurs voies d'accès, leurs débouchés.

2º N'ouvrir le feu que sur l'ordre formel du commandement.

### VII. ARTILLERIE DANS LE COMBAT DE LA CAVALERIE.

#### Principes particuliers d'emploi de l'artillerie.

**641.** Période de reconnaissance. — Faire marcher de préférence l'artillerie avec l'avant-garde pour lui frayer le passage, l'employer à battre les défilés, couvrir les débouchés, maîtriser au loin le terrain.

**642.** En vue de l'ennemi. — Choisir, tout en laissant à la cavalerie le terrain le plus propre à son action, la position permettant d'ouvrir le feu le plus avantageusement sur la cavalerie ennemie.

**643.** Au cours de l'engagement. — 1º Ne compter sur la réception, en temps utile, d'aucun ordre, et prendre, sans hésiter, l'initiative des changements d'objectifs et de position.

2º Tirer sur la cavalerie adverse jusqu'au dernier moment, puis prendre son artillerie pour objectif.

3º Poursuivre, en cas de succès, l'ennemi à coups de canon.

4° Couvrir, en cas de revers, la retraite et le ralliement de la division.

# CHAPITRE V

## INSTRUCTION PRATIQUE SUR LE SERVICE DE L'ARTILLERIE SUR LE CHAMP DE BATAILLE

### ARTICLE Ier.

#### INDICATIONS GÉNÉRALES SUR LE ROLE DES OFFICIERS SUR LE CHAMP DE BATAILLE

**644.** L'application des principes exposés dans le chapitre IV nécessite certains développements qui font l'objet du présent chapitre, mais qui, sauf pour quelques prescriptions absolues, ne doivent aucunement restreindre l'initiative des officiers sur le terrain.

Chacun, tant pour les ordres à donner que pour les mesures de détail qu'il juge utile de prendre, doit envisager seulement l'accomplissement de la mission qui lui incombe, et ne pas perdre de vue l'importance du rôle qui lui revient. Le chef qui a attribué une tâche, de quelque ordre qu'elle soit, doit avoir la conviction que tous les efforts seront faits pour l'accomplir. Il est essentiel que ceux qui ont à l'exécuter mettent tout en œuvre pour la mener à bien, avec la pensée que l'issue de l'action générale peut dépendre de leur action personnelle.

Chaque événement, chaque situation comporte une solution plus particulièrement appropriée aux circonstances, mais le mode d'exécution dépend du tempérament du chef et de l'entraînement de la troupe.

On ne peut ni prévoir tous les cas, ni donner de règles applicables à tous les cas. Il serait, d'ailleurs, fort dangereux de chercher à constituer un mémento qui aurait certainement pour conséquence d'entraver la réflexion.

**645.** Le *général commandant l'artillerie du corps d'armée* peut avoir, indépendamment des ordres que comporte l'emploi de l'artillerie de corps, et suivant les instructions reçues du commandant du corps d'armée, à répartir les missions attribuées à l'artillerie entre les artilleries divisionnaires et l'artillerie de corps et à déterminer la zone d'action de chacune d'elles. Il peut même avoir à répartir entre elles l'ensemble des positions.

Au cours du combat, il peut être chargé de diriger l'action de toutes les batteries qui doivent prendre part à la préparation d'une attaque.

Le *colonel* ou *lieutenant-colonel commandant l'artillerie d'une division* se tient auprès de ses batteries lorsque toute son artillerie passe momentanément sous les ordres du général commandant l'artillerie; si l'un de ses groupes est remis à la disposition du général commandant la division, il retourne auprès de ce général et ne rejoint ses batteries que si sa présence auprès d'elles est utile.

Le *colonel commandant l'artillerie de corps* est sous les ordres directs du général commandant l'artillerie et reste avec ses batteries. Il peut placer, pour une mission déterminée, un ou plusieurs groupes sous les ordres du lieutenant-colonel qui lui est adjoint.

Les *commandants de groupe* se tiennent, en principe, auprès de leurs batteries. Toutefois, si un groupe se trouve seul avec une troupe chargée d'une mission spéciale (avant-garde, flanc-garde, etc.), son chef remplit auprès du commandant de cette troupe les fonctions de commandant de l'artillerie.

## ARTICLE II

### CHOIX DES POSITIONS

**646.** Quand l'artillerie reçoit une mission et que, pour s'en acquitter, elle doit ouvrir le feu sans retard, son entrée en action ne doit jamais être subordonnée à la recherche d'une position présentant des avantages particuliers au point de vue technique. On ne doit pas hésiter à établir les batteries sur n'importe quel emplacement permettant de tirer sur l'objectif désigné, en utilisant toutefois le mieux possible la protection que peut offrir la forme du terrain.

**647.** A moins qu'on ait à battre des pentes en avant de la position ou un but en mouvement, il y a grand intérêt à adopter un défilement qui assure une protection réelle, gêne le réglage de l'adversaire, permette d'installer les batteries facilement et sans précaution particulière, de surprendre l'ennemi par l'ouverture du feu et de conserver sa liberté d'action.

Cette disposition est particulièrement avantageuse lorsque d'autres batteries peuvent assurer en même temps la surveillance des pentes.

Les considérations relatives au défilement perdent leur valeur pour l'artillerie qui reçoit la mission de se lier aux mouvements de l'infanterie; il ne faut pas craindre, dans ce cas, de s'établir à découvert, mais, dans cette situation, une batterie perd le plus souvent sa liberté de manœuvre.

**648.** Dans le choix de l'emplacement des batteries, on doit, avant tout, envisager l'accomplissement de la mission qui leur est confiée; il convient ensuite, si on en a le temps, de prendre en considération :

L'étendue de la zone sur laquelle elles peuvent avoir de l'action ;

Les facilités d'accès ;

Les débouchés en avant et sur les flancs ;

La nature du sol, c'est-à-dire les conditions qu'offre le terrain pour le mouvement des voitures ;

L'absence de tout point saillant qui puisse servir de repère à l'ennemi ;

La sécurité pour l'établissement des échelons et pour les opérations du réapprovisionnement.

**649.** L'installation des batteries en position de surveillance ou en position d'attente nécessite l'examen de toutes les crêtes sur lesquelles on peut s'attendre à voir arriver l'artillerie ennemie, car il est indispensable que ces batteries en soient défilées.

Dans l'établissement des batteries en position de surveillance, on adoptera les dispositions indiquées dans la deuxième partie du Règlement (chapitre V du titre III, n° 271) :

Les dimensions de la zone à surveiller, les conditions qu'offre le terrain, l'entraînement du personnel doivent déterminer dans chaque cas le choix du procédé.

**650.** L'établissement en position de surveillance avec mission de surveiller une zone étendue est particulièrement à recommander pour les batteries d'avant-garde, lorsque, les avant-gardes étant au contact, on cherche à faire occuper par les troupes d'infanterie une crête sur laquelle on craint de voir se révéler de l'artillerie adverse.

Les batteries doivent, dans ce cas, s'écarter le moins possible de l'axe du mouvement.

**651.** Les batteries en position d'attente doivent être aussi rapprochées que possible des emplacements sur lesquels elles peuvent être appelées à s'installer. Il est également nécessaire que l'accès de ces emplacements soit aisé et qu'au besoin des mesures soient prises pour en rendre l'occupation très rapide.

**652.** Pour retirer tous les avantages, soit de l'établissement préalable des batteries, soit de leur maintien à proximité des emplacements qu'elles devraient occuper au moment opportun, il est essentiel que les commandants de groupe et les capitaines exercent une surveillance continue sur la zone qui leur est attribuée ; ils doivent, en outre, entreprendre une préparation de tir assez complète pour permettre d'ouvrir presque instantanément le feu sur tout objectif à contre-battre.


## ARTICLE III

### RECONNAISSANCES

**653.** Les chefs de l'artillerie précèdent toujours les batteries sur la position à occuper.

Ils doivent s'attacher à utiliser le temps dont ils disposent pour que la reconnaissance soit aussi complète que possible.

Exceptionnellement, la reconnaissance peut être très sommaire. Il en est ainsi, par exemple, pour les batteries qui, accompagnant l'infanterie, sont appelées à s'établir à découvert et à proximité de l'ennemi.

Tout officier d'artillerie qui exécute une reconnaissance doit, avant tout, en arrivant sur la position, se rendre compte de la situation du combat dans sa zone d'action, de la mission qu'il aura à remplir et du temps dont il peut disposer avant l'ouverture du feu.

**654.** Le commandant de l'artillerie, après avoir participé à la reconnaissance générale et avoir reçu les instructions du commandant de la troupe, fait sa reconnaissance personnelle.

Les commandants de groupe et les commandants de batterie se portent vivement en avant, dès qu'ils en reçoivent l'ordre et après avoir assuré le commandement de leurs unités.

En arrivant sur les emplacements qui leur paraissent se prêter à l'établissement des batteries, ils examinent comment l'artillerie devra les utiliser pour remplir la mission qu'elle a reçue ; comment, par conséquent, elle pourra agir, soit contre les troupes ennemies visibles ou engagées, soit contre celles dont on peut prévoir l'établissement ou l'apparition.

Ils étudient, à ce point de vue, le terrain qui se déroule en avant, les crêtes successives que pourrait occuper l'ennemi, les routes et les cheminements qu'il aurait à suivre, les points d'appui de son infanterie, etc.

Ils arrêtent en conséquence le rôle initial à donner à chacune de leurs unités et précisent, par suite, leurs emplacements.

Pour faciliter et abréger leur mission, les officiers supérieurs peuvent utiliser un officier prélevé sur les batteries et auquel on adjoint une partie des éclaireurs.

Cet officier, appelé *officier orienteur*, se porte rapidement sur la position dès que l'officier supérieur auquel il est attaché a pu lui donner des indications suffisantes ; il reconnaît les troupes voisines ou situées en avant ; il s'oriente, à l'aide de la carte, sur tout le terrain qu'il découvre, de manière à faciliter à son chef la désignation des objectifs et la fixation des zones de surveillance.

Il recherche, d'après les emplacements choisis, les meilleurs moyens d'accès pour les unités à déployer ; puis il mesure les écarts angulaires des points remarquables du terrain, en vue de la détermination des éléments pour la préparation du tir.

En un mot, il seconde le chef dont il relève et le débarrasse des préoccupations de détail : il lui permet ainsi de concentrer toute son attention sur la partie *tactique* du commandement qui lui incombe.

L'officier orienteur rejoint l'unité à laquelle il appartient, de manière à prendre part à sa mise en batterie.

**655.** Dans un mouvement de retraite le commandant de groupe reste, en principe, avec celle de ses batteries qui se retire la dernière.

Pour préparer la reconnaissance des positions, il emploie un officier orienteur, prélevé sur les premières batteries qui se retirent.

**656.** Les reconnaissances accomplies par les différents chefs de l'artillerie peuvent se suivre de très près et même être en partie simultanées ; mais elles doivent garder chacune leur objet propre.

Le commandant de l'artillerie a souvent avantage à se faire accompagner, pour sa reconnaissance personnelle, par les commandants de groupe.

Dans le même ordre d'idées, dès qu'on est à proximité de l'ennemi, le commandant de groupe fait marcher les capitaines en tête du groupe, et, dès qu'il a reçu les ordres du commandant de l'artillerie, il peut les appeler à lui, afin que leur reconnaissance puisse se faire pendant que les batteries continuent à marcher et qu'elle ne retarde en rien l'entrée en action de celles-ci.

Si, en raison de la distance à laquelle se trouvent les batteries, cette disposition n'est pas possible, le commandant de groupe profite du temps dont il dispose pour faire une partie du travail de reconnaissance de ses capitaines.

**657.** En principe, le travail est réparti comme il suit :

Le *commandant de l'artillerie* fait la reconnaissance :

De l'ennemi, et spécialement de l'objectif assigné par le commandant des troupes ;

Du front et des emplacements à occuper sur la position qui lui a été indiquée.

Il répartit ces emplacements entre ses unités, désigne celles qui doivent ouvrir le feu contre le premier objectif et fixe la zone d'action des autres.

Il désigne les groupes, au besoin, fixe le nombre des batteries qui doivent être placées en position de surveillance ou d'attente.

D'une manière générale, il renseigne aussi complètement que possible les commandants de groupe sur la situation et la conduite à tenir par chacun d'eux.

Le *commandant de groupe* fait la reconnaissance :

De la zone d'action qui lui est affectée ;

S'il y a lieu, du premier objectif qui lui est assigné ;

Du front et des emplacements à occuper par son groupe.

Il fixe l'emplacement de chaque batterie et indique, lorsqu'il le juge utile, la manière dont il sera occupé.

Il désigne les batteries qui doivent ouvrir le feu contre le premier objectif et le répartit entre elles. Il désigne également celles qui doivent se mettre en surveillance ou s'établir dans une position d'attente qu'il indique.

Sauf dans certaines situations particulières, il ne répartit pas la zone attribuée au groupe entre les batteries, chacune d'elles devant, autant que possible, pouvoir ouvrir le feu sur un point quelconque de cette zone.

Il indique enfin la direction dans laquelle le commandant du groupe des échelons devra chercher à abriter sa troupe.

Le *commandant de batterie* reconnaît l'emplacement exact de sa batterie et du poste où il doit s'établir pour observer son tir dans les meilleures conditions, tout en exerçant la surveillance et le commandement de son unité.

Il indique exactement comment doit se faire la mise en batterie.

Il reconnaît, s'il y a lieu, l'objectif qui lui est assigné et détermine les éléments de son tir. Si sa batterie ne doit pas être engagée immédiatement, il prépare son entrée en action d'après les instructions qu'il a reçues et de manière à pouvoir ouvrir le feu sans retard.

**658.** A moins d'impossibilité, les reconnaissances doivent être faites complètement à l'abri des vues de l'ennemi.

Tous les officiers, éclaireurs, agents de liaison, etc., doivent se défiler et mettre pied à terre, s'il en est besoin.


## ARTICLE IV

### MARCHE D'APPROCHE ET OCCUPATION
### DES POSITIONS

**659.** Quand un commandant de groupe se porte en avant pour la reconnaissance, il assure la direction de marche de ses batteries au moyen des éclaireurs.

**660.** Les batteries n'occupent jamais la position avant d'en avoir reçu l'ordre.

Aussitôt que cet ordre est donné, les batteries sont mises en état d'ouvrir le feu.

Si l'emplacement qu'en doit occuper est exposé aux vues de l'ennemi, il est particulièrement important que les batteries n'y soient amenées que lorsque tout a été préparé pour leur entrée en action.

**661.** Les conditions dans lesquelles est exécutée la marche d'approche varient suivant les circonstances et le terrain.

On suit les chemins aussi longtemps qu'on le peut. Les formations à prendre ensuite doivent être aussi souples que possible; elles sont généralement imposées par le terrain et surtout par l'obligation de se défiler aux vues de l'ennemi. On a souvent avantage à marcher, dans chaque groupe, en ligne de colonnes par pièce à intervalles variables.

**662.** Les allures vives sont de règle pour les marches d'approche non défilées et pour les mises en batterie à découvert; mais, dans tous les cas, il est essentiel d'assurer le calme du personnel au moment de l'établissement de la batterie.

## ARTICLE V

### CHANGEMENTS DE POSITION

**663.** Une installation un peu prolongée présente le grand avantage de permettre d'étudier le champ de bataille, de manière à être toujours prêt à intervenir sans retard.

Mais on ne doit pas perdre de vue qu'une position occupée depuis un certain temps est devenue dangereuse parce que l'ennemi a pu la repérer.

Par suite, le déplacement de l'artillerie est souvent utile quand les circonstances qui avaient motivé son établissement sont modifiées.

**664.** Si, en principe, on doit attendre ou provoquer les ordres du commandant des troupes pour exécuter un changement de position, cette prescription ne doit pas limiter, dans les situations qui comportent une prompte décision, l'initiative des commandants de l'artillerie et des commandants de groupe. Ceux-ci ne doivent pas hésiter, dans ce cas, à porter des batteries en avant, en particulier pour donner à l'infanterie l'appui matériel et moral nécessaire.

**665.** Les changements de position sont préparés par le commandant de l'artillerie et par les commandants de groupe.

A cet effet, aussitôt que les batteries sont en position, les commandants de groupe font reconnaître par les éclaireurs les débouchés et les itinéraires à suivre dans les diverses directions dans lesquelles les batteries peuvent avoir à se porter.

Dès que le changement de position est décidé, ils donnent les ordres nécessaires et devancent les batteries.

**666.** Il est essentiel que les changements de position soient rapides.

En général, le mouvement s'exécute par échelons de groupe ou par échelons de batterie.

Il y a souvent avantage à quitter les emplacements de batterie par l'arrière, en dissimulant à l'ennemi l'abandon de la position et la direction suivie par les batteries.

Dans un mouvement en retraite, il y a également souvent intérêt à aborder la nouvelle position par l'arrière.

**667.** Dans les mouvements en avant, les déplacements s'exécutent aux allures vives ; dans les mouvements en retraite, ils sont, en principe, commencés au pas.

**668.** Avant d'entreprendre un changement de position, les capitaines doivent chercher à reconstituer leur batterie de tir avec des caissons pleins.

**669.** L'artillerie qui a épuisé ses munitions doit, après avoir abrité son personnel, attendre sur place les caissons de ravitaillement.

## ARTICLE VI

### DIRECTION DES FEUX

**670.** La direction des feux et la désignation des objectifs appartiennent en principe aux commandants de groupe dans la limite des instructions qui leur ont été données par le commandant de l'artillerie.

Les commandants de batterie sont chargés de l'exécution du tir sur les objectifs qui leur ont été assignés. Ils ne doivent pas en changer sans ordre, sauf dans les cas d'extrême urgence et de lutte rapprochée, ou encore lorsqu'il leur a été attribué une zone d'action particulière.

En principe, on doit cesser le feu dès que la mission pour laquelle on l'a ouvert est accomplie, et ne le reprendre qu'en vue d'un nouveau résultat bien déterminé.

Pendant les interruptions du feu, on fait abriter [1] le personnel.

**671.** Il faut éviter d'établir de nouvelles batteries à proximité d'emplacements sur lesquels l'ennemi a déjà réglé son tir. Il est même avantageux, quand on juge que l'artillerie occupant une position a besoin d'être secourue, de ne pas la renforcer par des batteries établies dans son voisinage, mais d'avoir recours, de préférence, à des unités situées à une certaine distance.

Si cependant de nouvelles batteries doivent venir s'établir sur une position déjà occupée par l'artillerie, dans le but de la renforcer, elles sont placées sous les ordres du commandant de l'artillerie ou des commandants de groupe qui s'y trouvent.

Ceux-ci doivent, autant que possible, en être prévenus en temps utile pour qu'ils puissent assigner des emplacements à ces nouvelles batteries et prévoir les modifications à apporter, s'il y a lieu, à la répartition des objectifs ou des zones d'action.

**672.** Chaque fois que l'artillerie doit ouvrir le feu pour remplir une mission, il y a intérêt, quand la nature et le front de l'objectif le permettent, à conserver des batteries disponibles pour combattre les batteries adverses au fur et à mesure qu'elles révéleront leur présence.

---

1. La protection qu'offrent le caisson et les boucliers peut être augmentée par l'aménagement d'une levée de terre entre les boucliers et le sol, et entre le caisson et le sol.

**673.** L'artillerie de l'avant-garde doit avant tout favoriser la marche des troupes d'infanterie, permettre d'enlever rapidement les points d'appui qui les arrêtent, faciliter ainsi la reconnaissance de l'ennemi et laisser au commandant des troupes toute liberté de décision pour poursuivre ou refuser l'engagement. Le rôle de ces batteries comporte le plus souvent des missions de courte durée, se succédant à intervalles rapprochés ; une grande activité et une rapide conception pour leur chef, une grande mobilité pour les batteries sont nécessaires.

**674.** Quand les batteries ennemies sur lesquelles on tirait ont cessé le feu, un certain nombre d'unités doivent être chargées de les surveiller ; car il faut prévoir leur rentrée en action.

**675.** Pour répondre à certaines éventualités de la lutte, il est parfois nécessaire de faire converger les feux de plusieurs batteries sur un objectif particulièrement dangereux, sur un point d'appui de l'ennemi, sur la position qu'il occupe et dont on veut s'emparer.

Quand il s'agit de préparer une attaque partielle ou décisive, la concentration des feux doit rendre la position intenable et empêcher l'ennemi de conserver ses réserves à proximité ; elle a donc à la fois pour objet de battre la lisière et de couvrir de feux l'ensemble de la position, ses flancs et ses derrières.

Pour obtenir ce résultat, il est nécessaire d'attribuer à un même chef la direction de l'ensemble des batteries appelées à participer à l'opération et de procéder à une préparation du tir assez minutieuse pour que l'action de ces batteries soit simultanée, surprenne l'ennemi et assure immédiatement au feu son efficacité maxima.

Quand on veut détruire un objectif d'une importance spéciale, il y a toujours avantage à le prendre d'écharpe en même temps que de front.

Mais lorsqu'on ne peut faire agir contre un objectif relativement étroit que des batteries assez rapprochées, il convient de resserrer la zone d'action de ces batteries plutôt que de superposer leurs coups.

**676.** Par contre, pour s'acquitter de certaines missions, il peut suffire de faire tirer seulement une ou deux pièces d'une batterie ; mais cette mesure ne doit pas rompre l'unité de la batterie ; le commandement du capitaine doit s'exercer d'une façon continue sur l'ensemble de son unité.

Quelques situations exceptionnelles peuvent seules motiver l'attribution de missions différentes, mais de courte durée, aux deux sections de la batterie.

**677.** L'artillerie tire ordinairement par-dessus les troupes amies, mais les projectiles doivent passer à une hauteur suffisante pour ne pas les inquiéter. Il convient de considérer comme dangereux le terrain en avant des batteries compris dans une zone de 500 mètres.

Quand les troupes amies ne sont plus qu'à 5oo mètres des objectifs sur lesquels on tire, il faut cesser le feu ou allonger le tir.

**678. Contrôle du tir.** — Il est indispensable que le commandant de l'artillerie soit constamment, et aussi exactement que possible, renseigné sur les effets du tir des batteries, afin de pouvoir parer aux inconvénients résultant d'un tir insuffisamment efficace sur certains points et de constater si, dans son ensemble, l'effet obtenu répond aux intentions du commandant des troupes.

Pour assurer d'une manière complète le contrôle des effets du tir, le commandant de l'artillerie, indépendamment de ses observations personnelles, peut employer les officiers qu'il a auprès de lui ; il peut utiliser également une partie des éclaireurs des groupes, sauf à contrôler par lui-même, s'il est possible, les renseignements fournis par ce personnel.

Les commandants de groupe doivent, pour les mêmes raisons, contrôler la direction et l'efficacité du tir de leurs batteries en employant au besoin, pour ce dernier objet, leurs éclaireurs et surtout des officiers.

## ARTICLE VII

### SURVEILLANCE DU CHAMP DE BATAILLE

**679.** Les chefs de l'artillerie, à tous les degrés, doivent exercer, autant que le comporte l'action dans laquelle ils sont engagés, une surveillance constante sur le terrain du champ de bataille.

Cette surveillance incombe, d'une manière plus spéciale, aux commandants de groupe, dans la zone d'action qui leur est assignée. Ils se font seconder dans cette tâche par les officiers qui leur sont adjoints et par les éclaireurs.

**680.** La surveillance du champ de bataille a pour but de veiller à la sécurité immédiate des batteries, mais surtout et essentiellement de permettre à l'artillerie de venir en aide sans retard aux autres armes, et de diriger rapidement un tir efficace contre tous les objectifs qui se présenteraient dans son champ d'action.

Ce résultat nécessite une connaissance aussi complète que possible de la situation et une étude attentive du terrain, de manière qu'on se rende bien compte des zones dans lesquelles l'ennemi pourra apparaître, des abris, des couverts et des points d'appui qu'il pourrait occuper.

Les officiers auxquels est attribuée une mission de surveillance ont toute latitude pour prendre les mesures nécessitées par les divers événements qui se passent dans la zone qui leur a été affectée ; mais ils ne doivent pas se désintéresser de ceux dont les zones voisines sont le théâtre.

Les batteries qui ont leur liberté d'action doivent en

profiter pour préparer leur tir sur toutes les parties du terrain ainsi reconnues. Celles qui auraient déjà révélé leur présence par un tir préalable peuvent même déterminer exactement, par quelques coups de canon, la distance de certains points d'une importance spéciale.


## ARTICLE VIII

### ROLE DU COMMANDANT D'UN GROUPE DE BATTERIES ATTACHÉ A UNE TROUPE DE CAVALERIE

**681.** Les principes exposés plus haut s'appliquent, d'une manière générale, à l'artillerie à cheval affectée aux troupes de cavalerie. Mais les conditions de rapidité dans la conception, dans la décision et l'exécution, l'emportent, le plus souvent, sur les autres.

Le chef d'escadron ne quitte le commandant de la cavalerie qu'au moment d'agir, quand il a reçu ses ordres et l'indication de ses intentions.

On doit chercher à placer les batteries de manière qu'elles puissent tirer sans gêner la cavalerie et sans être masquées par elle. Pour gagner leurs emplacements, il convient de leur faire suivre le plus longtemps possible les chemins ; mais il est avant tout nécessaire qu'elles soient établies en temps utile assez en avant pour entrer en action dans le minimum de temps.

**682.** S'inspirant des instructions qu'il a reçues, le commandant de l'artillerie fait, en général, diriger le tir sur les têtes de colonnes, puis sur le front des masses dont il importe de gêner le déploiement, enfin sur les lignes déployées, au fur et à mesure qu'elles se présentent dans le champ d'action des batteries.

S'il se produit une mêlée, il faut allonger le tir pour arrêter les réserves avant qu'elles n'interviennent.

Si les premières lignes sont ramenées, on doit tirer à outrance pour les dégager.

Si l'ennemi fait demi-tour, on suspend le feu pour laisser le champ libre à l'arme blanche et on se porte en avant à toute allure pour appuyer la poursuite.

**683.** L'artillerie à cheval est exposée aux surprises et aux attaques de la cavalerie adverse ; elle ne doit jamais rester sans un soutien. Celui-ci éclaire la marche des batteries, protège leur établissement, les défend en cas d'attaque.

Si elles sont chargées, les batteries continuent le tir jusqu'à la dernière seconde.

**684.** L'artillerie à cheval peut jouer un rôle très important en dehors de la bataille, en agissant d'une manière subite, et sans s'engager à fond, contre les colonnes de toutes armes de l'ennemi. Elle doit, à cet effet, choisir des emplacements qui lui permettent de se dégager facilement pour aller rentrer en action ailleurs, dès qu'on a obtenu le résultat cherché : obliger l'ennemi à s'arrêter, à sortir de la route, à déployer une partie de ses forces.

**685.** Pendant la bataille, les groupes d'artillerie affectés aux divisions de cavalerie restent généralement avec ces divisions pour combattre avec elles dans toutes les circonstances où elles peuvent intervenir, en particulier sur les flancs ou les derrières de l'ennemi.

# CHAPITRE VI

## INSTRUCTION
## SUR LE REMPLACEMENT DES MUNITIONS
## EN CAMPAGNE.

---

### ARTICLE PREMIER

#### RÉPARTITION DE L'APPROVISIONNEMENT
#### EN CAMPAGNE

§ I. — COMPOSITION GÉNÉRALE DE L'APPROVISIONNEMENT.

**686.** Les munitions d'une armée se répartissent comme il suit :

1º Munitions de la ligne de bataille [1] ;
2º Munitions des parcs de corps d'armée [1] ;
3º Munitions du grand parc d'artillerie d'armée.

§ II. — MUNITIONS DE LA LIGNE DE BATAILLE.

**687.** Les munitions de la ligne de bataille sont constituées comme il suit :

*Pour l'infanterie :*

Les cartouches portées par les hommes et celles qui sont contenues dans les voitures de compagnie.

*Pour la cavalerie et les divers services du corps d'armée :*

Les munitions portées par les hommes et, en outre, pour

---

1. Le détail des munitions de la ligne de bataille et du parc d'un corps d'armée figure au tableau récapitulatif inséré à la fin du présent chapitre.

la cavalerie des divisions indépendantes, les munitions portées par les batteries qui leur sont attachées.

*Pour l'artillerie :*

Les munitions de bouches à feu contenues dans les coffres des batteries et les munitions d'armes portatives portées par les hommes.

## § III. — MUNITIONS DU PARC DE CORPS D'ARMÉE.

**688.** Chaque corps d'armée comporte un *parc d'artillerie* destiné à assurer le remplacement des munitions de la ligne de bataille.

Ce parc porte, en outre, les rechanges et objets nécessaires aux réparations du matériel de l'artillerie et des équipages militaires du corps d'armée.

Le parc d'artillerie d'un corps d'armée normal est fractionné en trois échelons[1], commandés chacun par un chef d'escadron, et placés tous les trois sous les ordres d'un colonel ou lieutenant-colonel, qui prend le titre de *Commandant du parc d'artillerie du corps d'armée.* Il a, vis-à-vis du personnel sous ses ordres, les attributions d'un chef de corps.

**689.** Le premier échelon du parc d'un corps d'armée normal comprend :

3 sections de munitions de 75 ;

1 section de munitions de 80 ;

3 sections de munitions d'infanterie.

Le deuxième échelon comprend :

3 sections de munitions de 75 ;

3 sections de munitions d'infanterie.

Enfin, le troisième échelon comprend :

2 sections de parc de corps d'armée ;

1 section de réparation du matériel.

Chacun de ces échelons transporte sensiblement le tiers de l'approvisionnement en munitions d'artillerie du parc de corps d'armée, et les unités des deux premiers échelons sont interchangeables entre elles.

Toutes les munitions des sections de munitions sont portées dans des caissons.

Les sections de parc ne portent que des munitions d'artil-

---

1. Ce fractionnement est organisé principalement pour faciliter le commandement des divers organes de ravitaillement ; mais, sur le terrain et suivant les circonstances, il peut arriver que le premier et le deuxième échelons jouent le même rôle par rapport à deux fractions du corps d'armée ; il se peut aussi que le deuxième échelon marche et stationne éventuellement soit avec le premier, soit avec le troisième.

lerie, qui sont en principe enfermées en caisses blanches et chargées sur des chariots de parc[1].

La section de réparation de matériel comprend des forges et des chariots contenant les approvisionnements et rechanges nécessaires aux réparations du matériel d'artillerie et du matériel des équipages militaires du corps d'armée.

Les canons de 75 de rechange avec coffres approvisionnés sont répartis également entre les sections de parc de corps d'armée et la section de réparation de matériel.

### § IV. — MUNITIONS DU GRAND PARC D'ARTILLERIE D'ARMÉE.

**690.** A chaque armée est affecté un *grand parc d'artillerie d'armée*, qui est destiné à assurer le ravitaillement en munitions des parcs d'artillerie de corps d'armée et à leur fournir des pièces et des caissons de 75ᵐᵐ de rechange et des approvisionnements spéciaux.

Il est commandé par un colonel ou un lieutenant-colonel, qui est en même temps le chef du service de l'artillerie des étapes.

Toutes les munitions qu'il porte sont en caisses blanches.

On nomme *division* du grand parc d'artillerie d'armée l'ensemble des munitions du grand parc constituées pour chacun des corps d'armée.

**691.** Chaque division du grand parc d'armée est divisée en quatre éléments, entre lesquels sont répartis comme il suit cinq lots égaux de munitions.

Deux éléments de première ligne sont destinés au ravitaillement direct des corps d'armée, savoir :

1º Le *parc d'artillerie d'étapes*, qui est entièrement sur roues, pour assurer le ravitaillement par voie de terre, et qui porte un lot de munitions sur *l'équipage de transport;*

2º Le *dépôt du parc d'artillerie d'étapes*, qui comprend un lot de munitions porté sur *en-cas mobiles*. Ce dépôt peut comprendre également, le cas échéant, du matériel de rechange provenant de la section de réserve de grand parc mentionnée ci-après.

Le troisième élément du grand parc est constitué par la *réserve de station-magasin*, qui comprend un lot de munitions.

Le quatrième élément, appelé *réserve d'arsenal*, comprend deux lots de munitions et une section de réserve, comportant du matériel de rechange et de réparation, 12 canons, 12 caissons et 19 caisses blanches de 75[2].

---

1. En attendant que l'approvisionnement en chariots de parc soit au complet, un certain nombre de ces voitures sont remplacées dans la composition des sections de parc, par des caissons de 90 transformés.

2. Cet approvisionnement est destiné à compléter l'approvisionnement des sections de parc de corps d'armée, lorsque les caissons de 90 transformés seront remplacés par des chariots de parc.

# ARTICLE II

## FRACTIONNEMENT ET EMPLACEMENT
## DES ÉCHELONS DE RAVITAILLEMENT EN MARCHE
## ET PENDANT LE COMBAT

### § I. — LIGNE DE BATAILLE.

**692.** La ligne de bataille est reliée au parc de corps d'armée :

*Pour l'infanterie :*

Par le groupe des voitures de compagnie, commandé, dans chaque régiment d'infanterie, par le sergent-major chef artificier, et placé, sur le champ de bataille, à 1 000 mètres au plus de la réserve des troupes engagées.

*Pour l'artillerie :*

Par le groupe des échelons de batterie, commandé, dans chaque groupe de batteries, par un lieutenant, et placé, sur le champ de bataille, à 500 mètres au plus des batteries engagées.

### § II. — PARC DE CORPS D'ARMÉE.

**693.** *En marche :*

Le premier échelon marche, en principe, en tête du train de combat du corps d'armée.

Les autres éléments du parc marchent à la place indiquée par l'ordre de mouvement.

*Lorsqu'une action s'engage,* le général commandant l'artillerie, après avoir pris les instructions du général commandant le corps d'armée, désigne au commandant du parc les points ou les zones où il conviendra de constituer les centres de ravitaillement les plus avancés pour les troupes ou les batteries.

D'après ces indications, le commandant du parc ordonne la répartition de ses échelons sur le terrain. Il fixe :

1° Le *point de dislocation* de l'échelon le plus avancé du parc de corps d'armée. C'est en ce point, qui doit de préférence correspondre à un nœud de routes, que s'arrêtera cet échelon, et c'est de là que l'on fera rayonner les sections de munitions ou les détachements de sections de munitions d'infanterie vers les points du champ de bataille où leur présence sera nécessaire. Le point de dislocation est en même temps un point de rassemblement, aussi bien pour les sections vides que pour les sections pleines. Il ne devra pas, en principe, se trouver à moins de 5 kilomètres de la ligne de bataille ;

2° Le *point de stationnement* de l'échelon de deuxième ligne, d'où l'on enverra les sections de munitions au point de dislocation au fur et à mesure des besoins ;

3° Le *point de stationnement* du dernier échelon, où pourront venir se ravitailler les sections de munitions d'artillerie de 75.

**694.** A défaut d'ordres donnés à ce sujet par le commandement, le commandant du parc n'hésitera pas à pousser en avant des échelons avancés vers les points où leur présence paraîtra nécessaire. Il rendra compte, immédiatement et dans tous les cas, des dispositions qu'il aura arrêtées pour le placement de ses unités.

**695.** Les *sections de munitions* ne s'arrêtent sur les routes qu'en cas de nécessité absolue ; elles se placent alors sur le côté droit, sur une file, et dégagent la route le plus possible du côté gauche. Toutes les fois qu'elles le peuvent, elles forment le parc sur le terrain avoisinant, en se ménageant des débouchés dans toutes les directions.

Les sections de munitions sont indiquées pendant le jour par un fanion jaune pour les munitions d'infanterie, bleu pour les munitions d'artillerie, pendant la nuit par une lanterne de même couleur que le fanion.

Lorsqu'une section a dégagé la route, elle y laisse, sans l'encombrer, le fanion ou la lanterne indicatrice avec un homme, pour qu'on puisse la trouver facilement.

Les sections de munitions recueillent, autant que possible, les armes, les munitions et le matériel de l'armée abandonnés sur le champ de bataille.

**696.** Les *sections de parc* sont indiquées par les signaux bleus. Arrivées à leur point de stationnement, elles forment le parc, en disposant leurs voitures à des intervalles assez ouverts pour pouvoir facilement ravitailler les sections de munitions.

## § III. — GRAND PARC D'ARTILLERIE D'ARMÉE.

**697.** Le *parc d'artillerie d'étapes* est maintenu, sur les ordres du directeur des étapes, à une distance telle des corps d'armée que sa marche ne crée aucun encombrement, et que le ravitaillement des corps d'armée, s'il devient nécessaire, puisse être rapidement effectué.

Quand il est organisé des routes d'étapes, le parc d'artillerie d'étapes est rattaché, en principe, à la tête d'étapes de route.

Le *dépôt du parc* est installé au commandement d'étapes de la gare régulatrice, et les en-cas mobiles, constitués chacun par un train, stationnent dans une gare située dans la zone d'action de la commission régulatrice desservant l'armée.

Les *réserves* reconstituent au fur et à mesure les deux

échelons précédents, et la réserve d'arsenal est elle-même reconstituée au fur et à mesure de la consommation, d'après les ordres du Ministre, qu'il conviendra de provoquer s'il y a lieu.

## ARTICLE III

### PRINCIPES DU RAVITAILLEMENT
### ET LIAISONS NÉCESSAIRES POUR EN ASSURER
### LE FONCTIONNEMENT

**698.** Le *remplacement des munitions* s'exécute d'après les principes suivants :

1° *Dans l'intérieur du corps d'armée*, le ravitaillement est toujours assuré de l'arrière vers l'avant pour tous les échelons. Chacun d'eux a le devoir étroit de rechercher, dès qu'il est en place, le contact des échelons ou des troupes qui sont en avant, de manière que personne n'ait à regarder en arrière. Les corps de troupe, en particulier, doivent être déchargés de toute préoccupation relative à leur propre ravitaillement ;

2° Le *ravitaillement du corps d'armée* s'exécute d'après les ordres supérieurs du commandement. Ces ordres prescriront, en général, le renvoi à l'arrière des voitures vides des sections de munitions ou de parc du corps d'armée, jusqu'au contact des fractions avancées du grand parc d'artillerie d'armée ;

3° *Sur le champ de bataille*, sans sacrifier l'ordre, on devra faire passer la promptitude avant la régularité des opérations du ravitaillement ;

4° *En dehors du champ de bataille*, les opérations du ravitaillement doivent s'exécuter non seulement avec promptitude, mais avec régularité, et conformément aux exigences de la comptabilité.

**699.** Le bon fonctionnement du ravitaillement en munitions repose sur le jeu des *agents de liaison* qui mettent en communication les divers échelons énumérés à l'article 1er.

Le nombre des agents, qui est prévu au tableau ci-après pour le service des liaisons, doit être considéré comme le minimum indispensable ; il appartiendra, en cas de besoin, aux commandants des divers échelons, d'affecter à ce service un personnel plus nombreux, qu'ils choisiront dans les troupes sous leurs ordres. En particulier, lorsque les distances seront relativement grandes entre les services à relier, il est nécessaire que la liaison soit établie par deux agents alternant entre eux à chaque transmission d'ordre ou à chaque changement de position.

Il appartiendra aussi aux commandants des unités de ravitaillement de ne pas s'en rapporter trop exclusivement aux soins d'agents inférieurs et de les aider, principalement dans l'établissement des liaisons avec les troupes engagées, à l'aide de renseignements tirés de reconnaissances préalables d'officiers.

Toutes les fois que les circonstances le permettront, il y aura intérêt à employer les vélocipédistes comme agents de liaison.

Les agents de liaison sont, en principe, fournis par l'élément de l'arrière.

**700.** TABLEAU DES LIAISONS.

| DÉSIGNATION des AGENTS. | LIAISONS A ÉTABLIR. | CAS dans lequel ELLES SONT ÉTABLIES. |
|---|---|---|
| 1 officier . . . . | Entre le général commandant l'artillerie et le commandant du parc . . . . . . . | En toutes circonstances. |
| 1 sous-officier. . | Entre le commandant du parc et chacun des colonels commandant les artilleries divisionnaires ou de corps. | Dès que le commandant du parc a reçu l'indication des points ou zones de ravitaillement. |
| 1 sous-officier et 1 vélocipédiste. | Entre le commandant du parc et chacun des commandants d'échelon sous ses ordres . . . . . . . . . | En toutes circonstances. |
| 1 vélocipédiste . | Entre les 2e et 3e échelons du parc de corps d'armée[1] . . | En toutes circonstances. |
| 1 sous-officier et 1 vélocipédiste. | Entre le 1er et chacun des 2e et 3e échelons du parc de corps d'armée . . . . . | En toutes circonstances. |
| 1 brigadier . . . | Entre le commandant d'un échelon et chaque section sous ses ordres. | Au début de la marche. |
| 1 sous-officier et 1 brigadier . . | Entre chaque section de munitions d'artillerie et le commandant du groupe des échelons de batterie à ravitailler. . . . . . . . | Dès que la section a reçu une affectation. |
| 1 brigadier . . . | Entre chaque section de munitions d'infanterie ou chaque détachement de cette section et le chef artificier de chacun des régiments qu'elle doit ravitailler . . . | Dès que la section ou son détachement a reçu une affectation. |

1. Par exception, le vélocipédiste chargé de la liaison entre les 1er et 3e échelons est fourni par le 1er échelon.

En outre, le général commandant l'artillerie du corps d'armée devra prendre des mesures pour pouvoir faire connaître sans retard aux généraux commandant les divisions que des sections ou fractions de sections de munitions sont prêtes à être mises à la disposition des troupes sous leurs ordres.

## ARTICLE IV

### ORGANISATION DU SERVICE DU REMPLACEMENT DES MUNITIONS

#### § I.

**301.** Le *général commandant l'artillerie* du corps d'armée est responsable du réapprovisionnement des troupes en munitions et donne des instructions en conséquence au commandant du parc.

Il renseigne le général commandant le corps d'armée sur le nombre de sections de munitions qui ont été mises à la disposition des troupes engagées.

Ces renseignements se complètent d'ailleurs par ceux qu'on peut avoir à demander aux troupes engagées au cours de l'action, relativement à la consommation en munitions, et par ceux de même nature que les commandants de ces troupes jugeront d'eux-mêmes utile de porter à la connaissance des officiers généraux.

#### § II.

**302.** Le *commandant du parc*, s'inspirant des instructions qu'il reçoit ou provoque de la part du général commandant l'artillerie du corps d'armée, jouit d'une grande initiative pour en assurer l'exécution, dans la mesure des moyens dont il dispose.

En marche et loin de l'ennemi, il commande en général le parc et les convois du corps d'armée, lorsque ceux-ci marchent réunis.

A proximité de l'ennemi, le commandant du parc marche en principe avec le premier échelon du parc. Il peut aussi, en prévision d'un engagement, et sur l'ordre du général commandant l'artillerie, marcher avec cet officier général.

Dès qu'il a reçu de lui les ordres relatifs aux emplacements des divers échelons du parc ou qu'en cas d'urgence il a fait choix lui-même de ces emplacements, il en donne communication aux commandants de ces échelons, puis, au moyen de reconnaissances exécutées par les officiers sous ses ordres ou par des officiers prélevés sur les états-majors des échelons, il fait préparer les liaisons avec la ligne de bataille, en faisant étudier le terrain en arrière des troupes.

Il attend et provoque, s'il y a lieu, les ordres du général commandant l'artillerie du corps d'armée relativement aux troupes à ravitailler, et, lorsqu'il les a reçus, il dirige les sections de munitions ou des fractions de ces sections sur les points où leur présence est demandée.

Dès qu'il a reçu du général commandant l'artillerie, après les avoir au besoin provoqués, les renseignements relatifs à l'emplacement des premiers éléments du grand parc d'artillerie d'armée, il en avise le commandant du dernier échelon et, s'il y a lieu, ceux des deux premiers.

## § III.

**703.** *Le commandant d'un échelon avancé du parc de corps d'armée*, après avoir, sur l'ordre du commandant du parc, porté son échelon jusqu'au point de dislocation qui lui a été assigné, assure, d'après les instructions qui lui ont été données, l'organisation du service de ravitaillement de la ligne de bataille, et supplée au besoin à l'absence d'ordres, mais il reste toujours en liaison avec le commandant du parc, et lui rend compte des mesures qu'il a prises de sa propre initiative ; il le tient, en particulier, au courant des modifications qu'il a apportées à l'emplacement des sections de munitions et du nombre de sections dont il dispose.

Il fait éclairer les abords de la position qu'occupent les sections et se met, s'il y a lieu, en relation avec les troupes voisines, pour que les mesures de sécurité nécessaires puissent être prises en temps utile.

Il s'efforce d'avoir toujours à sa disposition au moins une section d'artillerie et une demi-section d'infanterie non entamées. A cet effet, il fait venir en temps voulu et successivement les sections de munitions de l'échelon qui le suit.

Après avoir fait compléter autant que possible les sections de munitions qui ne sont qu'entamées, il renvoie à l'arrière les sections de munitions vides, les dirigeant, suivant les ordres qu'il a reçus, soit sur le troisième échelon du parc de corps d'armée, soit sur les échelons avancés du grand parc d'artillerie d'armée.

Il prend sous son commandement les sections de munitions qui lui parviennent de l'arrière.

## § IV.

**704.** *Le commandant d'un échelon de deuxième ligne du parc de corps d'armée* installe ses sections au point de stationnement qui lui a été assigné, envoie à l'échelon avancé les unités qui lui sont demandées, et reçoit sous son commandement les sections de munitions qui, après ravitaillement, reviennent de l'arrière.

## § V.

**705.** *Le commandant d'un dernier échelon du parc de corps d'armée* installe son échelon au point de stationnement qui lui a été assigné, fait ravitailler les sections de munitions d'artillerie vides qui lui sont envoyées, au moyen des sections de parc, ou de certaines de leurs fractions qu'il a reçu l'ordre de faire porter en avant ; il prend les mesures pour faire ravitailler les sections de parc aux éléments les plus avancés du grand parc d'artillerie d'armée, suivant les ordres qu'il a reçus du commandant du parc. Si ces éléments sont assez rapprochés, ils peuvent être appelés à ravitailler directement les sections de munitions d'artillerie. Dans tous les cas, ils ravitaillent directement les sections de munitions d'infanterie.

Le commandant d'un dernier échelon prend momentanément sous son commandement les unités qui ont des opérations à exécuter au point de stationnement de son échelon, et assure ensuite leur retour au point de stationnement de l'échelon de 2ᵉ ligne.

Il envoie, vers les points qui lui ont été fixés, le nombre de canons qui lui sont demandés par le commandant du parc.

## § VI.

**706.** Le *directeur du grand parc d'artillerie d'armée* est avisé, en même temps que les commandants de corps d'armée, par le *directeur des étapes*, des points où les divers éléments du parc d'artillerie d'étapes prendront contact avec les équipages des corps d'armée. Il transmet les ordres d'exécution au *commandant du parc d'artillerie d'étapes*, en y joignant ses instructions particulières, et en prévoyant le personnel que le parc d'étapes doit détacher pour assurer le transbordement des munitions.

Lorsqu'il est organisé des routes d'étapes, des dépôts de munitions sont créés par le service des étapes, en nombre d'autant plus considérable que les routes d'étapes sont plus longues.

En principe, on évite d'imposer des mouvements rétrogrades aux voitures des corps d'armée et l'on cherche à assurer le ravitaillement en munitions par un mouvement continu de l'arrière vers l'avant des voitures du parc d'étapes.

Les détachements des parcs de corps d'armée qui se présentent au ravitaillement passent, en ce qui concerne ce service, temporairement sous les ordres du directeur du grand parc.

D'autre part, le directeur du grand parc reçoit du directeur des étapes l'indication des points, jours et heures auxquels le parc d'artillerie d'étapes doit se présenter au ravitaillement par l'en-cas mobile.

**707.** Dans les mêmes conditions que le parc d'artillerie d'étapes, les en-cas mobiles peuvent être appelés à ravitailler directement les parcs de corps d'armée.

## ARTICLE V

### REMPLACEMENT DES MUNITIONS D'INFANTERIE

**708.** Sur le champ de bataille, les sections de munitions d'infanterie peuvent, au besoin, être fractionnées, mais chaque fraction doit toujours être placée sous le commandement d'un officier.

Lorsque l'officier commandant une section de munitions d'infanterie ou son détachement a été avisé de la troupe qu'il doit ravitailler, il recueille avant son départ tous les renseignements qui concernent l'emplacement de cette troupe. Si la section de munitions est fractionnée, le capitaine qui la commande fixe en général un lieu de rendez-vous pour les détachements de voitures vides.

L'officier commandant la section ou un détachement se renseigne sur les emplacements des groupes de voitures de compagnie avec lesquels il doit entrer en relation. Il reconnaît le terrain en arrière de la troupe à ravitailler et s'y établit dans une position favorable aux mouvements de voitures, environ 1 000 à 1 500 mètres en arrière des groupes de voitures de compagnie. Il établit ses liaisons avec les commandants de ces groupes, les suit dans leurs mouvements de grande amplitude, et, lorsqu'il se déplace, prend les mesures nécessaires pour que les voitures de son détachement et les agents de liaison puissent le retrouver.

**709.** Pendant le combat, les voitures de compagnie ne sont pas ravitaillées.

Lorsque les voitures de compagnie ne contiennent plus de munitions, le sergent-major chef artificier en avise l'officier commandant de la section de munitions d'infanterie ou du détachement de cette section avec lequel il est relié. Cet officier fait diriger, sous la conduite d'un gradé, le nombre de caissons demandé, en principe, un par bataillon, sur le point de rassemblement du groupe de voitures de compagnie.

**710.** Quand il est nécessaire de ravitailler les troupes engagées, le chef de corps fixe le nombre de caissons qui doivent être portés en avant, et indique les points sur lesquels il convient de les diriger ; ces points sont, au maximum à 1 000 mètres de la ligne de feu et l'on profite des abris du terrain pour les en rapprocher le plus possible. Dans les circonstances critiques, le chef de corps peut même ordonner de porter les caissons aux allures vives jusque sur cette ligne.

Le sergent-major chef artificier fait accompagner chaque caisson par un sergent artificier et par deux conducteurs en second des voitures de compagnie. Le sergent artificier monte sur le caisson, le dirige et surveille la distribution des munitions qu'assurent les deux conducteurs.

Dès qu'un caisson est vidé, il est renvoyé au pas au groupe des voitures de compagnie et de là, il est conduit à la section de munitions par l'agent de liaison, qui ramène un caisson plein. Chaque fois qu'il renvoie à la section de munitions un caisson vidé en totalité ou en partie, le chef artificier remet à l'agent de liaison de cette unité un bon indiquant la troupe ravitaillée et la quantité de munitions effectivement délivrée.

Les chevaux de remplacement nécessaires aux voitures de compagnie leur sont fournis par la section de munitions d'infanterie la plus voisine, sur l'ordre du général commandant la brigade d'infanterie, qui devra toutefois en rendre compte.

**711.** Lorsque le commandant d'une section de munitions d'infanterie ou le chef d'un détachement de cette section a envoyé ses derniers caissons pleins aux troupes engagées, il en avise directement le commandant de l'échelon avancé du parc de corps d'armée, qui prend ses dispositions pour faire remplacer auprès de ces troupes les éléments épuisés ; puis, lorsqu'il est rentré en possession de tous ses caissons vides, il dirige son unité ou son détachement sur le point de dislocation.

Lorsque la section est reconstituée en caissons vides au point de dislocation, son chef prend les ordres relatifs à son ravitaillement ; puis, après l'avoir ravitaillée, il revient se placer avec sa section sous les ordres du commandant du deuxième échelon.

## ARTICLE VI

### REMPLACEMENT DES MUNITIONS D'ARTILLERIE
### DE 75<sup>mm</sup>

**712.** En général, les sections de munitions d'artillerie ne sont pas fractionnées.

Lorsque le capitaine commandant une section de munitions a été avisé de la troupe qu'il doit ravitailler, il recueille avant son départ tous les renseignements qui concernent l'emplacement de cette troupe. Il se renseigne sur les emplacements des groupes d'échelons de batteries avec lesquels il doit entrer en relation. Il reconnaît le terrain en arrière de la troupe à ravitailler et y établit sa section dans une position favorable aux mouvements de voitures, environ à 1 000 ou 1 500 mètres des groupes d'échelons de batterie. Il établit ses liaisons avec les commandants de ces groupes, leur envoie contre reçu et sous la conduite d'un gradé le nombre de caissons demandé et, éventuellement, le nombre d'hommes et de chevaux qu'il reçoit l'ordre de fournir ; il suit les groupes d'échelons de batteries dans leurs mouvements et, dans ce cas, prend les mesures nécessaires pour que les voitures de sa section et les agents de liaison puissent le retrouver.

**713.** Dès que le commandant d'un échelon de batterie a envoyé à celle-ci les caissons qu'elle a fait demander, il en avise le commandant du groupe des échelons de batterie auquel il appartient, et lui remet un bon de munitions, sur lequel il a soin d'indiquer le numéro de la batterie. Le commandant du groupe des échelons de batterie envoie chercher le même nombre de caissons à la section de munitions avec laquelle il est relié.

Le commandant du groupe des échelons de batterie répartit entre ces échelons, et conformément à leurs demandes, les caissons qui lui parviennent de la section de munitions ; chaque chef d'échelon de batterie, aidé du maréchal des logis fourrier, procède au ravitaillement. Les caissons arrivant des sections de munitions sont placés à côté des caissons vides. Les munitions sont transbordées. On doit compléter d'abord les arrière-trains de caisson.

Si l'une des batteries de tir se détache de son groupe, son échelon la suit ; il est accompagné par le brigadier de liaison de la section de munitions. Le ravitaillement de la batterie isolée s'exécute d'après les principes précédents, le chef de l'échelon entrant en relations directes avec la section de munitions.

Si les trois batteries du groupe se séparent, le commandant du groupe des échelons de batterie prend des mesures pour assurer la liaison directe de chaque échelon de batterie avec la section de munitions. Il utilise à cet effet un gradé de l'un de ces échelons.

**714.** On ne doit pas chercher, pendant le combat, à ramener les batteries à leur effectif normal, mais seulement à leur fournir, à l'aide des ressources des échelons de batterie, le nombre d'hommes et de chevaux nécessaire pour qu'elles puissent continuer le feu et atteler toutes leurs voitures.

Si les ressources des échelons de batterie ne suffisent pas, les hommes, les chevaux et les canons de remplacement sont demandés au général commandant l'artillerie du corps d'armée par les commandants des artilleries divisionnaires ou de corps.

Dans ce cas, les hommes et les chevaux sont fournis par les sections de munitions en même temps qu'elles ravitaillent les groupes d'échelons de batterie ; les canons sont envoyés directement de la section de réparation sur l'ordre du commandant du parc, comme il est indiqué à l'article IV (nº 705).

**715.** Lorsqu'une section de munitions est sur le point d'être épuisée, le capitaine qui la commande en informe le commandant de l'échelon, qui prend ses dispositions pour la faire remplacer ; lorsqu'elle est reconstituée en caissons vides, il la dirige sur le point de dislocation et y prend les ordres relatifs à son ravitaillement.

Après l'avoir ravitaillée, il revient se placer avec sa section sous les ordres du commandant du deuxième échelon.

# ARTICLE VII

## REMPLACEMENT DES MUNITIONS DES BATTERIES
## A CHEVAL DE 80

**716.** Le remplacement des munitions des batteries à cheval de 80 s'opère d'après les mêmes principes que pour les batteries de 75. Il comporte seulement les différences suivantes :

Les caissons de la batterie de tir sont intégralement remplacés, ainsi que le personnel qui y est attaché, par un même nombre de caissons demandés au groupe des échelons de batterie.

Le ravitaillement de l'échelon de batterie s'opère par transbordement de munitions.

La section de munitions de 80 peut être fractionnée, chaque fraction devant être placée sous le commandement d'un officier. Elle peut aussi être détachée du premier échelon des sections de munitions, et envoyée dans la zone du champ de bataille qui avoisine celle où opère la cavalerie indépendante. Dans ce cas, le chef de cette section demeure seul responsable du ravitaillement des batteries attachées à cette cavalerie. Il réapprovisionne sa section après le combat en la ramenant, en totalité ou en partie, jusqu'aux sections de parc, où des indications lui sont données sur l'emplacement de ceux des dépôts du grand parc d'artillerie où il devra se ravitailler.

# ARTICLE VIII

## RAVITAILLEMENT APRÈS LE COMBAT

**717.** Après le combat, le ravitaillement continue à s'effectuer d'après les principes exposés plus haut, sur place, si cela est possible ; dans le cas contraire, au bivouac et au cantonnement, même pendant la nuit ; on complète en munitions, d'après les ressources disponibles, d'abord les batteries et les voitures de compagnie, puis les sections de munitions, enfin les sections de parc. Les troupes de cavalerie de corps d'armée et d'artillerie sont ravitaillées en cartouches d'armes portatives par les sections de munitions d'infanterie.

Sauf dans des circonstances exceptionnelles, et sur ordre spécial du commandant du corps d'armée, on n'envoie pas à l'arrière les caissons de batterie ni les voitures de compagnie pour se ravitailler.

# ARTICLE IX

## RÈGLES GÉNÉRALES
## CONCERNANT LA DÉLIVRANCE DES MUNITIONS

**718.** Pendant l'action, les commandants de bataillon ou de troupes momentanément isolées, les chefs de détachement, les chefs de groupe de voitures de compagnie, les commandants de batterie, et, à défaut, les commandants des échelons de batterie ont qualité pour signer des bons de munitions. Il est fait droit immédiatement à toute demande de munitions, quelle que soit la forme dans laquelle elle est établie.

Si un détachement de voitures ou une corvée se présente sans bon de ravitaillement, le commandant n'en satisfait pas moins à la demande verbale qui lui est adressée. Il se fait, dans tous les cas, délivrer un reçu pour les quantités de munitions effectivement distribuées, si cela est possible, sur le registre à souche, modèle n° 3 [1].

En dehors du champ de bataille, tous les bons doivent être contresignés par le chef de corps ou de détachement et, pour les unités d'artillerie, par les commandants de groupe.

Les bons ne doivent jamais excéder les besoins reconnus, les chefs de corps ayant toujours la faculté d'établir des bons supplémentaires, s'il y a lieu.

**719.** Le lendemain du combat, à la première heure, chaque corps de troupe d'infanterie ou de cavalerie, chaque unité de l'artillerie ou du train des équipages établit un état faisant ressortir la quantité de munitions nécessaire pour rétablir l'approvisionnement normal des hommes et des voitures. Ces états, conformes aux modèles nos 1 et 2 joints à la présente Instruction, sont adressés par la voie hiérarchique au général commandant le corps d'armée, et transmis sans retard au général commandant l'artillerie.

Le général commandant l'artillerie du corps d'armée établit le relevé de ces états, c'est-à-dire un rapport indiquant la situation des munitions du corps d'armée, les besoins en matériel, etc.

Une expédition de ce rapport est adressée au général commandant le corps d'armée.

**720.** Si un corps de troupe, dont les munitions sont épuisées, cesse d'être en communication avec les parcs et se trouve à proximité d'une place forte, le gouverneur de cette place ne peut, à moins d'une autorisation spéciale du Ministre, ravitailler le corps de troupe qu'au moyen des munitions dont il dispose en dehors de l'approvisionnement normal de défense. Il rend compte immédiatement au Ministre des livraisons de munitions qu'il a effectuées et demande leur remplacement d'urgence, s'il y a lieu.

TABLEAUX.

---

1. Voir l'instruction du 24 octobre 1890 sur la comptabilité du matériel mis à la disposition des corps de troupe de l'artillerie et du train des équipages militaires, par les établissements et les parcs de l'artillerie.

# ANNEXES

*Tableau indiquant la répartition de l'approvisionnement de munitions dans le corps d'armée.*

| COMPOSITION générale de L'APPROVI-SIONNEMENT. | INFANTERIE. NOMBRE DE CARTOUCHES | | ARTILLERIE. NOMBRE DE COUPS | | |
|---|---|---|---|---|---|
| | portées par | par homme. | portés par | par bouche à feu de 75‰. | de 80‰ (division de cavalerie). |
| Munitions. I. De la ligne de bataille. | les hommes . | 120 | | | |
| | les voitures de compagnie. . . . | 65,5 | les coffres des batteries. . | 312 | 142 |
| | les fourgons à bagages (pour mémoire). . . | (2,5) | . . . . . . . | | |
| | TOTAUX. . . | 185,5 | | 312 | 142 |
| II. Du parc de corps d'armée. | 1er échelon. (Sections de munitions). | 44,2 | . . . . . . . | 62,6 | 355,6 |
| | 2e échelon. (Sections de munitions). | 66,2 | . . . . . . . | 62,6 | » |
| | 3e échelon. (Sections de parc et section de réparation de matériel). . | » | . . . . . . . | 64,3 | » |
| | TOTAUX. . . | 110,4 | . . . . . . . | 189,5 | 355,6 |
| | TOTAUX des munitions de la ligne de bataille et du parc de corps d'armée. . . . | 295,9 | . . . . . . . | 501,5 | 497,6 |

e ARMÉE.

e CORPS D'ARMÉE.                    (1)

  e DIVISION                         (2)
d'infanterie.

MODÈLE No 1.

Format :
Papier écolier.

## État de situation des munitions pour armes portatives.

| | CARTOUCHES | | | | | OBSER-VATIONS. |
|---|---|---|---|---|---|---|
| | Modèle 1886. | Modèle 1886 en chargeurs. | Modèle 1879. | pour revolver | | |
| | | | | Modèle 1873. | Modèle 1892. | |
| Complet de l'approvisionnement pour l'effectif présent. . . . . | | | | | | |
| Existant à la date de la dernière situation fournie. . . . . . . . | | | | | | |
| Reçu postérieurement à cette date : | | | | | | |
| De (2) . . . . le . . . . | | | | | | |
| De (2) . . . . le . . . . | | | | | | |
| Totaux. . . . . | | | | | | |
| Consommé le (3) . . . . | | | | | | |
| Livré à (2) . . . . . . . | | | | | | |
| Totaux. . . . . | | | | | | |
| Reste à la date du, . . . | | | | | | |
| Manque au complet pour l'effectif présent . . . | | | | | | |

(1) Indiquer le corps ou le service.
(2) Indiquer l'unité.
(3) Indiquer le lieu et la date.

A (3)

*Le Chef de corps*
(ou *Le Commandant de l'unité*),

e ARMÉE.                                         MODÈLE N° 2.

e CORPS D'ARMÉE.           (1)                    Format :
                                                 Papier écolier.
        e DIVISION          (2)
        d'infanterie.

### Etat de situation des munitions d'artillerie.

| | CALIBRE DE 75 %. | | |
| | CARTOUCHES A OBUS | | OBSERVATIONS. |
| | à balles. | explosifs. | |
|---|---|---|---|
| Complet de l'approvisionnement. . . . . | | | |
| Existant à la date de la dernière situation fournie. . . . . . . . | | | |
| Reçu postérieurement à cette date. . . . . . | | | |
| De (2) . . . . le . . . . | | | |
| De (2) . . . . le . . . . | | | |
| Totaux. . . . . | | | |
| Consommé le (3) . . . . | | | |
| Livré à (2). . . . . . . | | | |
| Totaux. . . . . | | | |
| Reste à la date du . . . | | | |
| Manque au complet. . . | | | |

(1) Indiquer le corps ou service.
(2) Indiquer l'unité.
(3) Indiquer le lieu et la date.

A (3)

*Le Commandant de l'unité,*

e ARMÉE.

e CORPS D'ARMÉE. (1) ______

e DIVISION d'infanterie. (2) ______

MODÈLE N° 3.

Format : Papier écolier.

## État de situation des munitions d'artillerie.

| | CALIBRE DE 80 ᵐ/ₘ. | | | | | OBSER- |
| | OBUS | | BOITES | GARGOUSSES. | ÉTOUPILLES. | |
| | à mitraille. | allongés. | à mitraille. | | | VATIONS. |
|---|---|---|---|---|---|---|
| Complet de l'approvisionnement. . . . . | | | | | | |
| Existant à la date de la dernière situation fournie. . . . . . . . . . | | | | | | |
| Reçu postérieurement à cette date . . . . . . | | | | | | |
| De (²) . . . . le . . . . | | | | | | |
| De (²) . . . . le . . . . | | | | | | |
| Totaux. . . . . | | | | | | |
| Consommé le (³) . . . . | | | | | | |
| Livré à (²) . . . . . . . | | | | | | |
| Totaux. . . . . | | | | | | |
| Reste à la date du . . . | | | | | | |
| Manque au complet. . . | | | | | | |

(1) Indiquer le corps ou service.
(2) Indiquer l'unité.
(3) Indiquer le lieu et la date.

A (³)

*Le Commandant de l'unité,*

# CHAPITRE VII

## MÉTHODE D'ENSEIGNEMENT

**721.** L'Instruction sur le service en campagne comporte, pour tous les gradés, l'application des prescriptions du chapitre III du titre V relatives aux agents de liaison et aux éclaireurs de terrain et la mise en œuvre des procédés de reconnaissance qui font l'objet de l'article 1er du titre VI de la deuxième partie du Règlement.

Pour les officiers, les travaux sur la carte prescrits par les Bases générales de l'instruction et organisés d'après les indications des Notes ministérielles spéciales à cet objet doivent être poursuivis pendant tout l'hiver; il convient, en particulier, de recommander d'exécuter ainsi en commun certaines études susceptibles d'être entreprises de nouveau sur le terrain même.

Les exercices en terrain varié peuvent seuls permettre de familiariser le personnel avec le service en campagne et de le mettre en situation de prendre, dans chaque cas, une détermination appropriée aux circonstances.

Ils comprennent des exercices de cadres et des exercices d'ensemble.

**722.** Les exercices de cadres comportent :

1º Des exercices de choix et de reconnaissance de positions exécutés par les officiers et dirigés : pour le groupe, par le chef d'escadron ; pour deux ou plusieurs groupes réunis, par le colonel ou le lieutenant-colonel ;

2º Des exercices d'occupation de position exécutés d'abord par batterie, sous la direction du capitaine, puis par groupe, sous la direction du chef d'escadron, enfin par plusieurs groupes réunis, sous la direction du colonel ou du lieutenant-colonel, de manière à constituer soit l'artillerie d'une division, soit une artillerie de corps ou une fraction d'artillerie de corps. Ils se rapportent toujours à une hypothèse tactique.

Lorsque l'exercice présente un certain développement, il doit être précédé d'une étude sur la carte et d'une reconnaissance faite par le directeur de la manœuvre, dans le but de s'assurer que le terrain choisi se prête à l'opération projetée et de déterminer la succession des épisodes qui se présenteront au cours de la manœuvre et des situations auxquelles ils donneront lieu.

Ces exercices sont toujours complétés par la préparation du tir ;

3º Des exercices de ravitaillement en munitions dans lesquels on étudie le détail des opérations du ravitaillement des troupes[1] engagées par des sections de munitions ;

4º Des exercices d'organisation et d'installation d'un can-

---

1. Ces exercices doivent comporter l'étude du chargement et du déchargement des caissons des sections de munitions d'infanterie.

tonnement ou d'un bivouac exécutés par batterie, puis par groupe et destinés surtout à exercer les cadres, d'une part à l'accomplissement des devoirs qui incombent aux officiers et aux sous-officiers composant le campement, de l'autre à la répartition du cantonnement et à l'installation des hommes, des chevaux et des parcs.

Il ne peut exister aucune difficulté sérieuse relative à l'exécution des exercices de cadres, des cavaliers isolés pouvant facilement circuler dans la campagne en mettant au besoin pied à terre et en utilisant, si cela est nécessaire, les sentiers et chemins de terre.

**723.** Les exercices d'ensemble comprennent :

1º L'instruction sur les marches, qui doit être commencée dès la fin de l'École du canonnier conducteur et être menée concurremment avec l'École de batterie ;

2º Les exercices de bivouac auxquels se rattache l'établissement des abris, des cuisines et des feuillées (Deuxième partie, chap. II du titre VI) ;

3º Les applications du service sur le champ de bataille.

En ce qui concerne l'instruction sur le service de l'artillerie sur le champ de bataille, les exercices d'ensemble sont exécutés avec le matériel dans le même ordre d'idées et suivant la même progression que les exercices de cadres. Ils se terminent par des exercices dans lesquels on utilise toutes les ressources de la brigade.

Ils servent à montrer aux officiers et aux gradés les difficultés résultant du terrain et à les habituer à les surmonter ; ils permettent en même temps de perfectionner l'instruction de la troupe en développant l'intelligence, la hardiesse et l'habileté des canonniers.

Pour quelques exercices, les batteries sont portées à un effectif aussi voisin que possible de l'effectif de guerre, afin de permettre à chaque officier d'exercer réellement un commandement analogue à celui qui lui serait dévolu en campagne.

Enfin, la période des écoles à feu est utilisée pour donner à certains exercices la sanction du tir réel.

**724.** Les exercices de ravitaillement en munitions doivent comporter, indépendamment des exercices organisés dans chaque régiment et concernant le ravitaillement d'un groupe sur le pied de guerre par une section de munitions, des exercices organisés au moyen des ressources combinées en personnel et en chevaux des deux régiments de la brigade. On envisagera d'abord, dans un ou deux exercices, une artillerie divisionnaire et une partie du 1er échelon du parc de corps d'armée ; puis, dans une ou deux autres manœuvres, on représentera une artillerie divisionnaire et une artillerie de corps. L'exercice pourra être exécuté en deux journées distinctes : le premier jour, on fera intervenir seulement les batteries, figurées par un nombre très restreint de pièces et par leurs échelons, et le 1er échelon du parc, dont on constituera les sections aussi fortement que le permettront les ressources.

Pour la deuxième journée, on substituera une partie du 2e échelon au 1er; on envisagera l'emploi des sections de parc; on pourra même figurer le parc d'artillerie d'étapes ou le dépôt du parc d'artillerie d'étapes.

Dans les garnisons d'artillerie où est stationné un régiment d'infanterie, on provoquera de la part du commandant d'armes les instructions nécessaires pour l'organisation d'un exercice dans lequel sera réalisé le ravitaillement des troupes d'infanterie.

Les opérations seront toujours conduites d'après une hypothèse tactique. L'entrée successive en ligne des batteries, la conduite du feu, la consommation correspondante de munitions, le ravitaillement des unités, se feront au fur et à mesure du développement des opérations, d'après le thème donné.

Une partie des exercices sera exécutée de nuit.

L'opération du ravitaillement comprendra le transbordement effectif des munitions d'une voiture à l'autre.

Des bons réguliers seront établis.

**725.** Les exercices d'ensemble s'exécutent, soit dans les terrains appartenant à l'État ou aux communes, soit dans des terrains appartenant à des particuliers. Pour éviter tout conflit, l'autorité militaire doit s'entendre avec les autorités civiles et les particuliers.

**726.** Lorsqu'un exercice quelconque comporte l'emploi d'objectifs, à défaut d'objectifs réels, on figure ceux-ci le mieux possible et on les établit toujours sur les emplacements qu'ils occuperaient vraisemblablement en campagne, en ayant soin de leur donner exactement le front de la formation qu'ils représentent. S'il y a lieu d'employer des objectifs animés, on commande, pour les représenter, un personnel spécial, dirigé par un officier auquel on donne les instructions les plus nettes sur les points à occuper et les mouvements à exécuter.

# TITRE VII

## INSPECTIONS, REVUES, HONNEURS, DÉFILÉS

---

### ARTICLE 1er

#### DISPOSITIONS GÉNÉRALES

**727.** L'autorité qui passe la revue ou l'inspection en fixe l'heure et le lieu ; elle fait connaître la tenue et la formation qui seront prises. La troupe lui est présentée par son chef.

Si la revue est passée par le chef même de la troupe, cette dernière lui est présentée par l'officier le plus élevé en grade ou le plus ancien dans le grade le plus élevé.

Pour l'inspection d'un groupe passée par le chef de groupe, les capitaines commandants accompagnent cet officier supérieur lorsqu'il inspecte leur batterie. Pour l'inspection du régiment passée par le chef de corps, les chefs de groupe accompagnent le chef de corps lorsqu'il inspecte leur groupe.

**728.** En arrivant sur le terrain, la troupe est disposée dans la formation prescrite et sur l'alignement déterminé à l'avance par le commandement. Si elle arrive avant les unités sur lesquelles elle doit se régler pour l'alignement, elle est arrêtée et mise au repos assez loin de l'emplacement à occuper, pour ne pas gêner les troupes voisines.

Dès que la troupe est alignée, elle met la baïonnette au canon ou le sabre à la main au commandement des commandants de groupe.

Au moment où la personne à qui l'on rend les honneurs arrive sur le terrain, l'officier qui commande la troupe commande : *Garde à vous*, et se porte seul et vivement au-devant de cette personne, la salue du sabre lorsqu'il arrive à 10 mètres d'elle, se range à sa gauche et se maintient à portée de recevoir ses ordres. En l'accompagnant dans sa revue, il lui cède toujours le côté de la troupe et se fait suivre par son chef d'état-major[1].

**729.** Les officiers, l'étendard et les trompettes se conforment, pour les honneurs à rendre, au Décret portant règlement sur le service dans les places de guerre et les villes ouvertes.

Au moment où le chef de la troupe se porte au-devant de

---

1. Ou par un officier désigné à cet effet, s'il n'a pas de chef d'état-major.

la personne à qui l'on rend les honneurs, les trompettes portent leurs trompettes aux lèvres, ou entament leur sonnerie ; si plusieurs corps sont réunis, ils le font de nouveau lorsque cette personne est près d'arriver à leur hauteur.

Les officiers et les hommes fixent du regard la personne qui passe la revue au moment où elle arrive à leur hauteur.

**730.** En toutes circonstances, l'étendard est escorté par deux sous-officiers placés l'un à droite, l'autre à gauche du porte-étendard.

Pour une revue ou une inspection, l'étendard est placé entre deux groupes, sur l'alignement du premier rang, au centre du régiment, ou à droite du groupe du centre, suivant que le nombre des groupes est pair ou impair ; à cet effet, l'intervalle dans lequel il se trouve est augmenté de 6 pas.

En marche, l'étendard est placé au centre du régiment.

Pour un défilé, l'étendard marche à 3 pas derrière le commandant du premier groupe.

**731.** Pour une revue ou une inspection, le colonel, ayant comme adjoints le capitaine instructeur et un capitaine en second, les officiers du régiment sans commandement, le sabre au fourreau, sur un rang, les trompettes sur deux rangs, sont placés conformément à la figure ci-contre.

Le peloton hors rang, augmenté des sous-officiers du petit état-major, se place sur l'alignement et à gauche du dernier groupe de batteries, à 12 pas d'intervalle.

Il est formé sur deux rangs, par grade, de la droite à la gauche, les adjudants seuls en serre-files. L'officier d'habillement se place, par rapport au peloton, comme il est prescrit pour les capitaines commandants dans les batteries.

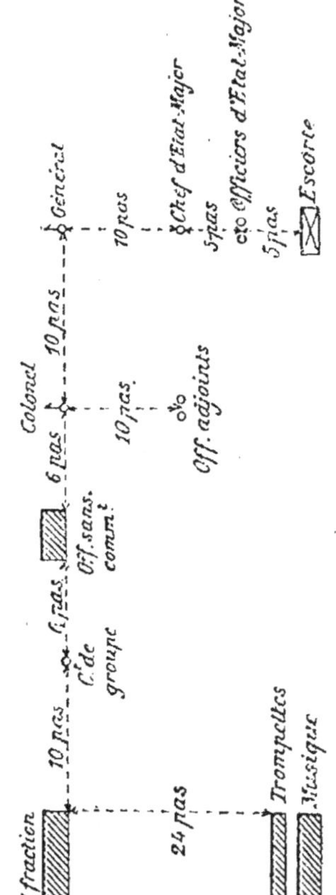


S'il y a plusieurs régiments, le général de brigade, son état-major et l'escorte sur un rang, sont placés à droite du colonel commandant le premier régiment, conformément à la même figure.

La musique, s'il y a lieu, se place derrière les trompettes du premier régiment.

L'ordre qui prescrit la formation à prendre indique aussi l'emplacement du second régiment par rapport au premier.

**732.** Pendant le défilé, les officiers qui ne sont pas pourvus d'un commandement gardent le sabre au fourreau et sont placés sur un rang, par ordre de grade et d'ancienneté, de la gauche à la droite si l'on défile guide à droite, et inversement dans le cas contraire; l'officier le plus élevé en grade se tient à 6 pas en arrière et à droite (gauche) de la personne devant laquelle on défile.

Le commandant de la troupe, après avoir salué du sabre, va se placer en face de la personne à laquelle on rend les honneurs et à 20 pas environ en dehors du flanc de la colonne.

**733.** Les sous-officiers, brigadiers et canonniers conservent la tête directe en défilant. Les officiers tournent la tête du côté de la personne devant laquelle on défile, fixent les yeux sur elle en arrivant à sa hauteur et replacent la tête dans la position directe lorsqu'ils l'ont dépassée de quelques pas.

Les troupes d'artillerie ne défilent qu'à pied ou avec leur matériel.


## ARTICLE II

### INSPECTIONS, REVUES ET DÉFILÉS D'UNE TROUPE D'ARTILLERIE A PIED

§ 1er. — FORMATION D'UNE TROUPE D'ARTILLERIE A PIED

POUR UNE INSPECTION.

**734.** Batterie. — La batterie est formée en bataille, sur deux rangs, par pièces, sans intervalles.

Dans chaque pièce, les brigadiers sont à la droite, dans le rang; les conducteurs sont à la gauche.

Les chefs de pièce sont à la droite de leur pièce, les chefs de section à la droite de leur section, le capitaine à 3 pas à droite du chef de la première section, tous sur l'alignement du premier rang.

Les autres officiers, s'il y en a, sont placés entre le capitaine et le chef de la première section.

Les autres gradés sont en serre-file, répartis uniformément, par rang d'ancienneté, derrière la batterie.

**735.** Groupe. — Les batteries sont placées dans l'ordre de leurs numéros, à 6 pas d'intervalle.

Les trompettes, formés sur deux rangs, sont placés à la droite du groupe, à 24 pas en arrière de la première ligne, la droite à hauteur de la droite de la 1re section de la batterie de droite; le chef d'escadron est à 6 pas à droite du capitaine commandant la batterie de droite.

**736.**. Régiment. — Les groupes sont placés dans l'ordre de leurs numéros, à 15 pas d'intervalle. Les chefs d'escadron sont à 6 pas à droite du capitaine de leur première batterie.

## § 2. — Formation d'une troupe d'artillerie a pied pour une revue.

**737.** Chaque batterie prend la formation de manœuvre à pied (nᵒˢ 147 et 148), sauf que les chefs de section sont à droite de leur section, sur l'alignement du premier rang, et que les sections ne sont séparées par aucun intervalle.

La place des commandants de groupe et des capitaines, à pied ou à cheval, la place des trompettes, les intervalles entre les batteries et les groupes sont les mêmes que ceux qui sont indiqués pour une inspection à pied.

## § 3. — Défilé a pied.

**738.** Le défilé à pied se fait l'arme sur l'épaule droite et au repos du sabre.

Les troupes d'artillerie de campagne défilent par batteries formées en colonne par section.

La formation de la colonne pour défiler (ordre de marche, distance, etc.) est indiquée par la figure ci-contre[1].

Pour former la colonne, la troupe étant placée comme il est dit nᵒ 737, le commandant de la troupe commande :

*Colonne face à droite (gauche).*

A ce commandement, répété par les chefs d'escadron, les capitaines forment leur batterie en colonne par section, par les commandements et les moyens prescrits à l'École de batterie.

**739.** Le commandant de la troupe peut faire masser la colonne avant de défiler.

S'il est nécessaire, il lui fait d'abord faire demi-tour par le commandement :

*Demi-tour à droite.*

A ce commandement, répété par les chefs d'escadron, les capitaines font faire demi-tour à leur batterie.

Le commandant de la troupe commande alors :

*Serrez la colonne.*

Le chef d'escadron commandant le groupe de tête commande :

*Serrez la colonne = Marche.*

---

1. Dans le cas où le régiment comporte un lieutenant-colonel, la distance entre le colonel et ses adjoints est doublée; le lieutenant-colonel se place à 3 pas derrière le colonel.

Les autres chefs d'escadrons commandent :

En avant = MARCHE.

Au commandement : MARCHE des chefs d'escadron, toutes les sections, à l'exception de la première section de la batterie de tête, se mettent en marche.

Les autres sections de la première batterie sont arrêtées successivement par leurs chefs à 4 pas de distance de celle qui précède.

Les capitaines commandent successivement :

Serrez la colonne =<br>MARCHE.

Le commandement : MARCHE est fait au moment où la section de tête de leur batterie est à 4 pas de la dernière section de la batterie précédente.

A ce commandement, la première section est arrêtée par son chef ; les autres exécutent successivement ce qui est prescrit pour la première batterie.

Les chefs d'escadron et les capitaines se placent en dehors de la colonne, du côté de la personne devant laquelle on va défiler ; les chefs de section à un pas en avant de leur section.

La colonne est remise face en tête, s'il y a lieu.

L'étendard, les trompettes et la musique prennent leur place pour le défilé.

**740.** Le commandant de la troupe fait placer dans chaque élément de la colonne un gradé du côté de la personne devant laquelle on va défiler ; ces gradés devront servir de guides pendant la marche. Il fait disposer ensuite des jalonneurs en avant sur le prolongement de la direction que devront prendre les guides.

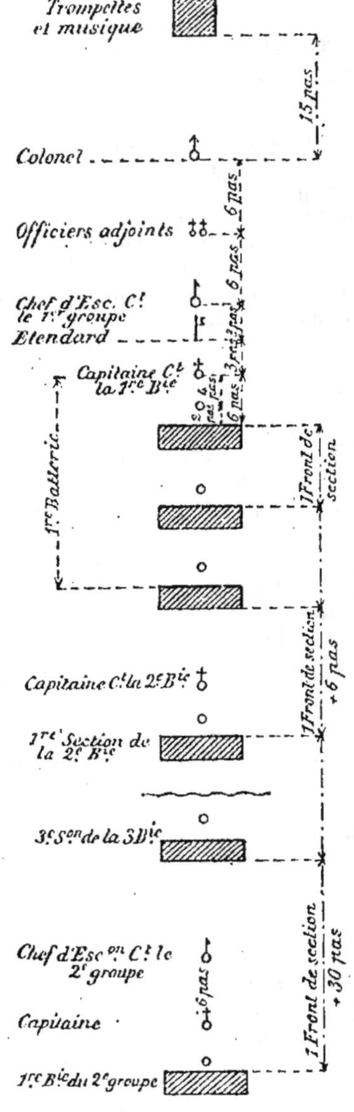


Défilé à pied d'un régiment<br>comprenant deux groupes de batteries<br>avec l'étendard.

Puis il commande :

*Pour défiler, en avant, guide à droite (gauche)* = Marche.

Au commandement préparatoire, les serre-files se placent au 1er rang, du côté opposé à celui qui est indiqué pour le guide.

Si la colonne n'a pas été serrée, toutes les batteries se mettent en marche au commandement de l'officier qui fait défiler.

Si la colonne a été serrée, chacun des éléments se met successivement en marche, au commandement de son chef, lorsque l'élément qui le précède a gagné sa distance ; les chefs de groupe et les capitaines commandants entrent successivement dans la colonne pour y prendre les places qui leur sont assignées.

La musique commence à jouer à environ 50 pas de la personne à qui l'on rend les honneurs ; lorsqu'elle a dépassé cette personne de 30 pas, le chef de musique la fait déboîter de la colonne du côté opposé au guide ; arrivé à hauteur de l'officier qui fait défiler, il la fait tourner et l'établit face au flanc de la colonne.

La musique joue pendant tout le temps du défilé.

Les trompettes se conforment à ce qui vient d'être dit pour la musique.

**741.** Si l'artillerie défile avec une troupe d'infanterie, elle tient compte des règles suivantes :

Les distances sont de 45 mètres (60 pas) entre les régiments ; 60 mètres (80 pas) entre les brigades ; 75 mètres (100 pas) entre les divisions.

La distance d'une arme à l'autre est de 100 mètres.

Chaque régiment d'infanterie défile avec sa musique. L'artillerie défile avec la musique d'une des brigades d'artillerie.

Lorsque l'artillerie défile sans musique, chaque régiment défile avec ses trompettes.


## ARTICLE III

### INSPECTION D'UNE TROUPE D'ARTILLERIE
### AVEC SES CHEVAUX, SANS MATÉRIEL

**742.** La batterie est présentée dans la formation prescrite n° 455 (rassemblement sans matériel), la seconde ligne à 20 mètres de la première.

Dans chaque pièce, les conducteurs non montés sont à la gauche des hommes à pied.

Les sous-officiers et brigadiers non montés se placent à la droite du premier rang des hommes non montés de leurs pièces respectives et comptent dans le rang.

Les dispositions prescrites pour le groupe de batteries et pour le régiment dans la formation des troupes d'artillerie à pied, pour une inspection, sont applicables à la formation de ces mêmes troupes avec leurs chevaux.

Tous les officiers sont à cheval. Pour l'inspection de la

deuxième ligne, les officiers et sous-officiers, qui sont en avant du rang, se portent à 6 mètres en avant et font face à la troupe.

Cette inspection n'est jamais suivie de défilé.

## ARTICLE IV

### REVUES ET DÉFILÉS D'UNE TROUPE D'ARTILLERIE AVEC SON MATÉRIEL

#### § 1er. — REVUES.

**713.** En principe, les troupes d'artillerie se présentent aux revues avec des batteries de 4 pièces, composées chacune de 1 canon et de 1 caisson.

Les batteries sont disposées dans une des formations prescrites pour la batterie de tir (titre V).

Les capitaines se placent, dans les formations en bataille, au centre de la batterie, dans les formations en colonne, à 2 mètres à droite de la pièce de droite, sur l'alignement des chefs de section. Dans les deux cas, les chefs d'escadron sur le même alignement, à 3 mètres à droite de la pièce de droite de leur groupe.

Pour la revue d'une troupe composée de plusieurs batteries, et quand le terrain l'exige, on peut aussi employer l'ordre en ligne de colonnes par section. Dans ce cas, chaque section est considérée comme une batterie de deux pièces à intervalle serré. Les deux sections d'une même batterie sont placées l'une derrière l'autre, à 6 mètres de distance, chaque chef de section à 1m,50 devant le front de sa section.

L'intervalle entre les batteries est variable.

Généralement, l'intervalle entre les groupes est double de celui qui existe entre les batteries.

Dans les batteries montées, les servants sont sur les coffres.

#### § 2. — DÉFILÉS.

**714.** Le défilé se fait en colonne serrée, à intervalles serrés. La distance entre deux groupes est de 30 mètres.

Dans les batteries montées, les servants sont sur les coffres.

Le commandant de la troupe fait exécuter les mouvements nécessaires pour former les batteries dans l'ordre voulu et sur l'emplacement qu'elles doivent occuper avant le défilé.

**745.** L'ordre de marche du régiment pour défiler est celui indiqué sur la figure ci-après[1]. Les trompettes sont conduits par un adjudant chargé de régler leur allure et placé à 1m,50 en avant du premier rang.

1. Voir la note de la page 301.

Lorsque les officiers adjoints au chef d'escadron sont présents, ils marchent à 1ᵐ,5o derrière lui.

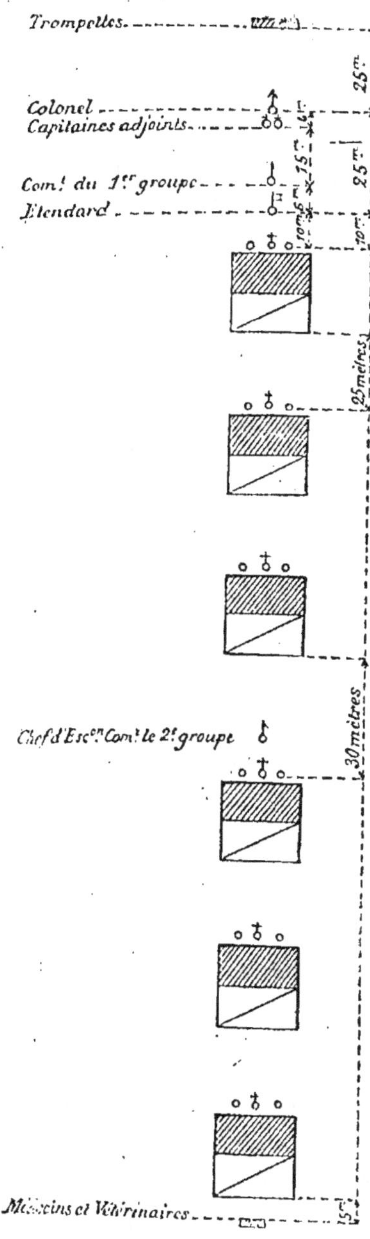



*Défilé d'un régiment
comprenant deux groupes de batteries
avec l'étendard.*

Dans chaque batterie, les chefs de section marchent à hauteur du capitaine.

Les chefs de pièce, ayant les conducteurs de devant à leur hauteur, marchent à 1m,5o en arrière de leur chef de section.

Les agents de liaison détachés auprès du chef d'escadron rentrent à leur batterie; ils se placent avec le maréchal des logis chef et le brigadier fourrier à hauteur des chefs de pièce, à 1 mètre du flanc, du côté opposé à la personne devant laquelle on défile.

Les officiers, sous-officiers, les chefs de voiture et les servants à cheval ont le sabre à la main.

Les batteries montées défilent au pas et au trot, les batteries à cheval défilent aux trois allures.

**746.** Pour mettre en marche la colonne, le commandant de la troupe, après avoir fait prendre les dispositions ci-dessus prescrites, commande :

*Pour défiler, en avant, guide à gauche (droite). — Au trot (galop)* = Marche.

Les batteries se mettent en marche au commandement de l'officier qui fait défiler.

Si la colonne a été serrée à moins de 20 mètres, les batteries reprennent leur distance.

Lorsqu'ils arrivent à 5o mètres de la personne à qui l'on rend les honneurs, les trompettes sonnent; ils cessent de sonner lorsqu'ils l'ont dépassée de 5o mètres.

**747.** Après le défilé, le régiment peut être formé en bataille à intervalles serrés, sur le flanc de la colonne, à 10 mètres en arrière de la place qu'occupait le commandant de la troupe pendant le défilé, le centre du front vis-à-vis de la personne à qui l'on rend les honneurs.

Les mouvements des batteries sont successifs, chaque capitaine prenant 6 mètres d'intervalle entre sa batterie et celle qui la précédait en colonne. Les groupes prennent 12 mètres d'intervalle entre eux.

Dès que la première batterie de son groupe est arrêtée, chaque chef d'escadron se porte à 6 mètres sur le flanc droit et sur l'alignement des officiers.

Les trompettes se placent à 12 mètres à la droite des batteries.

**748.** Si l'artillerie défile avec les troupes d'autres corps, elle tient compte des règles suivantes :

Si les troupes à cheval défilent au trot, la distance entre elles et l'infanterie est de 5oo mètres ; elle est de 8oo mètres, si les armes à cheval défilent au galop.

Si l'artillerie défile au trot et la cavalerie au galop, la distance entre ces deux armes est de 8oo mètres.

Pour que le mouvement des troupes à cheval n'éprouve aucun retard, le dernier régiment d'artillerie dégage le terrain, si cela est nécessaire, en déboîtant à droite ou à gauche par un mouvement de flanc, lorsque la dernière subdivision a dépassé de deux cents mètres la personne devant laquelle on défile.

Lorsque plusieurs régiments ou groupes attachés à une division de cavalerie indépendante sont réunis, chacun d'eux défile avec ses trompettes comme il est prescrit ci-dessus.

Si la troupe qui prend part au défilé comprend des sections de munitions ou de parc, ces sections défilent en se conformant aux règles fixées pour les batteries.

Lorsqu'une brigade d'artillerie défile sous les ordres de son général, les trompettes du premier régiment marchent à 25 mètres en avant du général[1]. Le colonel commandant ce régiment suit le général à 25 mètres de distance.

Les trompettes du deuxième régiment marchent à 50 mètres derrière la dernière batterie du premier.

**749.** Exceptionnellement, l'artillerie peut défiler par section ; dans ce cas, on prend la formation décrite n° 743 ; les trompettes, le colonel, l'étendard, les chefs d'escadron, les médecins et les vétérinaires occupent dans la colonne les mêmes places que ci-dessus.

Les agents de liaison se placent comme il est prescrit pour le défilé en colonne serrée.

**750.** Lorsque les batteries doivent être présentées à l'effectif de guerre, elles prennent pour la revue la formation normale de bivouac (titre VI, n° 602).

Pour le défilé, les échelons de combat, augmentés des caissons de premier ravitaillement, sont réunis dans chaque groupe sous les ordres du commandant des échelons.

Le groupe des échelons marche à 25 mètres de la dernière batterie du groupe et dans une formation analogue. Dans chaque échelon, les servants sont montés sur les coffres et la distance entre deux échelons est de 20 mètres ; les trains régimentaires marchent réunis, dans chaque groupe, sous les ordres de l'officier d'approvisionnement ; ils conservent entre eux une distance de 4 mètres.

L'officier d'approvisionnement marche à 1$^m$,50 en avant du premier train régimentaire, et à 15 mètres derrière le dernier échelon de son groupe.

## ARTICLE V

### DISPOSITIONS RELATIVES A L'ÉTENDARD
### ET AUX HONNEURS

**751.** Sauf ordre contraire, l'étendard paraît aux revues passées par les officiers généraux et les colonels. Il ne paraît pas aux revues passées par les fonctionnaires du contrôle et de l'intendance.

---

1. Le chef d'état-major, les officiers et l'escorte suivent le général aux distances prescrites (fig. page 299).

## § I<sup>er</sup>. — ESCORTE D'HONNEUR DE L'ÉTENDARD.

**752.** Lorsque l'étendard doit sortir, il est, s'il y a lieu, escorté, du logement du colonel au quartier, et *vice versa*, par deux sections à pied ou deux pelotons formés chacun par les servants à cheval d'une section, sous le commandement d'un capitaine.

Tous les trompettes du régiment, commandés par un adjudant, l'accompagnent.

Toutes les batteries du régiment, à tour de rôle, concourent à fournir l'escorte de l'étendard.

L'escorte est mise en marche par quatre, l'arme sur l'épaule droite (le sabre au fourreau), les trompettes à 10 pas en avant.

Les deux sections ou pelotons conservent entre eux 10 pas de distance.

Le porte-étendard, entre deux maréchaux des logis, marche au milieu de cette distance.

Le capitaine marche à 4 pas du flanc, à hauteur du porte-étendard.

Ce détachement, amené, sans sonnerie de trompettes, au lieu où est l'étendard, y est formé en bataille. Il met la baïonnette au canon (le sabre à la main).

L'adjudant porte-étendard va chercher l'étendard.

## § 2. — RÉCEPTION DE L'ÉTENDARD.

**753.** Dès que l'étendard paraît, le capitaine salue du sabre, les trompettes sonnent à l'étendard.

Après deux reprises de cette sonnerie, le capitaine fait rompre pour se mettre en marche dans l'ordre où il est venu; les trompettes sonnent la marche.

Lorsque l'étendard arrive devant le régiment, le colonel se porte devant le centre du régiment et fait mettre le sabre à la main; les trompettes cessent de sonner et vont prendre, ainsi que l'escorte d'honneur, leur place de bataille, en passant derrière le régiment.

Le porte-étendard, accompagné des deux maréchaux des logis qui l'encadrent, se dirige vers le colonel et s'arrête devant lui, faisant face au régiment. Le colonel fait sonner à l'étendard; il salue du sabre. Le porte-étendard se rend ensuite à sa place de bataille et monte à cheval s'il y a lieu; le colonel reprend sa place.

Les officiers supérieurs saluent du sabre lorsque l'étendard passe devant eux.

L'étendard reçoit, à son départ, les mêmes honneurs qu'à l'arrivée; il est reconduit au logement du colonel dans l'ordre prescrit ci-dessus et par le même détachement.

## § 3. — SALUT DE L'ÉTENDARD.

**754.** Lorsque l'étendard doit rendre les honneurs, le porte-étendard salue de la manière suivante, en deux temps:

1° A 4 mètres de la personne qu'on doit saluer, baisser

doucement la hampe en avant, en la rapprochant de l'horizontale ;

2° Relever doucement la hampe lorsque la personne qu'on a saluée est dépassée de 4 mètres.

## § 4. — SALUT DU SABRE.

**755.** Le salut du sabre s'exécute en quatre temps :

1° Élever le sabre verticalement, la pointe en l'air, le tranchant à gauche, la poignée vis-à-vis et à 30 centimètres de l'épaule droite ;

2° A 4 mètres de la personne qu'on doit saluer, baisser la lame en étendant le bras de toute sa longueur, le poignet en quarte ;

3° Relever vivement le sabre comme au premier temps, lorsque la personne qu'on a saluée est dépassée de 4 mètres ;

4° Porter le sabre.

# TABLE DES MATIÈRES

## PREMIÈRE PARTIE

### TITRE 1er

#### BASES GÉNÉRALES DE L'INSTRUCTION

##### CHAPITRE 1er



##### CHAPITRE II



##### CHAPITRE III

##### De l'instruction.



### TITRE II

#### INSTRUCTION A PIED

##### CHAPITRE 1er

##### Instruction individuelle.



##### CHAPITRE II

##### Instruction d'ensemble.

# TITRE III

## INSTRUCTION D'ARTILLERIE

### CHAPITRE I<sup>er</sup>



### CHAPITRE II

#### École du canonnier servant.



### CHAPITRE III

#### École de la pièce.



### CHAPITRE IV

#### École de batterie.



### CHAPITRE V

#### Instruction sur le tir.



# TITRE IV

## INSTRUCTION A CHEVAL

### CHAPITRE I<sup>er</sup>

# CHAPITRE II

## École du canonnier à cheval.



# CHAPITRE III

## École du canonnier conducteur.



# TITRE V

## MANŒUVRE DES BATTERIES ATTELÉES

---

# CHAPITRE Ier

## Dispositions générales.



# CHAPITRE II

## École de batterie.



# CHAPITRE III

## École de groupe.



# CHAPITRE IV



# CHAPITRE V

# TITRE VI

## SERVICE DE L'ARTILLERIE EN CAMPAGNE

---

## CHAPITRE Ier



## CHAPITRE II

### Des marches.



## CHAPITRE III

### Cantonnements. — Bivouacs.



## CHAPITRE IV

### Instruction sur le combat.



#### PREMIÈRE PARTIE.



#### DEUXIÈME PARTIE.



## CHAPITRE V

### Instruction pratique sur le service de l'artillerie sur le champ de bataille.

# CHAPITRE VI

## Instruction sur le remplacement des munitions en campagne.



# CHAPITRE VII

## Méthode d'enseignement



# TITRE VII

## INSPECTIONS, REVUES, HONNEURS, DÉFILÉS



Nancy, imprimerie Berger-Levrault et C<sup>ie</sup>.

Nancy, imp. Berger-Levrault et Cie.

www.ingramcontent.com/pod-product-compliance
Lightning Source LLC
Chambersburg PA
CBHW061309030726

47595CB00001B/282